谨以此书纪念

伊萨多拉·邓肯

和她精神上的姐妹们

埃伦·特里（Ellen Terry）与

艾丽奥诺拉·杜斯（Eleonora Duse）

伊萨多拉·邓肯的最后岁月

〔德〕艾尔玛·邓肯 —— 著
廉瑛 石墙 —— 译
孔宁 —— 注

辽宁人民出版社

图书在版编目（CIP）数据

伊萨多拉·邓肯的最后岁月 /（德）艾尔玛·邓肯（Irma Duncan）著；廉瑛，石墙译. —沈阳：辽宁人民出版社，2022.9

ISBN 978-7-205-10469-6

Ⅰ.①伊… Ⅱ.①艾…②廉…③石… Ⅲ.①邓肯（Duncan, Isadora 1878—1927）—传记 Ⅳ.①K837.125.76

中国版本图书馆 CIP 数据核字（2022）第 083272 号

策划人：孔　宁

出版发行：辽宁人民出版社
地址：沈阳市和平区十一纬路 25 号　邮编：110003
电话：024-23284321（邮　购）　024-23284324（发行部）
传真：024-23284191（发行部）　024-23284304（办公室）
http://www.lnpph.com.cn

| 印　　刷：辽宁新华印务有限公司
| 幅面尺寸：145mm×210mm
| 印　　张：13
| 字　　数：312千字
| 出版时间：2022 年 9 月第 1 版
| 印刷时间：2022 年 9 月第 1 次印刷
| 责任编辑：阎伟萍　孙　雯
| 装帧设计：留白文化
| 责任校对：耿　珺
| 书　　号：ISBN 978-7-205-10469-6
| 定　　价：98.00元

伊萨多拉·邓肯
(Isadora Duncan, 1878—1927)

 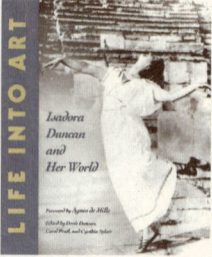  

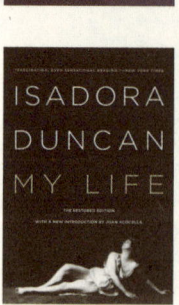 
 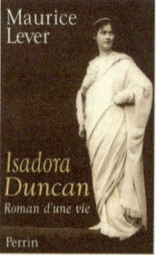 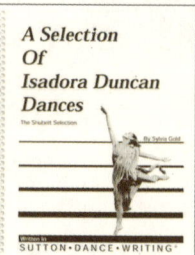 

邓肯相关图书。中间图为辽宁人民出版社出版的《伊萨多拉·邓肯自传》。

邓肯雕塑，德国雕塑家沃尔特·肖特作品。

1934别克"风之女神"车标，采用了邓肯舞蹈的姿态，以示纪念。

以邓肯为原型制作的《藤》青铜像，美国雕塑家哈里特·弗里希姆斯作品，藏于美国纽约大都会博物馆。

《狂女》，创作灵感源于邓肯，比利时雕塑家里克·沃特斯作品，藏于比利时烈日大学萨特·蒂尔曼露天博物馆。

《女神》，西班牙雕塑家克拉以邓肯为原型的雕塑作品，位于西班牙巴塞罗那市加泰罗尼亚广场。

伊萨多拉·邓肯小传

伊萨多拉·邓肯（Isadora Duncan，1878—1927），美国舞蹈家，现代舞创始人，世界上第一位披头赤脚在舞台上进行表演的艺术家。

邓肯原名安琪拉·伊萨多拉·邓肯（Angela Isadora Duncan），出生于美国加利福尼亚州的旧金山市，父亲约瑟夫·查尔斯·邓肯（Joseph Charles Duncan）是银行家、矿主和艺术鉴赏家；母亲玛丽·伊萨多拉·格雷（Mary Isadora Gray）是钢琴教师。邓肯是4个孩子中的老幺；两个哥哥分别是奥古斯丁·邓肯和雷蒙德·邓肯；姐姐伊丽莎白·邓肯也是位舞蹈家，一生跟着邓肯创办舞蹈学校并兼做教师。

邓肯婴儿期，父亲破产。父母离异后，随做家庭音乐教师和为人做零活的母亲一起生活，她家境贫寒，虽从小便展现出了对舞蹈的热爱和天分，但一直没有受过正规舞蹈教育，她曾有机会学习芭蕾舞，但只上了三节课，便由于忍受不了死板严格的程式化教学而拒绝继续学习。她完全依靠自学，阅读了大量文学作品，从绘画、诗歌、音乐、雕塑、建筑等各种艺术中吸取营养，将解释性舞蹈提高到了创造性舞蹈的艺术地位，她主张舞蹈应建立在自然的节奏和动作上，以本能的舞蹈节奏为出发点去诠释音乐。

她的舞蹈动作已经从人为的技术性限制中解放出来，摆脱了对辉煌而空洞的动作技巧的依赖，变得完全自由、随兴而发，并且经常进行即兴创作,她曾经这样评价舞蹈:"舞蹈是一种伟大的原始艺术,是一种能唤醒其他艺术的艺术。"邓肯坚持认为舞蹈艺术来源于自然人体动作的原动力,来自大自然的波浪运动:海、风、地球的运动永远处在同一的持久的和谐之中。她认为在自然中寻找最美的形体并发现能表现这些形体内在精神的动作,就是舞蹈的任务。她的美学思想可以归结为一句话:美即自然。邓肯认为芭蕾规范违反万有引力定律和个人的自然意志,它的每一种姿势都是一种终止,没有一种动作、姿态或节奏是连续的或可以发展的。她为使现代舞发展成一种重要的舞蹈艺术铺平了道路。她的著作有《伊萨多拉·邓肯自传》(*My Life : Isadora Duncan*)和《论舞蹈艺术》(*The Art of the Dance*)。她的舞蹈艺术的确对当时许多艺术领域产生了影响——雕塑家为她塑像、画家为她作画、作曲家为她作曲、诗人为她作诗,她成了欧洲当时的明星。

她在舞蹈上的创新最初并没有在美国受到重视,1897年,她去了英国、法国,在那里,她的舞蹈艺术受到了欧洲第一流诗人、画家、音乐家、雕塑家等艺术家的重视,她先后在欧洲各地旅行,在布达佩斯的表演首先引起了轰动,并逐渐开始成为欧洲著名的舞蹈家,她访问欧洲各地的博物馆,在意大利和雅典拜访罗马、希腊的古代艺术,从中汲取艺术上的营养,她的舞蹈迅速风靡欧洲,她在欧洲各地创办了舞蹈学校,致力于培养年轻的自由技巧舞蹈演员。

她在访问俄罗斯的时候,曾经对请愿工人被枪杀感到震惊。1920年,受新成立的苏维埃政府之邀,邓肯在莫斯科创办了舞蹈学校,并将《国际歌》改编成了舞蹈,免费教育孩子,后来她还加入了苏联国籍。其后,为了给学校筹集经费,邓肯又回到美国进行演出,一度受到当时反共情绪强烈的美国政府的层层阻挠,但是观众对她的舞蹈有着热烈的反应,她曾经在波士顿的舞台上面一边挥舞着红色的围巾,一边裸露着胸部，嘴里呐喊着"这是红色，我也是红色的，这是生命与活力的颜色"，并因此被市长以"有伤风化"的名义禁演。

邓肯一生蔑视各种传统的道德和"风化"，认为一切艺术的使命在于表现人类最崇高、最美好的理想。舞蹈家的天职就是表现艺术中最有道德、最健全、最美的事物。邓肯早期的舞蹈大多表现生之欢乐，抒情题材的作品较多。1913年以后她的创作转向悲壮的、英雄的题材——贝多芬、瓦格纳、柴可夫斯基的音乐。其中有她创作和表演的最著名的作品《马赛曲》《斯拉夫进行曲》《国际歌》《第六交响曲》等。

邓肯反对婚姻制度，曾经先后与英国演员和剧场设计师克雷格、英国百万富翁罗恩格林相恋，最后与苏联诗人叶赛宁结婚又离异。她和克雷格生有一女，和罗恩格林生有一子，后来，这两个孩子和保姆乘坐的车抛了锚，司机下车去修理发动机引擎，但他并没有刹车，车突然重新启动，直接冲过河岸掉进了塞纳河，两个孩子和保姆溺水而亡。邓肯悲痛欲绝，很长一段时间，她觉得自己不会再跳舞了。

1921年4月，在伦敦访问的苏维埃代表团团长列昂尼德·克拉辛听闻邓肯对诞生不久的苏维埃俄国感兴趣，观看了邓肯的演出并进行了一次深谈，之后克拉辛协助邓肯与苏维埃人民教育委员卢那察尔斯基达成协议，由卢那察尔斯基以政府名义邀请这位世界级舞蹈家去苏俄办学，也开启了邓肯在苏俄传播其舞蹈教育理念和实践之旅。

1927年9月，邓肯在法国的尼斯和朋友聚会之后，她的长围巾脱落，被汽车轮绞住，尽管汽车立即停住，但她还是因颈骨骨折而当场身亡。在邓肯的葬礼上，棺木上覆盖着她表演《葬礼进行曲》时所穿的紫色斗篷、一面美国国旗和一束大红唐菖蒲，红色缎带上写着"俄罗斯的心为伊萨多拉哭泣"。火化后，她的骨灰与其两个孩子的骨灰一起被安葬在巴黎拉雪兹神父公墓的壁龛中。

艾尔玛·邓肯简介

艾尔玛·邓肯（Irma Duncan，1897—1977），原名艾尔玛·埃里克-葛丽密（Irma Erich-Grimme），德国舞蹈家、艺术家、作家、巡演经理、莫斯科邓肯舞蹈学校校长。现代舞之母伊萨多拉·邓肯的嫡传六弟子（被业界称为"伊萨多拉贝儿"）之一和其养女。

艾尔玛·邓肯出生于德国石勒苏益格-荷尔斯泰因州靠近汉堡的一个小城。1905年入选德国邓肯舞蹈学校，1917年成为伊萨多拉·邓肯养女，改名为"艾尔玛·邓肯"。1921—1927年间经营邓肯的第三所学校——莫斯科邓肯舞蹈学校，负责几百名学生的平日舞蹈教授和训练，其间也选拔优秀的"邓肯舞者"做世界各地的巡演，足迹踏遍俄罗斯、中国、美国和欧洲多国。被舞蹈界称为最神似邓肯的舞者之一。

代表作有《我的自传——邓肯舞者》(Duncan Dancer)、《伊萨多拉·邓肯的舞技》(The Technique of Isadora Duncan)和《伊萨多拉·邓肯的最后岁月》(Isadora's Russian Days & Her Last Days in France)等。

译、注者简介

廉 瑛

沈阳城市学院副教授,研究方向为应用翻译、海外中国学研究。

石 墙

本名史国强,沈阳城市学院教授,研究方向为应用翻译、国外中国研究和英美语言文学。

翻译出版有《第一人:普京自述》《小布什自传》《赛珍珠评传》《最后几年的玛丽莲·梦露》《他创造了百年孤独:加西亚·马尔克斯的早年生活》等作品。

孔 宁

独立出版人、翻译,从事西方经典作品引进工作。

翻译出版有《福布斯富豪传》《看画》《神秘的古罗马城》等作品。

写在出版前

熟读《伊萨多拉·邓肯自传》的读者都知道它是一部未完的邓肯传记,是邓肯1924年应出版社约稿,在法国巴黎和尼斯期间完成,1925年出版,而"自传"撰写最后截止时间为1920年底。出版后,英文、法文版大卖,随后各种语言版本相继问世,邓肯在收获喜悦之余,本计划应邀续写她1921年以后的经历——《我在布尔什维克俄国的岁月》(参见本书序),不幸的是,1927年9月14日晚,邓肯遭遇车祸罹难。

1921—1927年这七年时间,客观上说是邓肯人生成就的另一个高峰,她的生活也更加跌宕起伏,短暂但辉煌,若缺失这一部分传记,对邓肯及其艺术研究者和爱好者来说实为遗憾。意识到这点,艾尔玛·邓肯便担起重任。

由于艾尔玛的身份和经历,她堪称记录这段历史得天独厚的第一人——她8岁进入邓肯舞蹈学校,最后成为嫡传弟子中唯一一个跟随恩师筑梦苏俄的人,她随恩师在莫斯科共同创建邓肯舞蹈学校,成为跟随和陪伴恩师时间最长的学生和好友之一。这部传记艾尔玛除了亲历记录,还采用了邓肯与当时各界名人往来的大量书信、电报及报刊评述文章,并在邓肯秘书和好友之一艾伦·罗斯·麦克道格尔(昵称"道吉")协助下,附以多幅珍贵照片,全方位地记录、呈现伊萨多拉·邓肯人生最后岁月的精彩、跌宕、冥想和感怀。本书是对《伊萨多拉·邓肯自传》未尽部分的重要补充,可视为反映邓肯一生传记的"双剑合一"作品。

本书英文版在伊萨多拉·邓肯去世两年后，于1929年在美国出版，出版后好评如潮，德文、俄文和法文版相继在两年内上市，现已成为邓肯传记中经典的版本之一。由辽宁人民出版社出版的《伊萨多拉·邓肯自传》，在市面上20多个版本中一直享有良好的美誉度，曾在央视《读书》栏目中被推荐。此次，辽宁人民出版社又推出了《伊萨多拉·邓肯的最后岁月》，除了翻译质量保持了水准，还在印制装帧上有所提高。全书注释400多条，帮助读者了解相关历史和涉及人物背景，扫清阅读障碍。配图上，我们从图片收藏者近千张邓肯相关的照片中，精选了近200幅邓肯工作、生活、旅行的照片；邓肯演出过的剧院，如莫斯科大剧院、波士顿交响乐大厅、纽约卡内基音乐厅、基辅国立乌克兰歌剧院等，书中都采用了现今的彩色照片；书中还采用了罗丹的手绘画、法国画家朱尔斯·格朗茹素描作品等；个别年代久远的老照片做了修补。总之，这些图片不仅增添了阅读趣味，还使读者可以全方位地了解这位伟大舞蹈家的精彩人生。

还需要补充说明的是，伊萨多拉·邓肯的出生日期目前在大英百科和维基百科以及2000年牛津大学出版社出版的《牛津舞蹈词典》(The Oxford Dictionary of Dance)中保留着两个年份，即1877年5月26日和1878年5月27日。学界多认可为1878年5月27日。邓肯去世后，后人在整理其相关资料时，发现她的受洗日出生证明为1877年5月26日，但因1906年旧金山大地震，相关资料被毁，所以再无第二份佐证资料留存。目前，邓肯的纪念碑、墓地、居住地的一些纪念牌上的出生日期均采用1877年5月26日。因不影响阅读，本书和《伊萨多拉·邓肯自传》中按惯例统一标注为1878年。

邓肯离世95年后，本书中文版的出版不仅填补了该经典的又一语言版本，更是向这位伟大舞者献上的诚挚敬意，同时以飨华语地区读者。

谢 辞

对我们的好朋友，艺术家达里斯勋爵①，作家亨丽特·索雷②、安德烈·阿尼维尔德③、费尔南多·提华尔④、乔治斯·毛雷沃特⑤，音乐家维嘉·瑟洛夫⑥以及伊萨多拉所有真正的、挚爱的朋友们和最后几年与她来往频繁的人，我们在此表达最诚挚的谢忱，感谢他们对我们的工作表现出的兴趣和允许我们自由引用他们手里的信件和文件。

艾尔玛·邓肯　艾伦·罗斯·麦克道格尔

---

① 达里斯勋爵，即 Charles Dallies，伊萨多拉·邓肯的挚友。
② 亨丽特·索雷（Henriette Sauret，1890—1976），法国女诗人、作家。
③ 安德烈·阿尼维尔德（André Arnyvelde，1881—1942），法国小说家、剧作家、记者。
④ 费尔南多·提华尔（Fernand Divoire，1883—1951），法国诗人。
⑤ 乔治斯·毛雷沃特（Georges Maurevert，1869—1964），法国作家、记者。
⑥ 维嘉·瑟洛夫（Vitya Seroff，即 Victor Seroff，1902—1979），格鲁吉亚钢琴家、作家。邓肯最后岁月里，他一直陪伴其左右。

序

伊萨多拉·邓肯的死是一部悲剧,在此前好几个月——甚至在她从出版商那里为自己的回忆录收到合同之前——她就在心里想过,嘴里也经常提到写一部传记,她计划称之为《我在布尔什维克俄国的岁月》[1]。她说,那么多人——H. G. 威尔斯[2]、艾玛·古德曼[3]、克莱

H. G. 威尔斯　　　艾玛·古德曼　　　克莱尔·谢里丹

---

① 《我在布尔什维克俄国的岁月》,即 *My Bolshevik Days*。
② H. G. 威尔斯(Herbert George Wells,1866—1946),英国著名小说家、新闻记者、政治家、社会学家和历史学家。他创作的科幻小说对该领域影响深远,如"时间旅行""外星人入侵""反乌托邦"等都是20世纪科幻小说中的主流话题,被誉为"科幻小说界的莎士比亚"。
③ 艾玛·古德曼(Emma Goldman,1869—1940),俄国无政府主义政治活动家、作家。她是20世纪前半叶北美与欧洲的无政府政治哲学发展中的一位关键人物。

尔·谢里丹①及数不清的其他人——都写出过详细的或讨厌的、热烈的或怀疑的印象，描述他们在"世界第六区"②度过的或长或短的经历。此前生活并不平凡的伊萨多拉，也强烈地感到有必要写下自己的印象，讲出她看到的真相。她知道，这种印象记在社会影响方面，不可能与专业作家和科学人物写出的著作相提并论，如 H. G. 威尔斯和伯兰特·罗素③。但是从人的角度来说，她又经历了那么多陌生的、不一般的事件，不仅涉及她在莫斯科学校的生活，还有她在俄罗斯为工农演出的亲身经历，以她在语言表达上的才能，写"我的布尔什维克生活"的读物，对她已出版的著名回忆录来说，也必然是相得益彰。

著作的撰写者希望记述伊萨多拉在俄罗斯的日日夜夜，尽其所能地描画出她的生命轨迹，写到她的生命之线在1927年9月14日晚被痛心地扯断为止。我们当年与舞蹈家也曾长时间地朝夕相处。第一作者1905年就是她的学生。她与伊萨多拉演遍了欧洲和美国，之后她又陪伴伊萨多拉，踏上前往苏维埃俄国的历险之旅。她至今仍然是莫斯科邓肯舞蹈学校的校长。第二作者在1916—1917年之间是伊萨多拉的秘书，在其生命结束之前，二人保持着密切接触。伊萨多拉最后在巴黎和尼斯活得并不风光，第二作者还经常与她相伴左右。

---

① 克莱尔·谢里丹（Clare Consuelo Sheridan，1885—1970），英国雕塑家、新闻记者和作家，她以创作半身像和旅行日记而闻名。她是温斯顿·丘吉尔爵士的表妹，对1917年俄国十月革命表示支持。
② 《世界第六区》（The Sixth Part of the World），是一部由俄罗斯导演吉加·维尔托夫（Dziga Vertov）执导、库尔特金诺（Kultkino）制片厂制作发行的无声电影。影片以游记形式，描绘了苏联偏远地区的人民及其生活，并详细介绍了苏联广袤富足的土地。
③ 伯兰特·罗素（Bertrand Russell，1872—1970），英国哲学家、数学家和逻辑学家，致力于哲学的大众化、普及化。曾在剑桥大学三一学院任哲学教授，代表作：《西方哲学史》《文明之路》《幸福之路》等。

两个作者合作撰写伊萨多拉·邓肯在俄罗斯和法国度过的时光。他们希望引用舞蹈家身后的演讲稿、笔记和书信，以此来再现她的足迹。此外他们的材料还来自伊萨多拉为撰写第二部回忆录制定的计划。作者不想充当时下那些为好友写传记的人，所以也不想写一部全传或为传主写一部心理研究。二人不过是陈述事实，写出伊萨多拉最后七年的生活轮廓，与其此前的生活相比，这七年也是多姿多彩的。

有些读者对这些事实和轮廓可能感兴趣，因为伊萨多拉的自传戛然而止，他们难免要为此感到失望。作者还希望这部并不全面的作品，将来对研究这位美国最伟大的女性天才的史学家，多少具有材料上的价值。

最近儒勒·列那尔①的《日记》出版了，其中有一句话是写保罗·魏尔伦②的：

我们身边的艺术家和朋友都以我们的生活为借口。

所以，不可避免的是，不爱动脑筋的人就对伊萨多拉·邓肯感到迷惑：对他们来说，她似乎是矛盾的，前后不一的。他们不理解或无法理解，在她一人身上集中了两个不同的人——女人和艺术家。

她的命运是在双线织机上运行的。一条线编织的是她的艺术生

---

① 儒勒·列那尔（Jules Renard，1864—1910），法国小说家、散文家。代表作：《博物志》《凡尔奈先生》《日记》等。
② 保罗·魏尔伦（Paul Verlaine，1844—1896），法国象征派诗人。与莫里哀、兰波并称象征派诗人的"三驾马车"，在法国诗歌史上占有重要的地位。与莫里哀、兰波等晦涩的诗风相比，魏尔伦的诗更加通俗易懂、朗朗上口，因此受到普通读者的喜爱。代表作：《明智》《无字浪漫曲》《忧郁诗章》等。

活,如色彩丰富,崇高,始终如一,其造型拥有神圣的简洁和美感;另一条线织的是她的私人生活,料子色彩丰盈,不在前一块面料之下,但是经纬之间偶有断裂,其造型也是非对称的或不全面的——或者说,是不同的设计,与众不同和印象深刻,但顽皮的织工之手仿佛动不动就出来捣乱。

因此,对那些在下面的章节里可能发现明显的矛盾和前后抵牾的读者,我们能说的是,改改诗人沃尔特·惠特曼①的句子吧:

她自相矛盾吗?太好了,她自相矛盾。

艾尔玛·邓肯　艾伦·罗斯·麦克道格尔
莫斯科
1928年6月

伯特兰·罗素　　儒勒·列那尔　　保罗·魏尔伦　　沃尔特·惠特曼

---

① 沃尔特·惠特曼(Walt Whitman, 1819—1892),美国诗人、散文家、新闻工作者及人文主义者。他身处超验主义与现实主义间的变革时期,著作兼并了二者的文风。惠特曼是美国文坛中最伟大的诗人之一,有"自由诗之父"的美誉。代表作《草叶集》等。

邓肯

目 录

1921-1922
苏俄逐梦 ... 001

1922-1923
赴美巡演 ... 113

1923-1924
重返苏俄 ... 173

1924
只身柏林,筹资办学 ... 257

1925-1927
西行巴黎,玉殒尼斯 ... 267

附录

艺术随想　伊萨多拉·邓肯 ... 349

伊萨多拉·邓肯年表 ... 371

1921—1922
苏俄逐梦

第 1 章

  1921 年 7 月 12 日，伊萨多拉·邓肯登上波坦尼克号①，与其学生一同前往苏维埃俄国。此时她的众多朋友和羡慕者，都以为她的神经出了问题。不过对那些真正了解她的人来说，这位舞蹈家的想法却也不足为奇。他们知道，她的想法不是一时兴起。他们还知道，她热爱俄罗斯和俄罗斯人民，因为他们能理解她的艺术，或许能够理解她的其他民族为数不多。或许唯独俄罗斯人才知道，一如其他真正的艺术家，她在心底是一位反传统的革命者。

  伊萨多拉·邓肯热爱俄罗斯，此前她已经在俄国巡演三次，次次成功：1905 年、1908 年、1913 年。她对观众、对知识分子以及对俄罗斯芭蕾舞演员产生的影响，斯维特洛夫②和巴斯克特在撰写《俄罗斯芭蕾舞蹈史》③的过程中都有详述。此前在加邦神父的引领下，俄罗斯社会底层的人民大众手持圣像和旗帜，以和平的方式走向沙皇在圣彼

---

① 波坦尼克号（S. S. Baltanic），英国著名航运公司白星航运（White Star Line）旗下的豪华游轮。该公司主要营业项目是跨大西洋的豪华邮轮。其旗下最著名的豪华游轮即 1912 年 4 月沉没的泰坦尼克号。
② 斯维特洛夫（Valerian Svetlov，1860—1934），俄罗斯戏剧评论家、作家和编辑。
③ 《俄罗斯芭蕾舞蹈史》，即 History of the Ballet Russe。

巴斯克特（Léon Bakst, 1866—1924），白俄罗斯-俄罗斯画家，场景和服装设计师。他是谢尔盖·达基列夫圈子和俄罗斯芭蕾舞团的成员，他曾为其设计充满异国情调色彩丰富的布景和服装。

加邦神父（Father Gapon, 1870—1906），俄罗斯无政府主义者，是1905年俄国革命"血腥星期日"当天率领劳工前往俄国首都圣彼得堡冬宫广场的人。

得堡的皇宫，但是他们遭到严厉镇压。后来人们为死难者送葬，那种悲伤的场面，在伊萨多拉·邓肯心里留下无法磨灭的印象，她在其自传《我的一生》①里对此有所描写。不仅如此，凡是看过她演出柴可夫斯基《斯拉夫进行曲》②的人，无不为之动容，不用我们多说他们也能猜到，她是多么痛恨沙皇对俄罗斯大众的压迫。

1917年，外面最初传来俄国革命的消息，当时正在美国巡演的伊萨多拉为震惊的观众演出的也是《斯拉夫进行曲》，此前她还从未以这种方式演出过。此时此刻，俄罗斯的专制主义已经灭亡，她也萌生出重返俄罗斯为人民跳舞的想法。多年后，在她重回俄罗斯，在那里生活、工作、吃苦（1921—1924）之后，她对一个朋友坦白说，在苏维埃俄国度过的那三年，是她一生中最幸福的时光。

1920年夏天，她在巴黎的香榭丽舍大剧院一连演出几场。在其中的一场演出里，她跳出肖邦的舞蹈，那是她创作的史诗三部曲：《悲伤的波兰》《英雄的波兰》《闲适和快乐的波兰》。

---

① 《我的一生》，即 *My Life*，中文版是由辽宁人民出版社出版的《伊萨多拉·邓肯自传》。
② 《斯拉夫进行曲》（*Marche Slave*），作品编号31，是柴可夫斯基于1876年发表的交响诗。全曲演奏时长约10分钟。调性为降b小调。此曲为庆祝俄罗斯帝国参与塞尔维亚—土耳其战争而写。

香榭丽舍大剧院

那场演出座无虚席,观众发出阵阵欢呼。等到后场演出结束时,一束束玫瑰、百合、紫罗兰、郁金香被抛到艺术家的脚下,最后,前台仿佛被鲜花覆盖了一般。为回应台下传来的阵阵呼喊,她跳起了英雄们唱过的《马赛曲》,等她跳完之后,台下传来更大的欢呼声,经久不息。于是,她身披跳《马赛曲》时的大红披巾,上前来,发表演说。此刻,她的崇拜者、艺术家达里斯勋爵正坐在暗处的包厢里,他记下了邓肯不太连贯的演讲,她用法语说道:

我今天跳《马赛曲》，因为我热爱法兰西。我在文明世界的国家里走过不少地方，说句心里话：法兰西是唯一理解自由、生命、艺术和美的国度。法兰西是唯一的。我对俄罗斯抱有无限的希望。此时此刻，俄罗斯正在经历一个少年成长过程中遇到的痛苦，但我相信，俄罗斯是艺术家和精神的未来……

你们知道今天你们为什么来到这里。你们不是为我来的，也不是为自己来的，而是为你们的孩子才来的，因为他们才是明天的舞者……

我跳的舞，不是我的发明。此前我的舞蹈就已经存在，但还没有苏醒。我不过是发现了她，唤醒了她……

说到我创办的学校，人们不理解，我为什么不收付钱的学生。我不会为了银子出卖自己的灵魂。我不招收有钱人的孩子。他们有钱，不需要艺术。我渴望的学生是战争的孤儿，他们一无所有，没有父亲，也没有母亲。至于我自己，我用不了几个钱。看看我的服装。服装并不复杂，用不了多少钱。看看我的布景，那些简朴的帷幕，我初次登台时就在我身边。至于首饰，我并不需要。一个女人手里的鲜花，要比世上所有的珍珠和钻石都美丽。你们不这么看吗？

他们不理解，我为什么要把孩子留在学校里。我为什么不让他们早上从家里过来，晚上再回去。那是因为她们回家后就得不到充足的营养，不论是智力上的，还是身体上的。我要让我的学生知道莎士比亚和但丁，知道埃斯库勒斯①和莫里哀②。我要让他们读书，知道世上伟大的灵魂……

跳舞即生活。这才是我想要的——一所生活的学校。她们的灵魂和想象力才是财富。请你们的总统送过来100名战争孤儿。五年之后，我保证还给你们超出想象的美和财富。

或许此生之后还有来生。我不知道能发生什么。但我确实知道的是：我们在世上的财富是我们的意志力和我们的想象力……

20岁时我热爱德国的哲学家。我读康德、叔本华、海克尔和其他哲学家。我是知识分子！21岁时我把自己的学校赠送给德意志。皇后回复说，不道德！皇帝说，太革命了！我提出把学校转赠美利坚，但是他们说，你的学校

海克尔（Ernst Heinrich Philipp August Haeckel, 1834—1919），德国生物学家、博物学家、哲学家、艺术家，同时也是医生、教授。海克尔将达尔文的进化论引入德国并在此基础上继续完善了人类的进化论理论。海克尔认为生物学在许多方面与艺术类似。自然界中的对称，比如单细胞生物中的放射虫对他的艺术天赋有很大的启发。尤其著名的是他画的浮游生物和水母，这些图画生动体现了生物世界的美。不论在他的学术著作还是科普著作中他都画有优美的插图。新艺术运动就是从他的一些插图中获得启发形成的。

---

① 埃斯库勒斯（Aeschylus，公元前525—公元前456），古希腊悲剧诗人，与索福克勒斯和欧里庇得斯一起被称为古希腊最伟大的悲剧作家，有"悲剧之父"的美誉。
② 莫里哀（Molière，1622—1673），17世纪法国喜剧作家、演员、戏剧活动家，法国芭蕾舞喜剧的创始人，也被认为是西洋文学中最伟大的喜剧作家之一。莫里哀著名的作品有《伪君子》《吝啬鬼》《太太学堂》《唐璜》《愤世者》《司卡班的诡计》等，和皮埃尔·高乃依与拉辛合称为"法国古典戏剧三杰"。

象征的是葡萄酒……是狄俄尼索斯①。狄俄倪索斯是生命,是大地,而美利坚是喝柠檬水的地方。人们怎么能喝柠檬水跳舞呢?后来我又提出把学校送给希腊,但是希腊人正忙着和土耳其人打仗。今天我提出把学校送给法兰西,但法兰西的代表、和蔼可亲的艺术部长还我一个微笑。笑容不能当饭吃,没法为我的学生提供营养。她们要吃水果,喝牛奶,喝伊米托斯山②上的蜂蜜……

至于我,我能等待。帮助我建立学校吧。不然,我就去俄罗斯,找布尔什维克去。对他们的政策,我一无所知。我不是政治家。但我要对他们的领袖说:"把孩子交给我,我教他们像神一样跳舞,不然就把我杀了。"他们或是送我学校或是杀了我。因为,要是没有学校,还不如死了。那样更好……

---

① 狄俄尼索斯(Dionysus),古希腊神话中的酒神,与古罗马人信奉的巴克科斯(Bacchus)相对应。狄俄尼索斯是古希腊色雷斯人信奉的葡萄酒之神,不仅握有葡萄酒醉人的力量,还以布施欢乐与慈爱在当时成为极有感召力的神,他推动了古代社会的文明并确立了法则,维护着世界的和平。此外,他还护佑着希腊的农业与戏剧文化。
② 伊米托斯山(Hymettus),希腊境内的一座山脉。

埃伦·特里（Ellen Terry，1847—1928），英国著名舞台剧女演员，一生因多饰演莎士比亚剧而闻名。埃伦·特里是克雷格的母亲。

第 2 章

1921年4月,伊萨多拉·邓肯在阔别舞台12年之后来到伦敦,与钢琴家沃尔特·拉梅尔①一起为人们送上了一次次演出。伦敦的观众热烈欢迎伟大的舞蹈家。她的昔日好友,如勇敢的艺术家、小迪尔德丽②的祖母埃伦·特里,艺术家奥古斯都·约翰③,司各特夫人④以及众多诗人、作曲家、画家,先后赶到克拉里奇酒店"邓肯沙龙",聚集一堂。大小报纸也刊发出各种文章,称颂邓肯。其中之一出自著名音乐评论家欧内斯特·纽曼⑤,邓肯读后,大为感动,其中部分文字如下:

想象一下用十几尊塑像来表现程度不同的绝望——那一刻的姿态、动作、面部表情,程度不同的绝望达到其最大的强度。再想象一

---

① 沃尔特·拉梅尔(Walter Rummel, 1887—1953),德国著名钢琴家。
② 小迪尔德丽(little Deirdre, 即 Deirdre Duncan, 1906—1913),邓肯与英国现代主义戏剧先锋代表人物戈登·克雷格之女。
③ 奥古斯都·约翰(Augustus John, 1878—1961),英国画家、蚀刻画家。
④ 司各特夫人(Kathleen Scott, 1878—1947),英国雕塑家。
⑤ 欧内斯特·纽曼(Ernest Newman, 1868—1959),英国的音乐评论家、音乐学家。格罗夫的《音乐与音乐家词典》将他描述为"20世纪上半叶最著名的英国音乐评论家"。

下上百尊塑像，以毫无瑕疵的美来表现各个程度之间的逐渐转变，然后你才能理解伊萨多拉·邓肯。她的灵魂陶醉在美丽的线条和姿态生发出的无穷的变幻之间。

以上动作需要控制身体才可完成，其过程足以惊叹众人，但更神奇的必定是大脑，因为大脑才可以构思并实现以上所有有如神助的和谐形式。她仿佛把魔法也传递到衣饰上。凡是亲眼看到的人，谁也不会忘记她舞动时从身上轻轻落下的披风。披风的波纹推动精神，如同音乐连续发出了轻盈的、神秘的抖动。

从我们所知的深度来说，她的神秘显然与大脑的每个细胞、面部表情的每次变化、四肢的各种运动，奇妙地协同起来了。矛盾的是，那台机器转动得如此完美，哪怕停止下来之后，我们有时也能看到机器还在转动。

对此，最好的说明是，她以哑剧的形式再现《女武神骑行》的那一刻，此时台上静止下来，她以奇妙的方式暗示我们，入迷后的运动：按照我的想象，那是全神贯注的面部表情，是在空中狂飞一场之后意犹未尽的快乐。身体运动戛然而止，其所产生的

《女武神骑行》（*Ride of the Valkyries*），理查·瓦格纳创作的歌剧《尼伯龙根的指环》第二部《女武神》第三幕开首的歌曲，在瓦格纳的作品中知名度仅次于歌剧《罗恩格林》里的《婚礼进行曲》。因为流行文化的推广，使《女武神的骑行》广为人知，例如美国越战电影《现代启示录》便以此曲作为片中配乐。上图为英国插画家亚瑟·拉科姆为《女武神骑行》乐曲配的意想图。

震撼力,是贝多芬和瓦格纳偶尔才能制造出来的,他们用的不是音乐,而是音乐的停顿。

此时正赶上苏维埃俄国的贸易代表团来到伦敦,代表团的团长列昂尼德·克拉辛,也是布尔什维克里最有文化、最有魅力的领袖之一。他听说世界著名舞蹈家对才诞生的苏维埃俄国感兴趣,于是亲自赶到威尔士亲王剧院①观看她的演出。那次上演的碰巧是柴可夫斯基诸多作品之一《斯拉夫进行曲》,伴奏的是伦敦交响乐队。这部小型舞剧表现的是在压迫之下争取自由的斯拉夫人。克拉辛与此前或此后看过该剧的所有俄国革命者,都被邓肯的舞蹈感动得流下眼泪。

演出结束后,他马上来到后台祝贺舞蹈家。他们在剧院的化妆室里也没说多少话,不过是以半开玩笑的口吻讨论了邓肯到俄罗斯办一所舞蹈学校的想法。克拉辛答应尽其所能协助邓肯办学。此后,克拉辛给国内发去电报,几天之后又来到邓肯入住的宾馆,与她详细讨论办学的前景及涉及的方方面

列昂尼德·克拉辛(Leonid Krassine,1870—1926),俄罗斯工程师、社会企业家、苏联布尔什维克政治家、外交官,曾担任苏俄交通人民委员、贸易和工业人民委员,苏联外贸人民委员,首任苏联驻法国大使。

卢那察尔斯基(Anatoly Vasilyevich Lunacharsky,1875—1933),俄罗斯马克思主义革命家、苏俄首任国民教育人民委员会委员,负责文化教育。他曾积极参加了艺术批评并担任过记者。

① 威尔士亲王剧院(Prince of Wales Theatre),英国伦敦的一座西区剧院,位于考文垂街,靠近莱斯特广场。剧院于1884年开张,重建于1937年,目前所有者卡梅伦·麦金塔爵士于2004年翻新,座位增至1160个。

克拉里奇酒店（Claridge's），英国伦敦的一座五星级酒店。位于梅费尔布鲁克街和戴维斯街的路口。这座酒店长期和英国王室有密切关系，因此有"白金汉宫附属建筑"的别称。克拉里奇酒店由梅尔堡酒店集团所有运营。曾在克拉里奇酒店下榻过的著名娱乐界人士包括加里·格兰特、奥黛丽·赫本、亚弗列·希治阁、毕·彼特、琼·考琳丝、米克·贾格尔、U2、惠特妮·休斯顿。1878年的第一版《贝德克尔》将克拉里奇酒店列为"伦敦第一酒店"。彼时的邓肯入伦敦时，基本都下榻该酒店。

面。克拉辛提出写一份合同，但邓肯以为，在"同志"之间这种"资产阶级"的安排是没必要的！对方又提议她把想法写出来。邓肯同意以书信的形式写给人民教育委员卢那察尔斯基：

> 我永远不想听人说，用金钱换取我的劳动。我要一间工作室。我自己和我的学生要一栋房子、简单的食物、简单的服装，还有付出最好的劳动的机会。我讨厌资产阶级和商业艺术。此前我从没把劳动送予人民，那是悲哀的，因为我的劳动是为人民创造的。相反，我被迫出

售我的艺术，5美元一个座位。我讨厌现代剧院，那里是妓院而不是艺术的神庙。在艺术的神庙里，艺术家应该站在大祭司的位置上，他们却沦为忸怩作态的商贩，每天晚上为了几个钱，兜售眼泪和自己的灵魂。我要为大众跳舞，为劳动人民跳舞，他们需要我的艺术，但从来也没有钱过来看我演出。我要为他们跳舞，一分钱也不收，因为我知道，他们不是被聪明的公关人员拉过来的，他们之所以来，因为他们确实需要我的馈赠。如果你接受上述条件，我就过去为未来的俄罗斯共和国和她孩子们工作。

伊萨多拉·邓肯

卢那察尔斯基接到信后，立即给当时身在巴黎的邓肯发去电报："来莫斯科吧。我们将送你学校和成千的孩子。你可以大规模地实现理想。"

对此，邓肯回信说：

接受你的邀请。7月1日在伦敦上船。

双方通信之后不久，邓肯在其巴黎的工作室举行了一次告别晚会。她的朋友们都赶来送行，其中还有几位俄罗斯移民：沙皇政权前农业部长的女儿柴可夫斯基小姐、俄罗斯驻法兰西前大使马克拉科夫[①]及其他人。当他们听说舞蹈家横下心来非去苏俄不可，无不大为震惊。他们此前还以为那不过是奇怪的念头，现在可以证明那的确是她热切的希望。如同以往，邓肯斜倚在沙发上，柴可夫斯基小姐走过去俯下身子，恳求她不要去俄罗斯。她提到从父亲那里收到的一封信，

---

① 马克拉科夫（Vasily Maklakov, 1869—1957），俄罗斯律师、外交家。

他父亲也是从他人那里知道的,此人身在俄罗斯,信上提到难以描述的恐怖。小姐取出信来,在邓肯眼前来回挥动,含着泪水请邓肯读读信的内容。

看看他们在干什么。食物短缺,他们(布尔什维克)就把4岁的孩子杀了,倒挂在肉店里。

邓肯心生疑惑,并不相信如此歇斯底里的描述。其他在场的俄罗斯人也说来信内容属实,同时以圣徒的名义恳请她不要前往俄罗斯。邓肯脸色苍白而又严肃,镇定地回答说:"果真如此的话,我还非去不可了!"

后来,客人散去,邓肯和艾尔玛独自留下。她们无法忘记才讨论过的恐怖事件。邓肯调侃说:"艾尔玛,不用怕。反正他们先吃我。我是吃不完的。你好歹也能逃出去!"

6月初,邓肯在自己的工作室又举行了一场告别晚会。来客有两位法国小说家,一位是拉希尔德夫人,一位是凡尔纳先生,及著名的演员经理雅克·科波[①]、法国女记者的领头人赛维琳[②],她也是真理和正义坚定的捍卫者、朋友和敌人都敬重的人,此外还有邓肯的挚友艺术家达里斯勋爵以及艾尔玛、莉莎[③]和玛戈特[④]等三名学生。

几天之后,赛维琳的文章出现在巴黎的报纸上,其中写到在庞贝大街那所神庙度过的夜晚。她描述了工作室的考究和邓肯的好客。之后她

[①] 雅克·科波(Jacques Copeau,1879—1949),法国戏剧作家、剧院经理、戏剧出品人、演员。
[②] 赛维琳(Severine,原名 Caroline Rémy de Guebhard,1855—1929),法国记者、社会活动家。
[③] 莉莎(Lisa,即 Elizabeth Milker,1898—1976),邓肯六名嫡传弟子之一。
[④] 玛戈特(Margot Gretel Jehle,1900—1925),邓肯六名嫡传弟子之一。

话锋一转,提到她与邓肯就俄罗斯之旅的对话。

邓肯说:"野蛮人说,来找我们吧。我们已经受苦受难,我们还将继续吃苦,但是在寒冷的魔爪和饥饿的利齿下,我们有过希望,并还将希望,我们眼前将出现慰藉心灵的艺术。当夏里亚宾歌唱时,我们忘记了苦难。当你起舞时,所有的心灵都将复活,所有的眼睛充满希望之光……来吧!穷人的共和国将为你做出富人的共和国永远办到的事。"

克拉辛说:"你要什么样的合同?"

"合同?"邓肯笑了。"我不需要。我要学生、一所学校、一间完成作品的大厅。"

之后邓肯又说,因为人要与众不同才对,"我们有饭吃吗?"

"有。"克拉辛大感意外,他在文明人里还很少遇上这种漫不经心。或许他的惊讶里还掺杂了部分情感。

当晚伊萨多拉为我们跳了舞,现场有十几个朋友。那是她的告别。她先要去布鲁塞尔,然后去伦敦。最后……

在伟大的艺术家雷纳维尔先生灵活的手指下,台上的两架钢琴之一流淌出肖邦的序曲。伊萨多拉从影子后面闪了出来……

她来了,那个想要在我们中间复活高尚精

夏里亚宾(Feodor Chaliapin,1873—1938),俄罗斯歌剧演唱家,男低音,曾在世界各国众多歌剧院表演,主演多部电影(如《伊凡雷帝》《堂吉诃德》等),出版大量唱片,1927年旅居巴黎期间因向白俄难民捐款,被撤销"人民演员"的头衔,1935年底至1936年4月,夏里亚宾曾在亚洲巡演。1938年,夏里亚宾因白血病在巴黎逝世,多年后被苏联平反,1984年由巴黎迁葬至莫斯科新圣女公墓。

神的她,那个想要在生命的运动中再现优雅旋律的她!在薄薄的面纱下面,她变幻出不安、忧郁、怀疑、顺从、希望的化身。她的脸如同湖面,涟漪从上面掠过,又如同一面镜子,反射出疾驰的云彩。

如此美丽的场面,我们谁也没有鼓掌。唯有我们被压抑的呼吸在安静中释放出迟钝的热情所承受的痛苦。

之后她喊来自己的学生。她临行前身边仅有三名学生,但仿佛宙斯的三个女儿①在站了100多年的塑像上走了下来。这几位女神拥有的不只是线条,她们还充满生命的魅力。她们来来往往,跳出回旋曲,与此同时,在她们身上和周围飘动着普鲁东用来遮挡普绪喀②清秀面容的纱巾。

此地的魅力、青春、快乐是无法比拟的。

伊萨多拉对我低下身来:"要是有500名学生,要是有1000名学生,那不是更好吗?艰难困苦的人民,不是能从她们那里得到一些安慰吗?因为那里不仅仅有我们,我们的学生也将教更小的孩子。她们学跳舞,就像她们知道怎样读书一样。人人都能得到快乐!"

"你们要是饿了呢?"一个怀疑者问道。

伊萨多拉耸耸漂亮的双肩。因为信念,她的口气也严肃起来。"我们跳舞,所以没时间想了!"

哦,蟋蟀!会说话的蟋蟀让蚂蚁感到羞愧!

离开巴黎后,伊萨多拉赶到布鲁塞尔,演了几场之后又来到伦

---

① 宙斯的三个女儿(the Graces of Falconnet),在希腊神话中是体现人生所有美好事物的美惠三女神,她们代表了真善美,因此也成为艺术家们歌颂的主题之一。
② 普绪喀(Psyche),希腊神话和罗马神话中的人物。在希腊神话中,她是人类灵魂的化身。

敦。三名学生与她相伴左右，艾尔玛、特丽莎[①]和莉莎——后面的两名学生最后时刻没参与她的历险——她们来到女王大厅，与伦敦交响乐队合作，在德福的指挥下，为观众送上了几场漂亮的演出。

6月的一天，伊萨多拉和艾尔玛被克拉辛请到大使馆。她们发现这位贸易委员和他的妻子殷勤好客，此前她们对布尔什维克生活习惯的种种恐惧，顿时化为乌有。克拉辛告诉伊萨多拉，莫斯科的人已经决定，请她教育她所希望的1000名学生，不仅如此，还要把克里米亚里瓦几亚宫借给她！

似乎事事完美。那里气候合适，里瓦几亚的乡间物产丰富，1000名少女可以在外面练习舞蹈。她们将翩翩起舞，如同风中的柏树，她们的节奏宛如拍击城堡花园大墙的蓝色波浪。此地的建筑拥有众多房间，她们可以舒舒服服地安顿下来。上述种种都将是有远见的政府提供的帮助。她还有更多的希望吗？

也许，她将亲眼看到成千的孩子跳出贝多芬《第九交响曲》，心中的伟大设想毕竟要实现了。

也许，在舞蹈的推动下，兄弟友爱的大潮将流出俄罗斯，把欧洲的狭隘和仇恨一扫而光……

也许……

[①] 特丽莎（Maria-Theresa Kruger，1895—1987），邓肯六名嫡传弟子之一。

里瓦几亚宫（Livadia Palace），曾是最后一任沙皇尼古拉二世的夏宫，位于克里米亚雅尔塔西南约3公里。1945年雅尔塔会议就是在里瓦几亚宫举行的，当时美国、英国和苏联三国领袖——富兰克林·德拉诺·罗斯福、温斯顿·丘吉尔和约瑟夫·斯大林在此签署了《雅尔塔协定》。现时里瓦几亚宫已经成为博物馆，有时会用作举行国际会议。

第3章

在那个重要的7月13日,波坦尼克号驶出伦敦后,于19日抵达爱沙尼亚的列巴尔①。两位女子站在码头上,一位是苏俄外交部副部长李维诺夫②的妻子,一位是她的同伴。她们受苏维埃政府指派,到此迎接客人。李维诺夫夫人③接到她们后,先是欢迎,然后派人把沉重的行李送到领事办公室封存起来。本来是想安排三位客人到领事办公室过夜,但客人和船上的旅伴米歇尔小姐及H将军在镇上逛了一圈之后,她们当夜又返回到船上。

次日上午,伊萨多拉她们目送波坦尼克号缓缓驶出列巴尔港,与

---

① 列巴尔(Reval),爱沙尼亚共和国的首都塔林(Tallinn)的旧称。位于爱沙尼亚北海岸,其旧城被列入世界遗产名录的"塔林历史城区"。2011年当选欧洲文化之都。

② 李维诺夫(Maxim Litvinov, 1876—1951),苏联外交官、革命家。1930—1939年间曾任苏联的外交部长。任内积极推行集体安全政策,与西方国家改善关系。1933年成功促使美国承认苏联。1934年使苏联加入国际联盟。1939年二战前夕,因国际局势及苏联外交政策变化,身为犹太人的李维诺夫被莫洛托夫所代替。1941年7月,苏德战争开始了,约瑟夫·斯大林再次任命李维诺夫为外交部副部长。同时他也成为1941年到1943年的驻美大使。

③ 李维诺夫夫人(Ivy Low Litvinov, 1889—1977),英裔俄籍作家、翻译家。

邓肯

朋友挥手告别。轮船渐渐驶远,她们产生了一种不安的失落感,好像被离开的船长扔到了野蛮人生活的荒岛上……最后轮船从灰色的视线里消失,这时伊萨多拉转向艾尔玛,脸上露出坚毅的笑容,用力拥了拥对方说:"好了,我们就要到了!"

入夜之后,在李维诺夫夫人的陪同下,伊萨多拉、艾尔玛和法国女佣珍妮,登上驶往莫斯科的列车。几位坚定的旅行者发现,与她们在同一车厢的竟是一个全然陌生的年轻人!别了,画室汽车、私人车厢、高档餐车。别了,一等列车上那些小小的待遇,在其他国家旅行,客人不会被内乱或动乱打扰。别了,蓝色列车、飞行的苏格兰人列车[①]、20世纪高级快车[②],这些夜间时速皆可达100公里的豪华列车!

列车在没人管理的轨道上慢慢地爬行,车厢内烛光闪烁,她们这才发现,车厢里那位陌生的青年是布尔什维克的信使,一个腼腆的小伙子,他全然不像传说中杀人不眨眼的布尔什维克,更不是法国竞选招贴画上那种"牙间夹着刀的人"。还好,在充满活力的艺术家面前,小伙子不久就熟络起来。在她们抵达莫斯科之前,他不仅是称职的旅伴,还是有用的助手。

火车驶到俄罗斯边境,她们看到红军战士站在新共和国鲜红的旗帜下,心中产生了一种难以言说的惊奇。伊萨多拉来了热情,当场就要加入共产党。她请年轻的信使介绍她入党。他们此后又聊了不知多

---

① 飞行的苏格兰人列车(Flying Scotsman),运行于东海岸主线、英国苏格兰首府爱丁堡和英格兰首府伦敦之间的一趟客运列车。伦敦和爱丁堡之间的客运列车服务开始于1862年,而"飞翔的苏格兰人"这一名称则启用于1924年。现由伦敦东北铁路公司运营。
② 20世纪高级快车(20th Century Limiteds),1902年至1967年间在纽约中央铁路上的特快旅客列车。火车沿铁路的"水位线"在纽约市的中央车站和伊利诺伊州芝加哥的拉塞尔街站之间行驶。

少个小时,话题都是共产主义信仰和这场运动的领袖们。

离开爱沙尼亚之后,越过俄罗斯边境线的第一站是纳尔瓦。检查行李的俄罗斯海关人员通知她们,火车将停留一天。伊萨多拉不能困在一动不动的车厢里,于是下车走向附近的村落。她独自一人朝村子走去,因为信使离不开大大小小的邮包,艾尔玛还没起来。在村子的大集上,这位兴致勃勃的探访者买来鲜花和山莓。她要把山莓带回车上当早饭吃。后来她又和艾尔玛一同来到村上,走访一所学校。在返回车站的路上,她们如同吹笛手,身后跟了一群孩子。等她们走到车站后,伊萨多拉让珍妮取来便携式留声机和几张唱片,就在车站的月台上,她为惊讶得睁大眼睛的孩子们,送上一场音乐会和一堂舞蹈课,她还为孩子们即兴跳了起来。演出结束后,她把食篮里的白面包和蛋糕都送了出去,那篮食物原是 H 将军在列巴尔赠送她们路上吃的。她又把凡是在行李里能找到的糖果和点心都送给了孩子们,至于日后她们自己有没有吃的,她连想也没想。

晚上,火车在原地没动。她们决定带上一罐列巴尔的鳕鱼和鱼子酱,进村在户外吃一顿晚饭。至此将军赠送的食物全部分光。入夜之后,火车以爬行的速度驶向彼得格勒①。一路上火车不停地喘息,也不知停了多少次,次日上午 10 点终于抵达目的地。

几位客人被人驱车送到彼得格勒苏维埃总部所在地安格雷特里酒店②,此前已经有人为她们安排了房间。她们临时安顿下来,然后出来散步。伊萨多拉对彼得格勒有着特殊的情感,但此时古城已经面目

---

① 彼得格勒(Petrograd),今俄罗斯圣彼得堡。
② 安格雷特里酒店(Hotel D'Angleterre),俄罗斯圣彼得堡的一家高级酒店,位于圣以撒广场。1925 年 12 月 28 日,诗人谢尔盖·亚历山大洛维奇·叶赛宁在该酒店的房间自缢身亡,时年 30 岁。

全非!四周一片荒凉,商店橱窗的玻璃不仅没有清洗,里面也没有商品。她们看着人们从身边走过,手里提着为数不多的食物,那还是不知他们站了多少个小时才等到的。伊萨多拉不禁想起这场运动和此前的繁荣景象。她多少有些伤感,想起1905和1908年她在此地受到的一次次幸福的宴请。

她顺着涅瓦河码头走去,看到颓败的宫殿——"此地是米哈伊尔大公赠送芭蕾舞演员克舍辛斯卡娅的礼物。她在我眼里是那么迷人,当时是1905年。那边的宫殿,被炮弹炸开口子的那栋,原先是公爵夫人的,当时我每次演出她都到场……"说到此处,她大为伤感。不过,等她最后来到冬宫时,听说此地已经改建成儿童医院,她对新政

米哈伊尔大公(Grand Duke Michael,1878—1918),俄国大公、俄国沙皇亚历山大三世最小的儿子、尼古拉二世的弟弟。1918年被布尔什维克派监禁并处决。他是第一位被布尔什维克处决的罗曼诺夫皇室成员。

克舍辛斯卡娅(Mathilde Kschessinska,1872—1971),俄罗斯舞蹈家,曾是大红大紫的芭蕾明星。她几乎主演过所有著名的芭蕾舞剧。

权的信心又恢复起来。

她们返回酒店时，发现四位陌生的年轻人身披希腊长袍等在那里。她们要向舞蹈家表达敬意。不知她们从哪个神秘的渠道，打听来她们的行踪。双方说了几句后伊萨多拉才发现，这个小小的新希腊社团的领袖，是两位年龄不大的姑娘，她们帮助艾尔玛翻译过教程。那还是1914年的4月，当时艾尔玛协助邓肯教俄罗斯孩子跳舞，她赶到圣彼得堡和莫斯科，为邓肯在贝尔维尤的新学校挑选学生。从简单的教材翻译起步，她们竟然建立起一所自己的舞蹈学校！等她们离开后，邓肯情绪高涨，对艾尔玛喊道："是不是太出色了？如果我接待她们，对她们态度友好，或者，她们与你接触或接触我的其他学生，她们离开后又去创办邓肯舞蹈学校，或者她们取出鞋自己跳了起来。这种事司空见惯，都成笑话了。把我所谓的学生从头到尾排成一列，她们能从这里排到西伯利亚，排到海参崴，最后还能折回来！"

午夜时分，前往莫斯科的火车驶离彼得格勒，白夜的阳光一路照亮天边。火车不停地喘息，不停地喷气，在小站一停就是好几分钟，走走停停。每一个车站都有成群的农民堵在那里，其中不少是一家人外出，他们携带了炊具和铺盖。据说，有人等了六七天才等到驶向最终目的地的火车。即使路程不远，出门赶路也不容易。从彼得格勒到莫斯科，原来是14个小时的车程，最后竟然走了28个小时。7月24日清晨4时，火车慢慢驶入莫斯科站——那是一个礼拜天。

第 4 章

尼古拉耶夫斯基站火车站几乎没有灯光,四周黑黝黝的,连人影也没有几个。列车驶入城郊时,她们还兴奋得不得了,现在却是大失

尼古拉耶夫斯基站火车站(Nikolayevsky Station),即现在的莫斯科列宁格勒站,莫斯科的一个铁路总站,是莫斯科—圣彼得堡铁路的南终点站,位于共青团广场。前往圣彼得堡、爱沙尼亚塔林和芬兰赫尔辛基的列车在这里开出。1851年启用,当时称彼得堡站。1855年以刚去世的沙皇尼古拉一世命名,称为尼古拉耶夫斯基站。1924年改名为十月革命火车站。1937年改用现名。

所望,因为没人过来接站。没有朋友发出欢迎的声音,没有节日里的花环,更没有官方的声音出来问问"邓肯来了没有"。从车上下来的旅客寥寥无几,他们步履匆匆,离开车站,显然他们都知道自己的目的地。

伊萨多拉对同情她们的青年信使表达了自己的惊讶。毕竟她是作为苏维埃政府的客人才来的。她所到之处,哪怕是欧洲和美国不为人知的地方,也总能引起人们的一阵波动。她现在下车了,一个大国政府邀请的世界级客人,对方却连一个搬运工也没派过来,告诉她该去哪里!

青年信使也大感意外,惊愕的程度不在伊萨多拉之下。他说:"你们先在车上等等。我到外面看一眼,有没有汽车或什么人过来接站,或许来人在外面的候车室里,汽车也可能停在广场上,人睡着了。"

片刻之后他折了回来,说外面仅有一辆汽车,是外事办公室的公车,是过来接他和邮件的,然后送他到最后的目的地。他建议说,要是邓肯夫人愿意的话,连同两位女士,可以一同先到外事办。到外办以后,他一定能弄明白对她们的住宿到底是怎么安排的。

客人没有说话。连起码的考虑都没有,这种奇怪的方式让人感到无所适从。旅途劳顿的她们坐进一辆红色小汽车。汽车在没有清扫、没有路灯的鹅卵石大街上疾驰起来。他们经过四周有建高墙的广场和大大小小的教堂,教堂的圆顶和尖塔衬照在月光之下,又驶过一座座幽暗的建筑,最后信使对司机说了句什么,汽车才停在卢克斯酒店[①]。

[①] 卢克斯酒店(Lux Hotel),一家位于莫斯科特维尔大街36号的酒店,建于1911年,苏联成立后为共产国际总部所在地,苏联早期曾有众多流亡的共产党领导人在此居住。酒店最兴盛的时候,50多个国家的共产党人在此召开会议,接受培训或工作。

大都会酒店（Hotel Metropole），莫斯科的一座老字号酒店，建于1899—1907年间，新艺术运动风格建筑。该酒店是莫斯科在十月革命前规模最大的酒店之一。十月革命之后，酒店被国有化，由苏联共产党管理，改名为第二苏维埃大楼。

信使进去询问，发现没有为邓肯预订房间。陌生人在这里不可能预订房间，因为卢克斯酒店是专为外地过来的那些坚定的共产主义者准备的。

他们又驱车来到剧院广场，来到一幢高档的大都会酒店，此地即著名的第二苏维埃大楼，外交部长契切林①及其下属的办公室就设在里面。女士们坐在车里，信使则去分发各种邮件。汽车已经熄火，四周一片寂静，没有生命的迹象。前方远处是克里姆林宫。这个场景仿佛是一张俄罗斯民间童话的插图，充满神秘的寂静和虚幻。

伊萨多拉和艾尔玛坐在一起。三天来，她们在行驶缓慢的列车上

---

① 契切林（Georgy Tchicherin，1872—1936），苏联政治人物，1918—1930年间任外交部长。契切林为著名诗人普希金远亲，贵族出身。

兴奋不已,现在难免疲劳。她们心里多少也感到不安,更重要的是,她们太饿了!自从她们下船以后,谁也没安安稳稳地吃上一顿饭。她们不久发现,食物稀少,几乎看不到。即使看到了,也买不来,因为当时政府实行配给制。H将军送的食物早都吃光了。火车上提供的黑面包,她们咽不下去,才吃一片,胃里就一阵翻腾,因为她们还不习惯。

她们坐在外面冷飕飕的汽车里,好像被人遗忘了似的。她们自然想起了热咖啡和白面包。她们想,在巴黎,街角都有咖啡店,伦敦也有户外的咖啡摊,更不用说在纽约了,那里的选择更多:从洗浴间的饮料,到自助饮料,可谓应有尽有。飘香的咖啡和地道的奶油,还有才出炉的面包。唉……

她们对美食的想象突然被一扇亮起来的窗户给打断。一个人影从窗户探了出来。他朝汽车里的人望过来,希望在黑暗中看清她们。她们心想,此人是她们见到的第一个真正的布尔什维克。那个人把身子从窗外收了回去。几分钟后,一个身材高大、一身黑衣的男士下了台阶,朝汽车走了过来。他低下身子,吻了吻伊萨多拉的手,说:"你不记得我吗?"

伊萨多拉仔细看了看对方,想起了他的名字——费洛林斯基。她1918年在美国见过他,他当时和施滕伯格男爵[①]在一起。他当时还是费洛林斯基伯爵呢。伊萨多拉和艾尔玛尖叫起来。太滑稽了!在莫斯科的心脏,她们遇见的第一个真正的布尔什维克,竟是费洛林斯基伯爵!他身上是西装革履,他站在那里不知她们为什么发笑。

[①] 施滕伯格男爵(Baron Ungern-Sternberg,1886—1921),波罗的海德意志人,沙俄陆军中将,于俄国内战期间为白军作战,被称为"疯狂男爵""血腥男爵"。

几分钟之后她们被请进了费洛林斯基的私人办公室。

"你们很累吧?"

伊萨多拉说:"是累了,但饿得更厉害。一连三天,我们也没吃上一顿像样的饭,我们也不指望还能吃上一顿。我确实不相信,还有谁能在俄罗斯吃上饭。"

布尔什维克伯爵说:"为什么,我才在土耳其大使馆吃了一顿大餐。我们喝了鸡汤,吃了炸鸡、白面包和奶油,还喝了葡萄酒和一流的咖啡!"

但饥肠辘辘的客人在自己吃到食物之前,并不相信还有这种食品。于是费洛林斯基请她们来到附近的萨伏伊酒店①,他在里面有自己的房间。等他们舒舒服服地落座之后,东道主点上煤油炉。显然,他在任何情况下都能应付自如,竟以娴熟的技巧做起了煎蛋,水平之高,足以和世上最好的大厨一比高下。为饥饿的客人煎好鸡蛋之后,他又取出面卷、黄油和没加糖的茶水。

之后他又出去在宾馆内为她们安排房间。现成的房间仅有一处。等她们进去后才发现,里面仅有一张床,上面没有床单,也没有枕头。伊萨多拉在床上躺了下来。艾尔玛蜷缩在小沙发上。珍妮心想自己为什么要远离家乡,不得已直挺挺地坐在仅有的一把椅子里。她们都睡下了,但不久之后又被一大堆过来纠缠的苍蝇吵醒。黎明的阳光已经照进室内,苍蝇也开始嗡嗡地叫了起来。苍蝇四处乱飞,空气仿佛都被染上黑色。苍蝇在脸上飞来飞去,其固执、讨厌的程度,其他昆虫不能与之相提并论。苍蝇横下心来,不让外来的客人安安稳稳地睡上一觉。不仅是苍蝇,还有其他小昆虫也过来捣乱。

---

① 萨伏伊酒店(Savoy Hotel),莫斯科市中心历史悠久的五星级酒店。1913年开业。很多历史名人曾是这里的常客,邓肯和叶赛宁均在此下榻过。

伊萨多拉和艾尔玛发现，她们没法再睡下去，索性起来洗漱。然后她们出去找朋友费洛林斯基，希望联系那些应该为她们的到来安排食宿的人。那天正赶上星期日，政府部门都已关门。费洛林斯基就给各部门负责人家里打电话，其中主要是教育和艺术部委员卢那察尔斯基。按理说，列巴尔的苏维埃领事应该通知他了。但凡是重要的官员都没在家。他们都在乡间享受7月的礼拜日。

费洛林斯基也不知如何是好，就建议她们到克里姆林宫外面转转，然后再到莫斯科宽阔的大道上走一圈。不知过了多少个小时，她们又回到酒店，仿佛才从永恒走了回来。她们饿得实在熬不下去，赶紧来到餐厅，希望吃上一顿像样的午饭。餐厅的中央有一张大桌子，周围是几张小桌子。大桌子周围坐了十几个表情严峻、没刮胡子的男子。他们戴着帽子，穿了大衣，正用油腻、发黑的铁碗呼哧呼哧地喝汤，边喝边吃硕大的黑面包。他们是同志嘛！伊萨多拉想坐过去，哪怕周围还有小桌子，她们要是坐下来，可能更舒适，多少还能保护隐私。她与对方热情地打起了招呼。"同志们还好吗？"她一边说一边露出最甜蜜、真诚的微笑。

同志们朝旁边看了片刻——等于接纳了这位"卡洛特姐妹"① 一般的"同志"——然后继续舔碗里的汤。三位新来的客人安静地坐了下来。同样的铁碗、神秘的黑汤和硕大的黑面包，一并推到她们眼前。伊萨多拉做了个手势，好像在说，她希望能喝上伦敦市长宴会上那种清清的甲鱼汤。可此时的她不得不品尝眼前的女巫乱炖。艾尔玛好不容易才把汤勺放入汤碗，但怎么也不能把汤勺抬到嘴边。女佣珍妮默默地坐在那里，好像是早期的基督徒烈女。但对她来说，倒不是食物

---

① "卡洛特姐妹"（Callot Soeurs），20世纪一二十年代领先的时装设计公司之一。

难以下咽,她后来才对艾尔玛吐露说:"哎呀,我不能和夫人坐在一张桌子上!"

艾尔玛对她解释说,既然到了俄罗斯,大家都是同志了,没有高低之分。共产主义者废除等级制。你没看到伊萨多拉也把桌子旁的工人当成同志了吗?但这番话对讲究逻辑的法国农家女是没有意义的。"不!不!不要烦我了。我怎么能把夫人当同志!"

她们三人起身离开餐厅,与进来时相比,腹中的饥饿程度并没消减。她们悻悻地返回房间。不久,外面传来敲门声,然后是轻轻的呼叫。来人正是列车上的信使。他送来一大壶热乎乎的可可饮料,此外还有他自己那份白面包。祝福他的名字吧。她们把他当成了救世主。她们大口大口地享用这种稀罕的食物。此时珍妮发出一声尖叫。艾尔玛转过头去,惊恐地发现一只大老鼠正慢慢地走过房间。她也叫了一声,从椅子上跳起来。伊萨多拉从床边站起身来。三人吓得跑了出去。青年信使马上过来追老鼠,但怎么也追不走,老鼠非要捡几个面包渣不可,然后它才不紧不慢地回到浴缸下面的藏身地,那里还有一窝吱吱乱叫的小老鼠。

伊萨多拉·邓肯在莫斯科留下几页手稿,她原来准备把在俄罗斯的经历写成书,在那几页草稿的开头部分她写道:

我这次去俄罗斯,与我同行的是我的学生艾尔玛和忠诚的女佣珍妮,她虽然吓得脸色发白,但也不肯丢下"她的夫人"。此前有人给我们讲了很多恐怖事件,所以等火车越过边境、经过外面的红旗时,要是我们发现画像上那种身穿法兰绒衬衫、生出黑胡子、嘴里叼刀子的布尔什维克,哪怕他们过来侵犯我们三人,晚上为了取乐割断我们的脖子,我们也不该感到意外。后来出现的竟是一位腼腆的青年男子,

邓肯

一双灰眼睛，一副近视镜。坦白地说，此时我们激动得颤抖起来，但又有些失望。他说自己是信仰共产主义的大学生，能说6种语言，问我们需不需要帮助。他太腼腆，完全不是此前我们想象的那种布尔什维克。唯独我注意到，提到列宁的名字时，他眼镜后面的那双眼睛闪闪发光，他清瘦的身材也因热烈的献身精神而抖了几下。他用颤抖的声音为我们讲述共产主义者以近乎疯狂的牺牲精神击退白军，他好像在讲述种种奇迹和一场圣战。

我们在莫斯科度过第一夜。我把珍妮留在酒店我们唯一的房间里，房间里有一张床。她不停地哭泣，因为她看到了"大耗子"。我们和一个小布尔什维克度过一个夜晚，在这座既美丽又神秘的城市里，我们看到不少教堂和金顶。他讲到共产主义的未来，越讲越激动，讲到黎明时我们也准备为列宁和共产主义事业而牺牲。后来出现乌云，下起雨来。我们的向导似乎全然不顾落在身上的雨水。我还注意到，一连14个小时我们还没吃东西。等我与其共产主义者接触后又发现，一个真正的共产主义者不怕炎热，不怕寒冷，不怕饥饿，不怕任何物质上的艰难困苦。如同早期的基督徒殉道者，他们生活在理想当中，全然不顾物质生活。但艾尔玛和我已经筋疲力尽，于是我们又返回火车上……

那列火车仍然拉着沉重的行李，此刻正停在火车站的支线上。在她们给一个搬运工付了小费之后，三人又设法打开了两节车厢。她们在车厢内安静地、几乎是舒服地度过一夜。次日伊萨多拉醒来时，已经是上午11点。三人在车站等人过来接她去旅馆，但始终没人过来接站。那个年轻人此前已经离开。她们决定走到城市的另一端。在阳光下，所有的神秘荡然无存。叫人感到惊愕的是，城市似乎相当破旧，也没人管理。她们闻到的气味，至少也是那种东方人的。此时的街道与昨天夜里完全不同。伊萨多拉和艾尔玛走了一个多小时，她们凭借良好的方向感，最终又回到那幢破旧的旅馆。对知道伦敦萨伏伊酒店的人来说，此地的萨伏伊酒店，似乎是一大讽刺。

费洛林斯基正等她们，他说自己还没得到消息。他们坐了下来，也不知道还要在这里等多久，更不知道下一步该怎么办。等到下午，卢那察尔斯基从乡下回来，发现了办公桌上的通知，这才知道舞蹈家来了。他指派秘书把伊萨多拉·邓肯一行接到此前安排的公寓。

伊萨多拉说：如此更好！终于安顿下来了。珍妮高兴得不得了，艾尔玛累得不行了，邓肯自己是又累又失望。四天下来，她们三人吃不好也睡不好。旅途劳顿，情感波折，最后才在这片新土地上落下脚来，即将开始全新的生活。她们被安排到一个固定的地方，至少不用担心耗子了，吃饭也不必恶心。她们的高兴是发自内心的。

第 5 章

据送她们过来的秘书说,教育委员在匆忙之中为伊萨多拉·邓肯安排的公寓,原先是戈尔泽的。邓肯问,戈尔泽是谁?秘书看了她一眼,好像在问:谁是斯坦尼斯拉夫斯基,或者谁是夏里亚宾?这么大的舞蹈家,连自己的同代人也不知道吗!秘书亲切地解释说,戈尔泽是俄罗斯最著名的舞蹈演员,莫斯科剧院排名第一的芭蕾舞演员。她和安娜·巴甫洛娃同属一个流派、一个时代。

秘书又说,卢那察尔斯基同志发现写字台上的通知,说邓肯即将抵达,他多少有些不知如何是好了。他没想到邓肯真的能放弃西欧大都市的安逸生活,到还不太安定的俄罗斯来工作生活。他此前也没有为她安排住所。此时所有酒店都住满了共产党的官员和政府官员,所以没有地方可以安排邓肯这么重要的客人。(世界其他地方都称呼她的名字,但俄罗斯人叫她"邓肯",自从 1905 年她初访俄罗斯即如此)

卢那察尔斯基正为一处合适的住所犯愁,却想起此刻戈尔泽不在莫斯科。她正在俄罗斯南方度假。教育委员按照早期共产主义国家司空见惯的做法,接收公寓,然后指派秘书以合适的方式把邓肯安顿下

---

① 斯坦尼斯拉夫斯基(Konstantin Stanislavski, 1863—1963),俄罗斯著名戏剧和表演理论家。代表作有《演员的自我修养》等。

来。哪怕他手上有上千件重大事件要处理，为了修复此前的失礼，他也该亲自拜访尊贵的客人，亲自把她送到她在莫斯科的第一处住所。几天之后，伊萨多拉才见到这位与她通过信、通过电报、请她来莫斯科的男人。

在伊萨多拉最后发现事件朝另一个方向发展之前，她还以为把她安排到戈尔泽的公寓必定有象征意义。她以为，芭蕾舞作为一种艺术形式与无产阶级国家的关系，如同金盘子里水龟身上的钻石。过去，芭蕾舞总是得到皇家和贵族的支持，是贵族绝好的消遣。

伊萨多拉说过："今天的芭蕾舞流派，徒劳地与自然引力法则和个人的自然意志分道扬镳，其形式和运动与大自然的形式和运动南辕北辙，生产出不能生产的运动，所以也无法生出未来的运动，落地之后即为死亡。"

她来俄罗斯，最大的想法是创办一所自由的舞蹈学校。按照她自己的设想，以美和自由的力量，把不能生产的、保守的芭蕾舞从牢固的王座上拉下来，哪怕其方式如同工人阶级推翻传统的统治者。但是她并没有考虑莫斯科芭蕾舞学派拥有的牢固地位，不仅有学校还有政府资助。莫斯科的芭蕾舞并没有发生变化，一如昨日。政治和社会革命从身上轧了过去，却

戈尔泽（Yekaterina Geltzer, 1876—1962），俄罗斯舞蹈家，莫斯科大剧院芭蕾舞团的主要芭蕾舞演员。

安娜·巴甫洛娃（Anna Pavlova, 1881—1931），俄罗斯舞蹈家，著名古典芭蕾舞者之一，俄罗斯皇家芭蕾舞团的台柱子。巴甫洛娃和舞团成员成功创造了《天鹅之死》中的角色，并在世界各地举行了巡回演出。

不见印迹。泰洛夫①、格拉诺夫斯基②和梅耶荷德③等反传统艺术家在作品里提出的艺术和戏剧革命，发生在莫斯科的其他剧院，但芭蕾舞还是过去的芭蕾舞，如同波旁王朝，"什么也没忘记，什么也没学来"。

戈尔泽的公寓是个不大的地方，室内到处都是小物件和价钱不菲的饰品——一名伟大的芭蕾舞演员活到50岁，不管她自己乐不乐意，也不可能不收藏那些珍贵的纪念品，这些东西不看上一眼可太难了，然而又太容易碰坏。伊萨多拉身边从没有过这么多小物件。她习惯那种举架高的房间，然后挂上蓝色的帷帐，再摆放几把低矮的沙发和桌子。这位房东的公寓，堪称室内装饰者的噩梦。伊萨多拉生活在这种环境下，要时时提心吊胆，生怕哪个动作不小心，把塞夫勒的花瓶或德累斯顿的牧羊女碰到地上。她最后还是弄碎了一个不太结实的陶瓷台灯。伊萨多拉安顿妥当之后，来访的第一位客人是莫斯科艺术剧院④的康斯坦丁·斯坦尼斯拉夫斯基。他是她最早的崇拜者之一，那时她还是初到俄罗斯。此后他们就成了好朋友，互相推崇。他在多年之后出版的自传里高度评价伊萨多拉·邓肯。邓肯在自传里也表达了对他的仰慕。不过，在1921年，这两部自传还没写出来，也没人想写。两个老友有说不完的话。他们都渴望遇到对方。斯坦尼斯拉夫斯基对邓肯的崇拜和感情姑且不论，让他感到格外高兴的是，他又能接触到

---

① 泰洛夫（Alexander Tairov, 1885—1950），俄罗斯艺术创新者、戏剧导演。
② 格拉诺夫斯基（Alexis Granowsky, 1890—1937），俄罗斯戏剧、电影导演。
③ 梅耶荷德（Vsevolod Meyerhold, 1874—1940），俄罗斯著名戏剧导演，1940年2月2日殉难，苏共二十大后平反。1913年他的论著《论戏剧》问世，提出了与写实主义戏剧分庭抗礼的假定性戏剧理论。
④ 莫斯科艺术剧院（Moscow Art Theatre），即现在的契诃夫莫斯科艺术剧院，1898年由康斯坦丁·斯坦尼斯拉夫斯基和弗拉基米尔·涅米罗维奇-丹钦科建立，以推广自然主义理念和斯坦尼斯拉夫斯基体系。在上演了契诃夫的四部主要作品后，剧院声名鹊起。

来自外部世界的、有智慧的人。如同所有不是政客的艺术家,革命那几年他吃了不少苦。他老了不少,但是在他那张英俊的脸上,那股魅力依然不减当年。他和伊萨多拉说起他们的所有老朋友,也说到他眼下的新作品。他说,希望等安定下来之后,把作品送到国外,让德国和美国的大众看看。于是他又把话题转到在恐怖时期遭受的磨难上。因为此时伊萨多拉正热烈地崇拜共产主义国家,所以激动地说:"亲爱的,你面对的是两难境地。你或是考虑自己的生命已经结束,然后自杀,或是从此开始生活,变成共产主义者。"

过了几个夜晚之后,他来电话请伊萨多拉和艾尔玛过去看看他才创作的实验作品:柴可夫斯基的歌剧《尤金·奥涅金》。她们坐在包厢内观看演出。演出没有管弦乐队参与,伴奏的是台上边厢内的一部钢琴。这大概是斯坦尼斯拉夫斯基对歌剧的初次实验。此后他的第二工作室剧院又推出好几部作品,其中几部还在纽约上演了,如《卡门》《佩里科勒》①和《安戈太太》②等。

他热切希望听到客人对其新作品的评价。作为对方的老朋友,伊萨多拉大胆地说自己一点也不感兴趣。对于这种艺术形式,她从来都不感兴趣。如此评价,此前她也对最伟大的歌剧作家瓦格纳的遗孀柯西玛③毫不客气地说过。

"音乐剧是胡闹……人们一定是先说话,然后歌唱,然后跳舞。但说话的是大脑,是思考的人。歌唱是情感。跳舞是狄俄尼索斯裹挟众生一同狂喜。无论以什么方式,都不可能把它们混在一起,不能相互

---

① 《佩里科勒》(*La Périchole*),法国作曲家雅克·奥芬巴赫创作的三幕歌剧。
② 《安戈太太》(*Madame Angot*),法国作曲家查尔斯·莱科克创作的歌剧。
③ 柯西玛(Cosima Wagner,1837—1930),作曲家李斯特·费伦茨之女,先后嫁给指挥家汉斯·冯·彪罗和作曲家理查德·瓦格纳,后者过世后她担任拜罗伊特音乐节音乐总监。

混淆。音乐剧是不可能的！"

她又对斯坦尼斯拉夫斯基重复了上述要旨，同时指出，无论如何《尤金·奥涅金》也没必要投入时间。从情感上说，如此浪漫的作品，不应该以现实的手法来处理，尤其是在如此动荡的年代。她又继续批评说："斯坦尼斯拉夫斯基，你应该推出更大的东西，如欧里庇得斯①的《酒神的伴侣》。我始终在幻想，请你来导演这部古代悲剧，请艾丽奥诺拉·杜斯出演阿高厄②，我和学生们为合唱跳舞。"

艾丽奥诺拉·杜斯（Eleonora Duse，1858—1924），意大利演员，她被认为是有史以来演技最出色的女演员之一。

---

① 欧里庇得斯（Euripides，公元前480—公元前406），与埃斯库罗斯和索福克勒斯并称为希腊三大悲剧大师，他一生共创作了92部作品，保留至今的有18或19部。
② 阿高厄（Agave），古希腊忒拜城城主卡德摩斯长女。希腊神话中酒神狄俄尼索斯的女追随者。

第 6 章

戈登·塞尔福里奇（Harry Gordon Selfridge，1858—1947），美国零售业大亨，创立了伦敦的塞尔福里奇百货公司，英国最受尊敬、最富有的零售巨头之一。

邓肯在戈尔泽的公寓度过几个夜晚之后，费洛林斯基过来拜访。她正要和几个新结识的朋友坐下来吃晚饭——其中大多数是房东的朋友，他们好像希望帮助新房客处理戈登·塞尔福里奇在伦敦送她的那一大堆果酱和食物。费洛林斯基过来问邓肯想不想参加一场聚会，当地大多数共产党的领袖都将到场。他的汽车等在外边送她过去。

一想到马上就能和那些伟人面对面地坐在一起，她不禁兴奋起来。他们可是这场革命的发动者，是新秩序的建设者。如她后来所说，她当时竟想象出一个个脸上发光的理想主义者，他们的装束如同托洛茨基，不过是农民那种普通的服装，他们对人类的热爱，如同光环闪闪发光。于是她马上为这种场合找出合适的服装。等她出现时，身上是最好的红色束腰外衣，然后又在外面披上了大红色山羊绒披巾——披巾是她跳《马赛曲》才披在身上的,1927年9月14日夜,她身上披的也是这条披巾。她的头上缠了一条红纱巾,肩上又压上一件披风,然后才与费洛林斯基一同赶去面见共产党的领袖们。

聚会的场所选在加拉罕①的宅邸,对这栋建筑,克莱尔·谢里丹在其讲述俄罗斯经历的著作里,都一一描述过。建筑坐落在莫斯科河南岸,与克里姆林宫相对,过去是俄罗斯糖业大王的府邸,从建筑的内部装饰也可看出那个有钱男人庸俗的品位。

伊萨多拉容光灿烂,心潮澎湃,在专人的陪同下走进大厅,室内按照路易十五的风格,经过繁复的装饰。大厅中央的圆桌四周坐着所有的同志。他们神情严肃、充满自信、服装讲究。他们坐在那里看一个女子演唱。他们的表情可以印证每个人对演出兴趣的程度。女歌手站在一台大钢琴旁,用颤音演唱一支法兰西的《牧歌》:

> 年轻的小姑娘
> 要爱惜时光,
> 紫罗兰呀,
> 初春要采摘,
> 啦,啦,啦!

伊萨多拉真不敢相信自己的耳朵或眼睛。她把目光从身着晚礼服的歌手那里移到天花板上,上面仿制的是大画家华托②的人物,仿制的

---

① 加拉罕(Lev Mikhailovich Karakhan, 1889—1937),苏联外交官,亚美尼亚人,生于格鲁吉亚第比利斯,死于莫斯科。1924年7月31日—1926年9月10日,担任苏联驻中国大使。
② 华托(Jean-Antoine Watteau, 1684—1721),法国洛可可时代代表画家。

手法并不高明。她的眼睛又在室内扫视一周,目光所及不是镀金就是粗俗。然后她转向坐在那里欣赏浅薄歌曲的"同志们",他们不过是文明世界到处都有的那种有几个小钱的中产阶级。歌手唱完后,还要演唱《勇敢者之歌》,此时气呼呼的邓肯走了上去。

她大声说:"你们是什么意思?你们推翻了中产阶级,为的是取而代之,你们依然对室内过去那些滑稽的动作恋恋不舍。原来他们坐在这里,现在你们也坐在这里,四周充满低俗的艺术品和低俗的装饰品。你们听的歌曲,还是他们听过的靡靡之音。什么变化也没发生。你们不过是取代了他们。越变革越是倒退。你们发动了一场革命。你们应该率先丢弃所有从中产阶级那里继承的遗产。但是你们超过了希律王。你们不是革命者。你们是伪装起来的中产阶级。是抢夺者!"

一片死寂,伊萨多拉如复仇天使一般,身披烈火,舌如烈焰,说完之后扬长而去。陪同的人跟在后面,一脸茫然。她出去之后,室内爆发出一阵喊声。不知哪位更重要的同志站出来说,这位外国同志的话也不是没有道理,人们才安静下来。但此事一下子传开了,就连卢那察尔斯基在日后写到邓肯的文章里,也提到她的即兴演讲。

前后还不到半个小时,伊萨多拉又返回戈尔泽的寓所,此时的她情绪高涨,绘声绘色地向众人描述她是如何进去又如何出来。她又以其出色的戏剧感和无所不在的幽默感,模仿了那位歌手和那些中产阶级的官员。数日之后,卢那察尔斯基过来拜访。这位出色的作家和剧作家,用相当长的时间与邓肯讨论她的生活、她的艺术及其在苏维埃俄国的未来。这次对话的内容大多写进了他不久之后刊发的文章,其题目是"我们的客人"。文章太长,无法全文收入,下面引用其中部分文字,读者可能感兴趣:

邓肯宣布其来俄罗斯的设想之后，惊讶和愤怒的叫声传了出来。最初，各大报纸指称传闻为谎言，之后又说邓肯疯了。不少人还含沙射影，说她之所以要离开美国和欧洲，是因为那里的大众对她的艺术已经不感兴趣。这种说法当然是站不住脚的。那些写文章的人对此也知道。就在她动身来俄罗斯之前，她还接到荷兰和美国发出的最优惠的邀请，但她天生为人坦诚，对此一一拒绝。列昂尼德·克拉辛对我说过，邓肯担心她在伦敦的告别演出。各种报纸因其同情布尔什维克，已经开始搬弄是非。与此同时，她演出的门票已经告罄。观众全场起立，对她予以热烈欢迎。这也是在称颂她的俄罗斯之行所表现出的勇气……

她来俄罗斯的目的是什么？主要目的是教育。她来俄罗斯是经过负责教育和负责外事的人民委员的同意。他们提出请她在俄罗斯创办一所大规模的全新学校。邓肯以其全部灵魂相信，哪怕有饥荒，哪怕缺少生活必需品，哪怕大众还很落后，哪怕此时此刻形势依然严峻，哪怕此后政府官员要忙于其他重要事务，但她依然可以为自己的设想走出第一步。她想得很远。她想为政府办一所招收1000名孩子的大学校。不过，她也希望从小办起。孩子们将通过我们的教员来接受初级教育。但她们的体育和美育，将来都由邓肯亲自来教……

目前邓肯正在经历如火如荼的共产主义阶段，对此，有时我们也情不自禁地报以微笑。（写到此处，卢那察尔斯基引述了伊萨多拉对斯坦尼斯拉夫斯基说的话）还有一次，几位共产主义同志邀请邓肯参加一场家庭般的小型聚会。她发现有必要请与会的人注意他们的低级趣味，因为周围是资产阶级的环境，又因为他们的行为与她心目中想象的那种火热的理想南辕北辙。多亏我们的同志能够理解坦率的批评中所蕴含的原有魅力，也因为批评的大方向是正确的，不然，此事可能演化成不大不小的丑闻。

负责教育的人民委员欢迎俄罗斯的客人,同时相信,等到她第一次在大众面前公开露面时,无产阶级也将予以欢迎。邓肯被称为动作女王,但在其所有动作之中,这最后一次——她大胆地来到俄罗斯——才是她最美的动作,对此应该给予最热烈的掌声。

1917年9月7日,邓肯受邀参观法国巴黎罗丹美术馆

第 7 章

克拉斯诺谢科夫（Alexander Krasnoshchyokov，1880—1937），犹太人，苏联政治家，苏联卫星国远东共和国首任总统和部长会议主席，生于乌克兰切尔诺贝利。

8月初的日子一天天过去。办学毫无进展，新住所也没有迹象。伊萨多拉开始不耐烦了。她心想，来俄罗斯，怕是要一事无成。她痛恨被迫的无所作为。她希望尽快实施自己的设想。为了打发时间，她白天到城里散步，晚上去剧院，当时剧院都是免费的。

8月的日子渐渐过去。学校连影子也没有。卢那察尔斯基派自己的私人秘书、远东共和国的负责人**克拉斯诺谢科夫**陪同伊萨多拉前往马拉科夫卡的儿童聚集地。他们参观了房舍和场地。之后伊萨多拉把周围的孩子喊到身边。大家坐在草地上，她为孩子们上了一课。孩子们也不示弱，以礼相还，为她跳起舞来。她通过翻译对孩子们说："你们跳的是奴隶的舞蹈。所有的动作都指向土地。你们应该学会跳自由人民的舞蹈。你们应该仰起头来，甩开双臂，仿佛你们要用兄弟般的姿态拥抱全宇宙！"

邓肯回城后，仍然没有下文。朋友们白天过来走动，或是外出散步，大家或是看戏或听音乐会。那些过来拜访伊萨多拉的人，原来都熟悉戈尔泽。他们似乎把对戈尔泽的情感轻易就移情到另一位舞蹈家身上。来访者当中有一位毕尼克托夫先生，是位艺术经纪人。当时大家都是配给制，但他总能想方设法找来各种美食和好酒。

8月下旬的一天，他请伊萨多拉和艾尔玛去他家吃午饭。那份菜单上有：

鱼子酱

烤鸡

葵花籽——青豆

香梨

蛋糕——咖啡——香烟

与鱼子酱一同上来的是伏特加。与烤鸡相伴的是上等法国勃艮第红葡萄酒。然后是咖啡与陈年白兰地。眼前几乎就是一场盛宴。相形之下，伊萨多拉那种政府分发的午餐与这顿午饭之间的反差，又何止一二。所以等午饭结束后，她不禁惊叫说："哎呀，这好像是在**丽兹酒店**。"她原来的定额食物不够吃，偶尔还要补一些罐头汤、果酱和戈登先生的饼干。东道主还请来几位音乐家为客人演奏、唱歌。好客的东道主被伊萨多拉的魅力打动。为了表达对她的崇拜，把一幅早期意大利绘画送给伊萨多拉。画上是三位音乐天使。（伊萨多拉后来把画挂在床头上，还不时说其中的一位天使画得像诗人叶赛宁）

午饭过后，东道主以为结束这个下午的最好方式，是开上汽艇，顺莫斯科河逆流而上，驶到麻雀山，即后来的列宁山。1812年拿破仑

丽兹酒店（Hôtel Ritz Paris），法国巴黎第一区市中心的一间酒店，坐落于旺多姆广场15号，是世界上最豪华的酒店之一，同时也是立鼎世酒店集团的成员。巴黎丽兹酒店最早于1898年开始营业，由瑞士酒店大亨凯撒·丽兹联合法国名厨奥古斯特·埃斯科菲耶创立，是世界上最早的丽兹酒店。顾客涵盖王室成员、政客、作家、演员和歌手。为了纪念著名客户，酒店为数间套房命名，例如可可·香奈尔套房和马塞尔·普鲁斯特套房等。

正是站在山上俯瞰莫斯科，然后才下令进城的。此地是莫斯科人偏爱的地方。站在高地之上，尤其是在落日时分，你能看到城里动人的景色，闪闪发光的穹顶、教堂的尖塔以及莫斯科河谷，无不尽收眼底。

伊萨多拉和朋友们走上那片林地。他们在林子里走了半圈，偶然遇到一个男子。日后伊萨多拉和这位男子之间建立了持久的友谊。伊萨多拉对他十分景仰。他是**波德沃伊斯基**同志。此人在革命初期号召起一支著名的红军。从1917到1920那几年,他们转战各地,克服艰难险阻。他的身体也垮了下来。此时他与家人住在山上疗养。在他与伊萨多拉见面时,他是负责体育的人民委员。他正和为数不多的运动员一同建造体育馆。现在这座体育馆也是乡间的著名建筑物。

波德沃伊斯基(Nikolai Podvoisky,1880—1948),苏联早期的革命党人,策划十月革命的军事三人小组成员,革命成功后历任俄罗斯和乌克兰最高军事领导人,但1920年开始地位不断下降,从集团军政委到军训部长一路下滑,最后是体委主任,55岁就退休了,安然度过了肃反和二战。1948年7月28日,68岁的波德沃伊斯基死于家中。曾在1927年电影《十月:震撼世界的十天》出演自己。

不知什么原因,眼前的男人,深深地触动了伊萨多拉。她通过翻译与对方聊了很长时间。回到寓所之后,她依然心潮起伏,庆幸自己能接触如此生动的人物。于是她坐下来写下自己对他的印象。她感到有必要让全世界都知道他。等她把人物写完之后,把文字邮给一家英文报纸的编辑。说来奇怪,后者不仅予以发表,还邮来一张支票。伊萨多拉收到支票后大喜过望。其高兴的程度超过她因跳舞赚来大笔回报,或者从崇拜者那里得到掌声。她把支票保存了很长时间。那是她第一次用笔得到的回报。后来因为食物短缺,她才把支票变成现金,用这笔钱为学校的孩子们买了苹果!

下文即为邓肯发表在报上描写波德沃伊斯基的文章:

河水从一座山冈下面转过,那个人就住在

山上。他站在山上可以俯瞰莫斯科全景及周围的平原。下面有金光闪闪的穹顶、五颜六色的圆球和众多教堂上面的十字架,乃至克里姆林宫的高塔。在他的想象中,他创造了城里的人民和平原上一个伟大、崭新的民族。在他的视线里,他看见一个青年,为了一个共产国际的国家正从地平线上走来。如同普罗米修斯,这个男人将把再生的火焰送与人类。

在他生活的山冈上,有一处宏大的宫殿遗址,这处宫殿是凯瑟琳大帝为其爱臣修建的。宫殿坚固的墙壁历经几个世纪的风雨,但室内的天花板已经塌落,地面虽然依旧如故,不过已经变成断壁残垣。建筑物最高处的穹顶上,飘动的是革命的红旗,住在山上的那个人,仰望旗帜,他的目光中充满爱怜,说:"借助这面旗帜的力量,宫殿必将重建,建成一座庙宇,三千少男少女将住在这里。他们将变成强健、出色的运动员。一大群人以其自由的思想和完美的肌肉为人类的未来而劳动。"

他用手指向下面的克里姆林宫,说:"此处将变成一座更坚固的堡垒,那是原来的克里姆林宫从没见过的。"我们站在那里,远处莫斯科教堂的钟声响成一片。他的脸上露出不易描述的神色,说:"我们的大钟将为其他目的敲响。"

他的话音刚落,我们就听到男孩子们的歌声。我们看见100个赤身少年正大踏步地从山腰朝河边走去。他们是他的第一批信徒。他们住在半山腰的帐篷里,足有500之众。年轻的战士将赶赴新的战场,为创造更优秀、更美丽的人类而投入战斗。

此人,即波德沃伊斯基同志,站在高处的阳台上,他脚下是昔日的废墟。那面红旗在他的上方飘动。他的目光转向下面的队伍,目光里充满无限的热爱和智慧,那种目光在普通人的眼睛里是没有的,唯独神才能拥有。确实如此,注视他站在那里,目光中充满对新世界的憧憬,我转向身边的人,说:"这位伟大的革命者、共产主义者当中的最优秀分子、波德沃伊斯基同志,是神一般的人呀。"

邓肯

第 8 章

　　伊萨多拉写完对波德沃伊斯基的特写后，决定次日再次经水路过去，希望与他再次见面。她从那艘小船上下来，步行走进林子去找他。她没能找到人民委员。于是就在河边斜坡上的白桦林里躺下来歇息。人民委员在那里发现了她们。我们最好还是用伊萨多拉自己的话来描述他们的会面及其后的对话。她的文字自有其风格，如同她的其他文章，能折射出她对这位共产主义者的狂热崇拜。下面的文字是她回来后当天夜里赶写出来的，取自伊萨多拉的铅笔手稿。从文字里我们可以发现，她当时写字的速度相当快。此处并没对原文进行修改。我们不过是在必要时加上标点，以提高可读性。毫无疑问，要是伊萨多拉自己撰写设想中的俄罗斯印象，引用上述文字的话，她不仅要写上标点，还可能修改文字。

　　我躺在山坡的草地上。我朝上望去，发现在天空映衬下出现一张脸。那张脸上的神情给我留下鲜明的印象，其中充满力量和想象力，格外的甜美。他正是波德沃伊斯基同志。先前，他在附近的房子里看到了我，于是就过来和我打招呼。他用强有力的手臂把我拉了起来。我注视他的眼睛，是湛蓝色的。那目光忽而坚毅，忽而又变得和蔼，流露出笑容。

1921年8月,波德沃伊斯基和伊萨多拉·邓肯摄于莫斯科的麻雀山上。

他说:"既然你来了,你就成了我的囚徒。我能号令所有的红军,所以我也能管辖你。你要留下来把想法告诉我们。我听说过你的想法,全世界都知道了。"

我问:"不过,我的想法对你的士兵有什么用?"

"哎呀,你不知道我们这里都是新战士吗?赤身的战士(运动员),也有女战士。那边的山上是青年营地。有500名青年,也有姑娘。他们生活在室外的山谷里。我们在建造一座容纳5万人的体育馆。明年夏天就要建成了。我们要准备盛大的庆祝活动,舞蹈、歌曲、音乐。在另一座山上,你能看见那座巨大的圆形城堡。我们要为2000个儿童准备一处住所。他们将按照新世界的理想成长起来。你一定要过来助我们一臂之力。你看看那边,走过去的是我们年轻的战士。他们要到河里游泳去呢。"

我转眼望过去。从高地上走下来100名小伙子。他们没穿衣服,身上披的不过是几片浴巾。他们在歌唱,踏着节奏边走边唱。他们从林子里走下来,那是一幅动人的景象。他们身后是一群姑娘。我遗憾地看到姑娘们还穿着裤子和衬衫。她们不如小伙子那么英俊,那么潇洒。我马上对波德沃伊斯基说,长裤是不对的,泳衣也是不对的。我告诉他,所有人都该穿上束腰短外衣,就像阿喀琉斯①。姑娘们也不应该跟在小伙子身后。她们应该边走边跳,手拉着手。我问他们唱的是什么歌。他翻译出来,歌词大意是:

去死吧,投机者。

---

① 阿喀琉斯(Achilles),也常译作阿奇里斯、阿基里斯、阿基琉斯等,是古希腊神话和文学中的英雄人物,参与了特洛伊战争,被称为"希腊第一勇士"。

去死吧寄生虫。

我们是大地上崭新的自由的士兵。

波德沃伊斯基说:"去死吧,投机者。你明白吧,所以小伙子们才要走在前面,他们还有艰巨的劳动。也许,我们还没有走到跳舞的阶段。他们是革命的战士。"

波德沃伊斯基和他的妻子生活在简陋的小木屋里。他们有五个孩子,最小的还是婴儿。他们崇尚斯巴达人的简朴。孩子们一夏天都打着赤脚。一次,众人探访城堡遗址。他的几个男孩在地面上跑过去,破碎的玻璃散落一地。我要拦下他们,但波德沃伊斯基拦下了我。

他说:"他们将来是革命的战士。他们要学会无所畏惧。"

他们说布尔什维克是匪徒。波德沃伊斯基是中央的人民委员。他可以住进豪华的宫殿,坐上劳斯莱斯汽车,如果他想要的话。这些东西对他来说,唾手可得。但他选择生活在两个简陋的房间里,每天吃的也是士兵的配给。他对我说:

"所以我的士兵才追随我,相信我,因为他们知道,无论是战争还是和平,我都与他们同甘共苦。所以当白匪军逼近时,我们当时还吃不饱饭的战士,可以把对手赶回去。那是因为我的战士明白,为了理想,我们一同生活,一同挨饿,一同经历艰难困苦,所以他们才乐意和我一起面对死亡。我走到哪里,他也能走到哪里。"

波德沃伊斯基说话时,我感到自己也是他麾下的战士了。我也可以追随他,不论他走到哪里,一同赴死。波德沃伊斯基是一个伟大的英雄的灵魂。一个有良知、有同情心的男人,如同基督。他的大脑如同尼采,他的理想指向未来。

一次,我在他简陋的房间里为孩子们上了一节舞蹈课。他说:"伊萨多拉，太好了。我几乎不了解自己的孩子。一个小时他们就发生了变化。但我担心你可能把他们变得软弱了。要知道，他们要按照革命战士的标准来成长。"

我说："是的，但我的舞蹈何以使他们变得软弱了？我要教他们伟大的、英雄般的动作。你的姑娘也要跳舞，你的男孩要在队伍前面跳舞，如同索福克勒斯，用英雄主义来激励士兵。"

他回答说："说得好。如果你要教他们这种舞蹈，你自己一定先要像英雄一般生活。伊萨多拉，欧洲一定程度上玷污了你崇高的英雄精神。多年的成功也使你软了下来。我知道这种精神。但你一定要过来，以我们的方式和我们生活在一起。如此这般，你才能变得纯粹。"

哎呀！前面是高大的身材、耶稣般的神情、英雄般的眼睛，我的脸一下子红了。我是讲究安逸的异教徒吗，习惯舒适的床，可口的食物？哎呀！哎呀！艺术家和圣人为什么要南辕北辙？圣人绝对成不了艺术家，艺术家也绝对成不了圣人。弗拉·安吉利科修士[①]——圣方济各[②]：对，偶然才是必然的。

一天夜里，波德沃伊斯基把我领到山上的一处废墟前。他说："过去这是一座时髦的酒店。莫斯科富有的中产阶级，他们在里面大吃大喝之后，还要看芭蕾舞，然后驱车出去喝香槟酒，找吉卜赛人。要玩到清晨四五点钟。如今这里变成了废墟。"

我的目光从黑黝黝的灰烬上掠过，看到升起的月亮，远处是救赎

---

① 弗拉·安吉利科修士（Fra Angelico，1395—1455），意大利早期文艺复兴画家，艺术史学家瓦萨里在其巨著《艺苑名人传》中称赞其拥有"稀世罕见的天才"。
② 圣方济各（Saint Francis，1182—1226），简称方济各、方济，新教又译为圣法兰西斯，是天主教运动、美国旧金山以及自然环境的守护圣人，也是方济各会的创办者。

者教堂上面的金顶。

我回答说:"你说得不错。这些人对生命赐予的神圣礼物一无所知。吉卜赛人和香槟酒淹没了他们的良知。俄罗斯人民、俄罗斯的儿童,他们从来也没想过。"

波德沃伊斯基说:"现在跟我过来。"他拉过我的手,把我领到下山的小径上。我们越走小道越陡,下山越困难。我脚下打滑。我坦白,当时心里怕得很。树枝刮破了我的衣服和手臂。我怕摔倒。四周没有光线,黑黝黝的。波德沃伊斯基用手扶住我。"拉上我的手,跟在后面。"小石头从我脚下滑落。小径变得越来越难走,也越来越险峻。我崇拜波德沃伊斯基的天才,但是我得承认,我生他的气了,因为他把我领到这么危险、走不下去的小径。过了片刻,我们来到河边。此刻的我浑身无力。我转向波德沃伊斯基,还没等我抱怨,就听见他的声音:

他把我的手抬到他的唇边,说:"亲爱的伊萨多拉,我带你走下如此险峻的小道,不过是为了象征。我想向你说明,如果你希望在俄罗斯生活,你要经历的正是这种困难重重的小径。在你的生活里,你遇到过大剧院、欢呼的观众。那些都是假的。你知道豪华列车、高档酒店、全场起立欢呼,假的,都是假的。你已经来到俄罗斯。通过我们才走过的小道,我想告诉你,如果你希望为俄罗斯工作,那么这一定是你要遇到的。不是宏大的歌剧院、管弦乐队、欢呼的人民,不,不。那不会有所收获。如果你希望有所收获的话,就要独自走到人民中间。在冬季的小仓房里跳舞,在夏季的田地里跳舞。教育人民舞蹈的意义。教育孩子们。不能伸手要回报。"

第9章

按照伊萨多拉的习惯,她无法坐在那里双手闲着。她写完波德沃伊斯基的特写之后,又写了一封信,转给巴黎新闻社。信在人文栏目发表出来。之后众多英国和美国报纸予以转发。在信的前面伊萨多拉引用她喜欢的一句话,原文取自《查拉图斯特拉如是说》:

我热爱那种创造出比他自己更高、然后又以这种方式消失的人。

你们等待我对莫斯科的印象。H. G. 威尔斯和其他来过这里的作家,我还无法以他们的方式写出政治印象。我对政治一无所知。我只能作为艺术家写写印象。这些印象大多出自感性而非理性。

在每一个人那里,特别是孩子和艺术家,都存在第六感。是第六感促使我们把灵魂的哲学或一群人或一座城镇变得神圣起来。指引我全部艺术创作的也正是这种第六感。我听到这种召唤之后才离开欧洲,因为那里的艺术已经被商业主义淹没。也正是借助这种第六感,我才要歌颂莫斯科。从物质的角度来看,人们就无法判断这里发生的事情。人们应该用透视的眼光来观察周围的现象,因为漂浮在表面上的东西,不过是浮光掠影,真理却深深地藏在这个国家灵魂的内部。

邓肯

奇迹要把自己给予那颗伟大的、集体的灵魂。

我确信在俄罗斯发生的正是2000年来发生在人类身上最伟大的奇迹。

此刻我们离奇迹太近，所以还无法全然理解。大概那些活到百岁的人才能理解，通过共产主义的治理，人类朝前迈出了一大步，再也退不回去。

莫斯科是发生奇迹的城市，俄罗斯的殉道是为了消灭将来的苦难。人类的灵魂将变得更美丽、更慷慨、比耶稣憧憬得更伟大。

我重复一遍，我们与革命站得太近，所以还无法理解。

要是我们生活在耶稣的时代，我们也是无法理解的。我们看到的可能是一个朴实的人，身后是贫穷的信徒，他的受难对我们来说，不过是普通的灾难而已。

然而，精神上的真理又与此相反。

这里出现的所谓精神上的真理，我将其视为对未来的光明的预见。贝多芬、尼采、惠特曼的种种预言正在变成现实。俄罗斯正涌起解放的浪潮，在这种大浪的裹挟之下，所有人都将成为兄弟姐妹。

以上信息是我的灵魂收到的，是共产主义俄罗斯先知般的声音传递给我的。以上信息我也希望传递给你。

伊萨多拉拜访麻雀山之后，波德沃伊斯基夫人请她和艾尔玛上山居住。他们给她找到了一处两室的小木屋。波德沃伊斯基一家生活简朴，过他们那种生活，一度也吸引了伊萨多拉，此时的伊萨多拉为创办学校一等再等，已经等得百无聊赖。此外，戈尔泽的公寓也让她感到窒息。到乡下生活，还可以呼吸更多的自由。

要是把自由与小木屋生活相提并论的话——三人两个房间，人睡在地板上，用原始的卫生设施，吃粗糙的食物，喝山羊奶，那么在林子里那五六天，伊萨多拉确实吃了不少自由的苦。

抵达俄罗斯小木屋的第二天,伊萨多拉和艾尔玛穿上白色的束腰短外衣,赤脚踏上凉鞋,在河边散步。等她们走累了,就坐在树下歇息。一条船从河弯处划了过来。船上有四男一女。来人显然是被两位身着白衣的女性吸引过来的。划船的人把船驶向河边。小船停下后,他们爬上岸来。他们走近两位舞蹈家歇息之地时,便已认出了伊萨多拉。其中一位问,可不可以和伊萨多拉拍张照,她同意了。然后他们互相介绍自己。来人中的负责人是**鲍罗廷**。他是从美国来俄罗斯的。此前他在芝加哥教书。日后鲍罗廷的名字在各国的报纸上刊登出来,都因为他是中国南方政府的顾问。那天和他在一起的其他人是德国的革命者,他们在巴伐利亚煽动红色革命,革命流产后逃了出来。

鲍罗廷(Michael Borodin, 1884—1951),俄罗斯犹太人,1923—1927年间的共产国际驻中国代表及苏联驻中国广州政府代表。是协助孙中山联俄容共("第一次国共合作")的主要人物。

伊萨多拉被鲍罗廷吸引了,也许是因为鲍罗廷在几人中是唯一会说英语的,也许是因为他在几人中的长相最英俊。他身材高大,黑黝黝的,说话慢条斯理的。总之,他是个迷人的、有教养的人。他们聊到太阳落山才结束。伊萨多拉的注意力几乎全部在鲍罗廷身上。对方对她也是如此。次日,他们又划船过来,到伊萨多拉的小木屋吃午饭。午饭吃的是山羊奶、煎蛋卷、凉拌西红柿和面包。原来,蛋卷是珍妮用好不容易才到手的鸡蛋制成的,仿佛那几枚鸡蛋是灭绝的渡渡鸟生下的。城里一连多日顿顿吃黑面包和咸鱼干,所以几位共产党员同志认为这顿午饭够气派的了,他们对厨艺更是大为惊叹。

午饭过后,众人出去顺着大道走过田野。伊萨多拉和陪同她的黑眼睛男子落在大家的后面。远离众人世俗的目光,她为鲍罗廷跳起舞来,仿佛是传说中的花姑娘,以最诱人的方式,为亚瑟王传奇中寻找圣杯的英雄帕西法尔①丢撒花瓣。不过,一如波德沃伊斯基,鲍罗廷心里却别无他想,心心念念的只是他对事业肩负的责任。昔日大公与帝国芭蕾舞剧院女演员之间的情感缠绵,在此地并不存在。毕竟伊萨多拉·邓肯不过是舞者。这位共产主义者不可能为她牺牲自己的政治前途,也不管在他看来,她多么迷人,多么温柔⋯⋯

托洛茨基(Leon Trotsky, 1879—1940),无产阶级革命家、军事家、政治家、理论家、思想家和作家,布尔什维克党主要领导人、十月革命指挥者、苏联红军缔造者、苏联红军领导者、第三国际创建者、第四国际创建者和精神领袖,被列宁称为"最崇高的同志"。

麻雀山上的其他住户听说伟大的伊萨多拉·邓肯也生活在他们中间,于是他们在附近的大疗养院为她办了一场音乐会,以此来款待她。来宾中有一位老人。他们对伊萨多拉介绍说:"他是布劳恩斯坦因先生,**托洛茨基**的父亲。"老人来到音乐会的嘉宾面前,二人互相介

---

① 帕西法尔(Parsifal),亚瑟王传说中圆桌骑士团的成员之一。与加拉哈德、鲍斯共组成圣杯三骑士。

绍。伊萨多拉满脸微笑，用德语说："我要为你有个好儿子祝贺你。"

对方似乎并不领情，还多少有些抱怨地说："他呀，对我又算什么？我不是共产主义者。我有六间磨坊。他们都从我手上夺走了。"然后又对自己嘟哝说："多好的儿子，多好的儿子呀！"

伊萨多拉离开之前，对方邀请她当日下午一同喝茶。伊萨多拉高兴地接受下来。老人生活在疗养院的一个小房间内，里面没有多少用品。他对住所大为不满。他把自己的麻烦，对来访者一股脑地倒了出来。他似乎很高兴用德语把自己的心里话说给同情他的非共产主义者们。

第 10 章

在麻雀山上度过一周艰苦的生活之后,伊萨多拉决定搬回城里。她在山上经历的种种困难,足够她一生难忘的。此外,她离开原始的小木屋还有其他原因。教育委员会的官员们,最终为她找到落脚的地方。那是一处巨大建筑,日后可以变成住宅,也可以变成学校,招收学生。她们接收的这栋建筑,原来是私人财产,坐落在一度繁华的**普雷奇斯坦卡大街**上,为尤斯科夫①所有,他原来是富有的茶叶庄园主,他的妻子是著名的**芭拉朱娃**,莫斯科芭蕾舞剧院重要

芭拉朱娃(Alexandra Balashova, 1887—1979),俄罗斯著名芭蕾舞演员、舞蹈教育家、编舞家。

的演员之一。伊萨多拉感到有趣的是,她从一个著名舞蹈家公寓,搬到又一个著名舞蹈家的宅邸。她正在进步。她心想,用不了多久,为了她充满活力的艺术自由和学校,全部芭蕾舞都可能转让过来。

---

① 尤斯科夫(Alexei Konstantinovich Ushkov, 1879—1948),俄罗斯茶商。

普雷奇斯坦卡大街（Pretchistenka street），莫斯科市中心的一条老街，因其沿街的古典建筑而闻名，被俗称"建筑博物馆街"。上图为莫斯科普雷奇斯坦卡大街20号，邓肯1921—1924年在此居住、工作和办学。

尤斯科夫夫妇数月前逃出俄罗斯，去了巴黎，那里是众多俄罗斯移民的聚集地。几乎与此同时，伊萨多拉最后也准备就绪，即将启程前往俄罗斯。她也希望尽快把自己在庞贝大街的房子连同工作室一同转租出去。不少人听说后打电话说要看房子。其中一个俄罗斯女子对房子最感兴趣，说她恨不能马上找个地方落脚。她才到巴黎，希望稳定下来。她过去看了伊萨多拉的房子和工作室，但没相中，因为里面没有咖啡室！后来他们才知道那位想要咖啡室的俄罗斯太太，正是莫斯科大名鼎鼎的女芭蕾舞演员芭拉朱娃。

那边在莫斯科的伊萨多拉，因她一生中反复出现的阴差阳错，即将住进芭拉朱娃太太的房子。要是芭拉朱娃租下伊萨多拉在巴黎的房子，后来又听说伊萨多拉住在莫斯科自己的家里，那又将发生什么？她知道后会不会大喊一声"离开"，同时拒绝支付巴黎的房租。事实上，转租房子的俄罗斯人，很少按时支付房租。一次次发出信件，还有律师发出的信函,外加伊萨多拉朋友数次登门造访,之后对方才勉强付钱。因为伊萨多拉平时在金钱上并不注意细节,后来对方不仅钱付得少之又少,而且是按季支付的法郎。

当这位女舞蹈家逃离莫斯科时,当局在两个大房间的门上贴了封条:一间卧室,一间会客室。这两个房间是革命后罚没私产时,当局给原主人留下的唯一住所。其他房间都借给了没有房子的家庭,能住多少住多少。当然艺术品最初就转移了,几张硕大的红木床和被封房间里最好的几件家具,最后都被**贝洛·库恩**收入他在莫斯科的私人公寓。

凡是能移动的都搬走了,但钢琴自然是不好移动的,餐厅里硕大的橡木装饰、椅子、沙发以及其他沉重的家具,凡是没法搬的、没法装进口袋的、没法移动的,还都留在原地,即使室内少了不少东西,我们也可以从内部装饰上发现,富有的俄罗斯中产阶级的品位到底有多么低下。天花板全部经过绘画和涂料处理,每个房间的装饰风格各不相同。从大街上进来之后,我们最先看到的是庞贝古城那种赭石红涂抹的房间,房间里有四根大理石柱子和几张大理石长凳。凳子的靠背上镶贴宁芙与萨堤尔的浅浮雕。一处凹室内安放了一尊维纳斯的大理石塑像。我们从这个房间走上宽大的白色大

贝洛·库恩(Bela Kun, 1886—1939),匈牙利共产主义革命家、匈牙利苏维埃共和国的主要创建者和领导者,犹太人。列宁的追随者。曾担任俄共外国中央同盟主席,组织国际纵队参加俄国内战。1920年,库恩参与领导了红军对弗兰格尔的战斗,被任命为克里米亚革命委员会主席。1921—1923年间,在乌拉尔地区担任党政领导工作。在20世纪30年代的大清洗中,库恩被关进集中营,后被处决。

理石楼梯，来到大厅，大厅通向几个大房间。大厅的四壁挂着仿制的哥白林挂毯。天花板分成六个部分，每个部分都画了一个古代的神：宙斯、阿波罗、阿佛洛狄忒、赫拉、马斯、雅典娜，众神画得倒也可爱。

如上文所述，安排给伊萨多拉和艾尔玛的两个房间，没有床和普通的饰品。一间闺房当初是按照路易十五的风格装饰的，墙壁上原来是橄榄绿色、人物刺绣的丝绸，因其价值不菲已经被人扯了下去。此房间有两大特点：一面大镜子，上面饰有镀金的丘比特和洛可可风格的花饰，镜子下面是铜边桃木的盥洗台；还有一个硕大但精致的撒克逊蓝陶瓷烛台。室内的角落里有一个讲台，讲台外面围了镀金的木质栏杆。在高出地面的讲台上，过去还有一张 V 字形的大沙发，也是镀金、镶缎、洛可可的。对面的角落里有一个大理石丘比特，这位射手正把蒙在眼睛上的布扯下来，羞怯地注视可能坐在沙发上的人。天花板上画的是华托那种刺眼的粉红色花饰，上面还抹了太多的涂料。此时此刻，天花板正俯视下面残存的显赫。

伊萨多拉把那间宽大的卧室定为自己的房间。房间内唯一还能述说昔日显赫地位的，不过是一顶硕大的华盖，华盖上面有一只双眼凶狠、拿破仑时代的铜制苍鹰。华盖下方是原主人摆放大床的地方。如今下面安放的却是一张不大的"行军床"。这张床显得太不起眼，因为房间大小足有 50 英尺 × 30 英尺，给人一种空荡荡的印象。一扇门通向洗浴室，建筑内虽有不少卧室，但浴室仅此一间。应该注意的是，卧室三个出口的红木房门上，都装饰了与拿破仑相关的标志。每道门有六扇门板，门楣上都镶嵌了黄铜。最上面的两扇门板装饰的是翅膀张开的铜鹰。中间的门板有一钻石形铜框，其中央是拿破仑和约瑟芬的铜质像章，上下各一。下面的门板上都有铜质英文字母 N，字母四周又装饰了花环。这栋建筑内几乎到处都是拿破仑的肖像及与拿破仑相关的绘画和标志,其中有几尊塑像、大幅油画和各个房间天花板上的石灰浮雕,据此可以在相当程度上证明,我们的茶叶商人与其跳芭蕾的妻子,对当年的"小伍长"(拿破仑)崇拜得有些过分。

伊萨多拉把各种颜色的大丝巾挡在大烛台上,又用毯子盖上矮沙发,不久就改变了室内低俗的风格。之后,她又把赫然站在那里的华盖挪了出去。等天气变冷之后,她在房间中央建起一个俄罗斯风格的大砖炉。炉子盖起来之后,她把注意力转到办学上。其他房间里的住户也一个一个地搬了出去:帝国厅、中国厅、日本厅,连同压抑的、装有橡木护板的德国哥特风格的餐厅,乃至通向冬园的土耳其厅,里面的人也陆续搬走了。冬园里建有褐色的石山,山上长出难看的仙人掌和日渐凋零的藤蔓。清理完房间之后,伊萨多拉开始找当局要孩子,然后开学。

莫斯科邓肯舞蹈学校新生拍的第一张照片,照片中间邓肯坐姿,旁边站姿是艾尔玛·邓肯,1921年

伊萨多拉明明是要孩子，但是他们送到芭拉朱娃宅邸的是大人。来人都是成双成对的，仿佛登上了诺亚方舟：两个搬运工、两个女用人、两个秘书、两个打字员、两个厨师，等等。那两个厨师的身上是洁白的亚麻围裙和熨好的白色帽子，从上到下可谓一尘不染。他们过来之后就进了厨房。然而，他们发现厨房里面没有炊具，连水壶也没有。等到必要的炊具送来以后，其中自然要有俄式茶壶，可他们又发现没有可以用来烹饪的食物！

凡是生活在莫斯科的人都要吃定额。伊萨多拉和艾尔玛，因为是艺术家，还可以得到脑力劳动者的待遇，如领回来一定量的白面、鱼子酱、茶叶和红糖。每半个月，珍妮就挎上大篮子，赶到克里姆林宫的分发站，为她的女主人同志，取回定额的食物。每半个月，等食物取回来后，伊萨多拉一如平时那么大方，连想也不想，就安排一次薄饼聚会。凡是朋友都要喊过来，其中大多数是食不果腹的诗人和艺术家。他们似乎都在等待这一天。没用几个小时，领回来的白面就用光了，因为要用白面烹制薄饼，薄饼上还要撒上鱼子酱。

薄饼盛宴过去之后，她们的日子还得继续。戴帽子的厨师就得用马铃薯来演练他们的烹饪才能了。他们几乎顿顿做土豆，或炖或炸或捣成泥。他们用压花银盘把土豆送到餐桌上，还把土豆变成各式菜肴，如土豆色拉、炒土豆、土豆塔、洋葱炸土豆、土豆面包、乡村拌土豆、土豆丁、土豆片、蒸土豆、南瓜土豆山羊奶、土豆圈，等等。二位厨师为土豆大伤脑筋，最后不得不想出新法子，用贵族的银盘把完好的土豆端上来，名之曰：没脱上衣的马铃薯。

伊萨多拉在新的住所安顿下来没几天，她的朋友克拉辛就过来探望。晚饭是在工作室里吃的。原来压抑的哥特式橡木护壁餐厅，已经被伊萨多拉典型的蓝色帷布改造过来，光秃秃的地板也盖上了蓝、绿

皮埃尔·鲁布舒兹（Pierre Luboshutz，1891—1971），俄罗斯钢琴家。著名钢琴教育家康斯坦丁·伊古姆诺夫的学生。曾任莫斯科邓肯舞蹈学校和邓肯巡演钢琴伴奏。

斯克里亚宾（Alexander Scriabin，1872—1915），俄国作曲家、钢琴家。既是神秘主义者，也是无调性音乐的先驱。

色相间的地毯。饭后她继续款待来客。来宾当中有一位年轻的小提琴手，他演奏了舒伯特的《圣母颂》。伊萨多拉起身，走到房间的尽头。她在幽暗的光线下跳起舞来。这是女性移动的诗歌——是其最可爱的艺术创作之一——也是她来到新工作室之后的第一支舞：是她为伊萨多拉·邓肯学校送上的动态祝福。

年轻的钢琴家**皮埃尔·鲁布舒兹**过来之后，伊萨多拉和艾尔玛的生活显得新鲜起来，众人又度过了不少等待的时光。她们一起复习过去的舞蹈，也编排出不少新舞。在此期间，她根据**斯克里亚宾**的音乐排练出两支新舞。她请朋友们过来看她的新作品，他们都被深深地感动了。通过对俄罗斯音乐家的研究，伊萨多拉把伏尔加河流域大饥荒造成的所有恐怖、无情，全部融进舞蹈中。两支舞蹈表现了严酷、狠毒及可怕的压力，即使是苏维埃俄国最坚定最无情的反对者，他们的良知也该被打动。

10月中旬，即伊萨多拉·邓肯从伦敦启程后才过去三个月，普雷奇斯坦卡大街20号对儿童们敞开了大门。她们都是舞蹈学校的候选生。成百的孩子来到这里，但如上文所述，"应招的多，入选的少"。初选过后，所有的孩子里仅有50名最具禀赋的孩子，被即将成立的学校留下来。从这一天到12月3日学校正式开学，她们每天要过来接受伊萨多拉和艾尔玛的初级教育。

进入 10 月之后，白天越来越短，外面也冷风刺骨。她们原来计划在气候温暖的克里米亚度过冬天，所以并没带来过冬的大衣，更没有皮草。她们把此事说与克拉辛。他建议她们光顾一趟存放皮毛制品的仓库，到里面选选合身的皮大衣。他为她们要来一张书写的命令。她们怀着兴奋的心情驱车前往仓库。艾尔玛建议伊萨多拉，她们应该选择上好的黑貂外衣，因为她们不必为此付钱。伊萨多拉对她的建议断然拒绝。

"我们要和劳动人民站在一起。我们二人应该选两件农民身上那种上好的羊皮大衣，就像那边的两个女子。"她边说边用手指向在大街上走过的两个农妇，她们身上的羊皮大衣做工粗糙、袖口宽大、气味难闻。皮料是那种并没有熟好的羊皮。羊皮翻在外面，绒毛衬在里面。一件染成了黑色，另一件是橘黄色的。

"难道不漂亮吗？"堂吉诃德式的伊萨多拉问。

她们到达仓库后，如同来到一个名副其实的阿拉丁洞穴，里面冷飕飕的。她们眼前出现的景象足以使皮毛商贩协会的成员垂涎三尺。一排排的皮草或是堆放在架子上或是半挂在那里，其中有大衣、上衣、围脖、披肩、斗篷、长披肩、皮毯，无一不是世上珍品。几件紫罗兰色的皮斗篷，四周镶了银狐皮毛。过去这些皮草是贵族坐雪爬犁时用来包裹身体的。仓库里的皮上衣不计其数，有貂皮的、黑貂的、紫貂的、波斯羔羊的。上百件皮大衣就在眼前，每件大衣都用不同的皮毛镶了边。还有数千件普通一些的皮大衣，所选的皮毛也是经久耐用的那种，但其中唯独没有低廉的羊皮和兔皮。成堆的皮围脖挂在那里，色彩斑斓，有蓝狐的、银狐的、雪貂的、黑貂的。至于马车或雪橇上用的皮毯，有熊皮的、红狐的、白狐的、石貂的、松鼠的，甚至还有黑貂的,一张张堆放在那里。她们的前后左右都是或大或小的皮毛制品。有时从袖子的款式,也可以知道皮草的新旧程度。

她们在平时遇不到的皮毛制品中间走了一圈,一边走一边用手抚摸柔软的皮毛。之后,伊萨多拉选了一件白貂镶边的貂皮大衣,那是她能找到的档次最低的标本。从宽大的袖口上判断,这件皮草应该是19世纪末的制品。艾尔玛选了一件老式的貂皮大衣,大衣上有一个高高竖起的黑貂领子。她们把大衣搭在手臂上,一同走出仓库。外面办公室的人不允许她们把大衣拿走,说先要估价。一周之后仍然没人把大衣送到她们的住所。伊萨多拉就让秘书给仓库办公室打电话。秘书得到的回复是,如果邓肯同志乐意支付几千金币或几万纸币,他们可以派人把大衣送到她的住所。

大衣事件的尾声几周之后才出现。当时伊萨多拉正在剧院彩排。她自己的节目已经和管弦乐队彩排完毕。她希望马上安排孩子们彩排。此时第一小提琴手看了看手表,起身要走。他的时间到了。哪怕是为列宁工作,也不能超过时间。伊萨多拉在翻译的帮助下对他说:"你知道这些孩子站在台上彩排,室内有风,她们又站了这么久,谁也没有抱怨。"

领头的没说话,他对其他乐手比画了几下,然后又起身要走。伊萨多拉又说道:"我一路赶过来,帮助俄罗斯儿童。我为此牺牲了很多,付出多少我也乐意。同志,你也应该牺牲几分钟时间,为孩子伴奏。"

第一小提琴手怒视翻译员,说:"我们知道她来俄罗斯的目的,不过是为了得到一件免费的貂皮大衣。"他们发出一阵嘲笑后走出乐池。伊萨多拉站在那里,感到被人羞辱,眼泪几乎流了出来。她还要继续与孩子们彩排节目,因为她要免费为莫斯科的工人演出。

谢尔盖·亚历山大洛维奇·叶赛宁

第 11 章

伊萨多拉·邓肯7月离开伦敦之前,与几位朋友一起探访一个时髦的女人,因为据说她能预知未来。她对伊萨多拉说:

"你要走很长的路才能抵达那里,那边的大地上有淡蓝色的天空。你将变得富有,非常富有。我看到你的周围到处都是钱,数百万,十几亿。你将结婚……"

此时伊萨多拉在算命女人面前,竟不讲规矩,兀自笑了起来。她拒绝相信对方的胡言乱语。不久之后她发现自己确实要走很长的路。她也可以想象自己变成百万富翁,乃至亿万富翁。不过,要是有人说她今生今世还能结婚的话,她是不会当真的。

她来到俄罗斯之后,大地上确实有浅蓝色的天空。她发现卢布的价值跌到了谷底。为了买一盒火柴,要花的卢布也是天文数字。按这个价值来计算,伊萨多拉不知是多少个百万富翁了。现在,即将验证算命女人最后那句话。11月初,她遇到了后来与之结婚的青年:**谢尔盖·亚历山大洛维奇·叶赛宁**。

这个青年作家被人称为后革命时代诗人中最具才华的一位。他是俄罗斯农民的后代,高大的身材,蓝色的眼睛,金色的头发。在其道

叶赛宁与克留耶夫

叶赛宁与马里安霍夫

德和诗人的构成中,他的身上结合了罗伯特·彭斯①和阿蒂尔·兰波②的气质,是那种被诅咒的诗人。少年时他在农场帮叔叔照看马匹,人长得英俊又早熟,为此他吸引了里桑省康斯坦丁诺夫村教皇的注意。神父教育他,还送他到圣彼得堡读书。他在那里又因为英俊和早熟而吸引了诗人克留耶夫③的注意。他也成了后者的信徒。他甚至还被女沙皇召见过。后者对这位茁壮成长、长相俊秀的年轻诗人所表现的兴趣,并非转眼即逝。革命爆发后,他是这场运动积极的参与者。革命之后,他在莫斯科安顿下来,如果可以这么描述的话。他加入争来吵去的意象派俱乐部,俱乐部的发起人是诗人兼小说家马里安霍夫④。

马里安霍夫最近出版了一部名为《没有谎言》的小说,其中写到两位诗人一起度过的时光和发生的故事。叙述人在故事里讲到众人在莫斯科的夏季乐场即将度过一个晚上。将近尾声时,未来派艺术家、卡梅尼剧场⑤的舞台设计师乔治·贾科洛夫⑥走到众人前面,当场说:

---

① 罗伯特·彭斯(Robert Burns,1759—1796),苏格兰著名诗人。彭斯从小熟悉苏格兰民谣和古老传说,并曾搜集、整理民歌,主要用苏格兰语写作,所作诗歌受民歌影响,通俗流畅,便于吟唱,在民间广为流传,被认为是苏格兰的民族诗人。
② 阿蒂尔·兰波(Jean Nicolas Arthur Rimbaud,1854—1891),19世纪法国著名诗人,创作时期仅在14—19岁,之后便停笔不作。受法国象征主义诗歌影响,是超现实主义诗歌的鼻祖。
③ 克留耶夫(Nikolai Klyuev,1884—1937),俄罗斯著名诗人。叶赛宁的师友。
④ 马里安霍夫(Anatoly Marienhof,1897—1962),俄罗斯诗人、小说家和剧作家。意象派领军人物,叶赛宁的好友。他的回忆录中描绘20世纪20年代的俄罗斯文学生活以及他与叶赛宁的友谊。
⑤ 卡梅尼剧场(Kamerny Theatre),由俄国著名戏剧导演泰洛夫1914年在莫斯科创建,1949年关闭。契诃夫、布尔加科夫等名家戏剧均在该剧院上演过。
⑥ 乔治·贾科洛夫(George Jacouloff,1884—1928),俄罗斯未来派艺术家、画家、艺术理论家。

"你想让我把你介绍给伊萨多拉·邓肯吗?"

叶赛宁一下子跳了起来。

"她在哪?哪里?"

"这里。她是出色的女人。"

叶赛宁抓过贾科洛夫的手:

"我们马上找她去!"

我们出去找伊萨多拉。从镜宫到冬宫,从冬宫到夏宫,从夏宫找到小歌厅;又从那里折回来,来到夏季乐场,找遍了每一张长凳。但是就连伊萨多拉·邓肯的影子也没看到。

"哪去啦?她一定是走了。"

"那边,乔治,那边!"

我们又跑回镜宫,再到冬宫,从冬宫到小歌厅,再到夏宫,最后到夏季乐场。

"亲爱的乔治,那边,那边!"

我说:"怎么了,谢尔盖?你怎么了?"

叶赛宁气呼呼的,不高兴。现在看来,他热烈地、不可理喻地希望找到这位从未见过的女子,其中必然有种宿命的东西,那个女子将在他的生命里起到如此伟大、如此伤感的作用,我甚至想说如此致命的作用。与此同时,我还要说一句,伊萨多拉·邓肯对叶赛宁施以的影响,无论如何也没有贬低这位出色的女子、这位伟大的人、这位艺术天才。

之后,伊萨多拉来到贾科洛夫的工作室喝茶。那里聚集了众多艺术家和诗人,但叶赛宁不在其中。东道主感到失望,因为舞蹈家离开时叶赛宁还没有出现。他希望下周安排一次晚会,问伊萨多拉可不可以二次光顾。伊萨多拉与青年艺术家在一起,如鱼得水,马上接受下来。还有,在那个年代,这种波希米亚聚会确实不多,因此在晚会那天晚上,伊萨多拉找出了自己喜爱的红衣服,梳理头发,洒上香水,仿佛自己要赶到巴黎的朋友瑟希·索雷尔①的住所参加晚宴。午夜过后,她来到贾科洛夫的工作室。当时在场的马里安霍夫对她进门后的神态,描述如下:

……她慢慢地走了进来,姿态优雅。她环顾房间,眼睛好似蓝色的代尔夫特瓷碟,她的目光落在叶赛宁身上。她精致的小嘴对他露出微笑。之后,伊萨多拉斜倚在沙发里。叶赛宁走过去在她脚边坐下。她用手指梳理他金色的鬈发,说:"金色的头颅!"

她说出这几个字,我们都感到惊讶。她知道的俄语,全部加起来也不过十几个字。然后她在他的嘴唇上亲了亲。还是那张小巧红润的嘴,以悦耳的、爱抚的声音说出俄语的"天使"。

她又吻了吻他,说:"魔鬼!"

清晨4点,伊萨多拉·邓肯和叶赛宁走了出去……

几个晚上过后,伊萨多拉在工作室招待几个朋友。在昏暗的房间里,蓝色的帷幔仿佛从天上飘落下来,一种宗教般的安静降落在众人身上,因为此时伊萨多拉才跳完肖邦的玛祖卡舞曲。在来客的眼前,一个动作融入另一个动作——那是一种外化的美。最后一个钢琴音符消失后,伊萨多拉朝安静的、被感动的朋友们走去,他们的泪眼似乎在表达谢意。此刻,十几只脚踩踏楼梯,六个喝醉的声音又说又笑,顿时破坏了众人的情绪。

好几个意象派诗人闯进了伊萨多拉安静的神庙,走在前面的是叶

---

① 瑟希·索雷尔(Cécile Sorel,1873—1966),法国著名戏剧演员。

意象派诗人代表诗人左至右：谢尔舍内维奇、叶赛宁、库西科夫、马里安霍夫

赛宁和库西科夫①，后者手里总也离不开一把三弦琴。对这种闯入者，我们的女祭司一般要用鞭子似的语言当即赶出门外，但她这次接纳了酒神巴克斯和太阳神阿波罗的信徒，哪怕他们吵吵嚷嚷的。

她看到叶赛宁之后大喜过望，通过一个翻译说："为你我要跳一支舞！"

她从矮沙发上站起身来，请钢琴师弹奏一曲肖邦的华尔兹。她感到这种音乐适合金发诗人浪漫的灵魂。她以放浪的喜悦和诱人的高雅，在音乐的节奏中来回移动。当音乐结束时。她露出真诚的笑容。她两眼发光，张开双臂，朝叶赛宁走了过去。此刻他正在和伙伴们大声说话。她问他，对她的舞蹈有多喜欢。通过翻译，叶赛宁说了几句粗话，几个醉汉听后发出一阵粗俗的大笑。那位翻译朋友显然有所犹豫，对伊萨多拉说："他说跳得——太糟了……他自己能跳得更好！"

还没等译者把叶赛宁的话都翻给泄气的、蒙羞的伊萨多拉，叶赛宁已经站起身来，像疯子似的在工作室里跳了起来。三弦琴响起，与他同来的几个波希米亚诗人发出阵阵喝彩。

几个耍酒疯的青年人踏入神庙之后，音乐、和平、高雅、美丽都从庙里飘了出去，先前过来看伊萨多拉的几位朋友已经得到赐福，他们一个个退了出去。

---

① 库西科夫（Aleksandr Kusikov，1896—1977），俄罗斯意象派诗人，叶赛宁好友。

第 12 章

1921年11月7日庆祝俄罗斯革命4周年。卢那察尔斯基通知伊萨多拉,他们希望庆祝日当天在**莫斯科大剧院**集会,不知她能不能在会上演出。因为他们唯独安排她一人演出,这个邀请确实是一次巨大的荣誉,也是对她不顾重重阻力来俄罗斯的致敬。伊萨多拉回复好友

莫斯科大剧院(Bolshoi Theatre),莫斯科有名的芭蕾舞与歌剧剧院。始建于1776年,这是一座乳白色的古典主义建筑,门前竖立着8根高15米的古希腊伊奥尼亚式圆柱,巨大的柱廊式正门雄伟壮丽。尤其是门顶上的4驾青铜马车,由阿波罗神驾驭,气势磅礴,造型优美,是莫斯科的标志之一。

卢那察尔斯基，说她很骄傲能在苏维埃俄国的大众面前初次露面。她提出，所有座位都不收钱，门票分发给工人组织和红军官兵。

伊萨多拉决定跳柴可夫斯基的作品：第六交响曲《悲怆》和《斯拉夫进行曲》。为了对观众表达特殊的敬意，她根据新政权的官方圣歌《国际歌》编排了一支舞蹈。当集会的组织者得知后，他们不禁有些担心。使其感到不安的是《斯拉夫进行曲》。他们都知道，古代沙皇圣歌《上帝护佑沙皇》的好几个音节，被写进了柴可夫斯基的进行曲：多倒是不多，但足以迸发出情感的火花，所以可能点燃反革命示威的烈焰，哪怕观众都是经过挑选的。于是卢那察尔斯基同志被派过来，亲自过问，看看伊萨多拉对音乐的理解有没有反动的地方。最后一次彩排时他赶到现场，亲眼观看伊萨多拉跳舞。柴可夫斯基的音乐扣人心弦，在音乐的伴奏下，俄罗斯人民历经悲剧与压迫之后，最终获得解放。他离开剧院时，舞蹈中释放出的情感力量和少有的悲剧的美，深深地感染了他。

莫斯科大剧院可以容纳3000名观众，但希望过来观看伊萨多拉·邓肯舞蹈的共产党人至少也有3万人。《真理报》《消息报》以及所有工人的报纸，都向读者报道过这位世界著名的舞蹈家，写她如何勇敢地离开"即将崩溃的资本主义欧洲"，来到崭新的苏维埃共和国，为孩子们工作。大家自然希望抓住机会，一睹她的风采。

于是，在11月7日那天，伊萨多拉·邓肯为莫斯科的工人观众上演了她的"柴可夫斯基"。门票是经过研究才分发出去的。观众里有共产党的精英、各人民委员、各贸易团体的负责人和官员、红军代表以及所有在莫斯科的外国记者。站在剧院外雪地上的，确实是伊萨多拉真正希望为之起舞的人民，那些不那么幸运的工人。此外还有一群失望的、跺脚的、你推我搡的男人和女人。警察如临大敌，拉出警戒线,不让他们拥到剧院门口。

集会最先安排的是政治演说,一般在这种场合,最先是请人讲话,其他国家也是如此,凡是庆祝政治生日,都要如此安排。虽然俄罗斯观众喜欢精彩的演讲越长越好,但这次大会的观众没有把全部注意力集中在负责教育的人民委员卢那察尔斯基同志的讲话上。他们正迫不及待地等着邓肯出场,演出《斯拉夫进行曲》。等卢那察尔斯基精彩的开场白结束后,管弦乐队奏起《国际歌》,全场起立一同高唱圣歌。

至于伊萨多拉在这次集会上所起的作用,最好还是请莫斯科《真理报》的评论员说话:

这种艺术演出,大剧院好长时间没经历过了。这是自由人体和谐的表演。伊萨多拉·邓肯,我们的舞者。但她的演出不是普通意义上的跳舞。她是以运动的形式再现音乐的灵魂,同时也是对革命的再现。

管弦乐队的伴奏并非对艺术家亦步亦趋。与此相反,乐队是在独立演出。邓肯的动作张弛有度。她完成了、解释了、描述了柴可夫斯基《第六交响曲》那原有的悲剧节奏。对其中的部分音乐,人们可以有不同的解释,但即使如此,能够跳出这部巨大的《悲怆交响乐》,这部快乐、悲伤、生命、死亡、热情、重生、从高原跌入谷底、然后再以胜利者的姿态站起来的曲目,还有自始至终的摄人心魄,其本身即为一次伟大的胜利。

我必须特殊提到柴可夫斯基的《斯拉夫进行曲》。这支进行曲不仅仅是斯拉夫的,也不仅仅是表现爱国主义的,这支曲子还是泛斯拉夫的、是帝国的进行曲。该曲中反复出现沙皇圣歌的音乐,其情绪是反革命的。伊萨多拉却能以其独特的、灵活的模仿,重新诠释这支曲子。她再次告诉我们,一位灵感迸发的艺术家何以才能推陈出新。在柴可夫斯基音乐的伴奏下，邓肯以运动的姿态刻画出一个被压弯了腰的奴隶，他重负在身，还有手铐和脚镣，重重压迫之下的他，筋疲力尽地倒在地上。此刻，在被诅咒的沙皇圣歌最初的音乐过后，奴隶的身上却发生了变化。他昂起了被压迫的头颅。他的脸上露出了憎恨的表情。他使出浑身的力气站了起来，挣脱镣铐。然后，他从身后抽出弯曲的、僵硬的双臂，指向一个崭新的、快乐的生活。这种比喻人人都能理解。台上奴隶的经历也是被压迫的俄罗斯人民挣脱枷锁走过的痛苦历程。在邓肯的理解里，沙皇的圣歌却变化成革命的音乐，这种变化也足够矛盾的。在圣歌的伴奏下，革命取得了胜利。

　　那天晚上，《斯拉夫进行曲》的情感平静之后，管弦乐队开始演奏《国际歌》，伊萨多拉来到舞台中央，此时集会才达到高潮。她坚定地站在那里，如同一尊塑像，全身通红。她以动作来模仿推翻旧秩序、建设新秩序：人类的博爱。此时全场起立，热烈地高唱《国际歌》，他们好像是一支浴火重生的古代合唱团，在歌颂舞台中央的英雄的人物。

　　当舞者演完歌曲第一部分之后，唱歌的观众看到艾尔玛从舞台的角落牵手领出一个孩子，孩子的身后是一个又一个孩子，一百个孩子身着红上衣，后面孩子的右手高高抬起前面孩子的左手，做出兄弟有爱的动作，她们在蓝色帷幕的映衬下，组成一条生动的、鲜活的饰带。之后，她们在大舞台上又站成一圈，把她们伟大的老师围在中央，她是崇高、勇敢、发光的人物，她们朝她张开双臂。

邓肯

第13章

伊萨多拉在莫斯科大剧院胜利演出之后,她又开始教育新学生。然而,工作室的气氛变得像北极而不像雅典。每年的11月,天气变得越来越冷,孩子们的教育也被迫停了下来。她们得到通知,要在燃料足以为大房子持续加热之后才能回来。学校是政府刚刚兴办的,取暖所需柴火的申请,要从一个局转到另一个局,不知多少天能批下来,最后才能解决一时的困难。要是学校自己有钱的话,她们可以自己出去购买足够的柴火,度过冬季。不过,有钱也有麻烦,因为当时不允许私人交易。列宁著名的新经济政策还未实行。

然而,此后不久,新经济政策落地实施,改变了俄罗斯的形势,对学校的帮助自不待言。原来伊萨多拉希望在政府的支持下兴办一所大型学校,此时她的憧憬却难以实现。1921年11月3日,建在芭拉朱娃宅邸的学校正式开学,并冠以"伊萨多拉·邓肯国立学校"的名字,这几乎就是政府的全部支持,对伊萨多拉来俄罗斯的其他设想,政府却无能为力。

同情伊萨多拉的卢那察尔斯基亲自过来,通知这位理想主义的舞蹈家,政府改变主意了。他们没法继续支持学校。他们遇到严重的财政危机。不过,现在允许商店营业,也允许剧院收费,所以邓肯同志也可以收费演出。她眼下还可以继续维持学校的运转。等将来都安定下来,政府必将全力帮助。无论发生什么,他都要从朋友的角度,关注这所学校。

如此说来,伊萨多拉在俄罗斯度过6个月之后,她此刻面临两种抉择。她或是告诉当局的负责人,他们当初故意欺骗她,请她过来创办一所学校,但实际上他们知道自己没能力支持她,或又不想支持她。她当初毅然来到俄罗斯,为此,她在欧洲的声望遭受重大影响,她现在能做的是,返回英国、法国、美国,继续她的商业演出。或者,她不离开莫斯科,继续为这所新成立的学校战斗,使其生存下去,因为50个聪明、可爱的孩子才开始接受教育。没有片刻犹豫,伊萨多拉走上后一条路。她要跳遍俄罗斯,哪怕赶往西伯利亚的荒原。为了让学校继续生存下去,此前她的信念已经在寒冷、饥饿和正在成长的新世界里发出萌芽。

如后来发生的,在1921年年末之前,伊萨多拉·邓肯开始收费演出。演出安排在兹明剧院①,此处场地虽然比先前的莫斯科大剧院大了不少,但观众依然热情高涨。每周三个晚上,场场爆满。他们才是真正热爱舞蹈的观众。要是这些热烈欢呼的人民,能说上几句话,表达他们对这位伟大艺术家在经济上和道义上的支持,那该多好!人民的支持是她继续办学的前提和动力!

最初的几场表演,她重复了11月7日集会上跳过的柴可夫斯基的音乐。她跳的第二个节目,伴奏音乐是瓦格纳和勃拉姆斯。勃拉姆斯的华尔兹组曲引来观众经久不息的掌声。她不得不一次次返场。第三

---

① 兹明剧院(Zimin Theatre),俄国实业家谢尔盖·兹明于1903年在莫斯科创办的一家歌剧院。尼古拉·里姆斯基-科萨科夫、瓦格纳的剧曾在此上演,歌唱家夏里亚宾在此演出过。

天晚上,她又演出了柴可夫斯基。每次演出都是以《国际歌》结束。此时她跳的是单人舞,观众能从中感到更大的震撼。她用演出赚来的钱为孩子们购入柴火和食物。圣诞节即将到来,她买来一棵杉树安放在大厅里。平时的那些圣诞礼物,她是没钱买了,更不用说那些闪闪发光的彩带或五颜六色的小球。但那些兴高采烈的孩子们心灵手巧,她们用自己的双手把彩纸叠成各种形状,然后装点在深绿色的树枝上。孩子们在第一棵圣诞树前高兴地跳起舞来。此情此景对伊萨多拉艰难的付出,也是一种回报,在一定程度上,也减轻了她因失望而产生的痛苦。

圣诞节的第二天,李维诺夫夫人,这位外事人民委员助理的妻子过来拜访伊萨多拉,请她当天晚上为劳动人民演出一场,因为那是个特殊的场合,他们要召开大会,与会者都是工人和农民。卢那察尔斯基将发表演说,加拉罕和其他领导人也将到场。尽管伊萨多拉知道,这种演出不会让她的学生吃上饭,连一片黑面包也没有,但她还是欣然同意为劳动人民演出。

次日,伊萨多拉收到李维诺夫妻子的来信,信上天真地说她要以适当的形式回报艺术家的演出。不过,来信却深深打动了伊萨多拉。对方一个简单的姿态,让她再次感到自己的劳动和痛苦得到了回报。信写得倒是有趣,我们不妨一读。信中提到伊萨多拉对《斯拉夫进行曲》的理解,对部分俄罗斯人的情感产生的影响。之所以说部分人,因为后来发生的事件说明,对这部著名的音乐作品,伊萨多拉革命性的处理方式,并没有得到国家政治保卫局的理解。

李维诺夫妻子来信的日期是 1921 年 12 月 26 日,地点是苏菲斯卡娅·纳布里德尼亚大街 14 号:

最亲爱的、最光荣的生灵!

你的《斯拉夫进行曲》是谁也无法忘却的。我过去100年来生活在痛苦和奴役之下,但是看到你,我终于回到阳光下面。不过我依然浑身发抖。

我渴望今天晚上见到你,哪怕是片刻。我丈夫出去工作了。他们对我说,要是晚上我独自走在大街上,我的衣服可能被人抢光。

加拉军也在现场。他站在那里,泪水流过面颊。

我从来也没有想到艺术家和观众之间能建立起这种活生生的联系。现在,你确实赐予了莫斯科无产阶级属于他们自己的东西。他们是可爱的人民——所有的战士和头上蒙手帕的女人。

我反复在想,难道我没有什么可以送你的吗?我知道你不会拒绝的。我唯一想到的是,我擅长室内装饰。你用不用我为你刺绣点什么?我可以为你做窗帘。或者我能派上其他用场。请你答应吧。一流的手工活和平时那种刺绣,我做不来。但是我能让你得到漂亮的、大胆的、纯洁的效果。有什么想法请告诉我吧。我用白色的棉布为我所在的托儿所做过窗帘,上面的贴花是动物和鸟。或许你想为孩子们制作窗帘。效果很好。

再见,我永远美丽的人。

希戈妲·瓦莎·李维诺夫

第 14 章

12月的一个傍晚,叶赛宁带他的朋友马里安霍夫过来看伊萨多拉。他们被领进她自己的房间。客人们在房间内看来看去,伊萨多拉发现他们的脸上露出惊讶的神情。根据马里安霍夫的说法,伊萨多拉说:"是芭拉朱娃糟糕的房间……糟糕的……伊萨多拉买了三角的披肩和四方的披肩……很多很多的俄罗斯披肩。"

戈登·克雷格(左图)(Edward Gordon Craig, 1872—1966),英国现代主义戏剧先锋代表人物,演员、导演、舞台布景设计师。曾和邓肯育有一女——小迪尔德丽(右图)。

她床边的桌子上摆放着照片，其中一张是**戈登·克雷格**的。照片似乎吸引了叶赛宁的目光。他从桌子上拿起照片，端详起来。马里安霍夫讲到他们的对话及其后发生的插曲：

"是你的 mouge 吗？"

"他说的 mouge 是什么意思？"

"丈夫，配偶。"

邓肯与叶赛宁

伊萨多拉用一半法语一半俄语说:"是的,丈夫……克雷格。总是写作和工作,克雷格是天才。"

叶赛宁用食指指向自己的胸口:"我也是天才。叶赛宁是天才。"他一边说一边把照片塞到一堆旧纸和乐谱下面,然后对着照片说:"再见了!"

伊萨多拉仿佛被施了魔法,也说了一遍"再见了",还做出告别的手势。

叶赛宁说:"现在,伊萨多拉,跳吧!为我们跳吧!"

他把自己当成了希律王①,竟命令莎乐美②跳舞。

"好吧,我为你们跳。"

伊萨多拉穿上叶赛宁的外衣,戴上叶赛宁的帽子……那是情色的曲子,此前我们都没听到过,令人感到不安的音乐……舞蹈中伊萨多

---

① 希律王(Herod),古代犹太统治者,大希律王之子,1世纪时,统治加利利与比利亚两地区。《圣经·新约》称他为"分封的王希律",施洗约翰与耶稣的死亡被认为与他有关。《圣经·新约》记载,他因为施洗约翰遭受批评,所以将其逮捕处死。后来耶稣开始传教时,他误以为耶稣是施洗约翰复活。

② 莎乐美(Salome,14—71),《圣经》中的人物,千百年来一直是基督教世界文艺作品的重要主题,衍生出用她的故事为题材编写的歌剧、电影和大量绘画作品。根据《圣经·新约》记载:那时,分封的王希律听见耶稣的名声,就对臣仆说:"这是施洗约翰从死里复活,所以这些异能从他里面发出来。"起先希律因为他兄弟腓力的妻子希罗底,把约翰拿住锁在监里。因为约翰曾对他说:"你娶这妇人是不合理的。"希律就想要杀他,只是怕百姓,因为他们以约翰为先知。到了希律的生日,希罗底的女儿在众人面前跳舞,使希律欢喜。希律就起誓,应许随她所求的给她。女儿被母亲所使,就说:"请把施洗约翰的头放在盘子里,拿来给我。"王便忧愁,但因他所起的誓,又因同席的人,就吩咐给她。于是打发人去,在监里斩了约翰,把头放在盘子里,拿来给了女子,女子拿去给她母亲。约翰的门徒来,把尸首领去埋葬了,就去告诉耶稣。而希罗底的女儿就是莎乐美。

拉·邓肯饰阿帕奇人①,并用手头的围巾充当其女人。一支惊悚却绝妙的舞蹈骤起。她双手间撕扭着这细窄、粉色的围巾,突然十指绷紧,用力勒住围巾,一头刚才还是球形的丝巾,瞬间像人的头那样悲哀垂落。最后伊萨多拉将其想象的伴侣尸体抛到地毯上,舞蹈结束。

后来叶赛宁成了她的主人。如狗一般,邓肯曾亲吻过打过她的手,还有他那双憎恨超过热爱的眼睛;然而,他不过是她的伴儿,如那粉色的围巾,一场悲剧中的伴儿,且毫无意志。她跳着这场悲剧……但领舞的是她。

叶赛宁把一个八音盒送给他的朋友。一件孩子的玩具。

"迈克尔。转转把手。我要跳舞了。"

迈克尔转动把手,八音盒响起歌曲《巴莉娜》。

叶赛宁脱掉皮鞋,光脚在地毯上跳了起来。伊萨多拉用充满爱意的目光注视他,说:"太俄罗斯了,太俄罗斯了!"

一杯杯倒满的香槟递了过来。叶赛宁跳得越来越快。

伊萨多拉说:"太好了!"

叶赛宁停了下来。发白的额头上流下冷汗。他的眼睛也是冷的,大大的眼睛几乎没有颜色。

"伊萨多拉!香烟!"

她递过去一支烟。

"香槟!"

她把酒递了过去。

叶赛宁一口喝光,然后又要了第二杯。

---

① 阿帕奇人(Apache),是数个文化上有关联的大平原美国原住民部族的一个总称,阿帕奇族的语言是阿帕切语系。阿帕奇人最早分散在美国亚利桑那州东部、新墨西哥、部分得克萨斯州、墨西哥西北及小部分在平原上。

伊萨多拉用双臂抱住他的脖子，柔软的、太缠绵的双臂。伊萨多拉说："叶赛宁强壮，非常强壮！"

叶赛宁过来造访的次数越来越多。伊莎贝拉感到，她的词汇不足以应对场面。她不能总是对这位金发青年说"强壮"或"天使""魔鬼"。为了提高俄语水平，她请来学校教孩子英语的教师，请她每天教一次拗口的俄语。

一想到伟大的伊萨多拉竟然变成了她的小学生，善良的女教师激动得不知如何是好。她特意把自己打扮一番，赶在约定的时间为对方上第一课。她在工作室出现时，宛如一位从19世纪末期水彩画上走下来的女子。绿色的天鹅绒外衣，还是50年前流行的款式。此外她还有白貂皮手筒、高雅的插羽毛的帽子。她轻轻地把皮筒子放在桌子上，脱掉手套，然后马上进入角色，因为她是贝利茨教学法①的支持者。

"这是什么？"她问，边说边轻轻抬起食指和拇指之间的铅笔。

"一支铅笔。"女教师自问自答。

伊萨多拉说外语时，总也无法掩饰浓重的美国口音。她重复了教师的回答，说她手里是一支铅笔。

"是什么铅笔？"教师一字一顿地问，然后又用相同的、铿锵的语音回答说："是红色的铅笔。"

她们一次又一次地练习，几乎超过了一般人能够忍耐的程度。在小学生和严谨的教师之间，这几句奇怪的话被她们抛来抛去。第一次课即将结束时，伊萨多拉已经知道如何用俄语说那几个句子了。

---

① 贝利茨教学法（The Berlitz System），一种学习外语的教学法，即教师教授学生外语时，把学生置于那个语言环境，直接用目标语言听和说的自然教学方法。

这几个句子，追求诗人是派不上用场的！

次日，俄语教师走了进来，双手插在皮手筒里，绿色的天鹅绒外衣散发出薰衣草和薄荷的清香。她准备复习昨天的句子：

"这是什么？"

伊萨多拉打断对方，说："不错。讲得很有趣。我相信孩子们一定喜欢这种教法。但我想，你最好教教我，在亲吻一个英俊的男青年之前。该说些什么……还有与此相关的说法。"

女教师震惊了，吓坏了。要推翻贝利茨的教学原则吗？要教那种语言？她感到自己无法胜任，于是从大胆的舞蹈家面前退了出去，继续专注她对孩子们的教育，孩子的思想从来不涉及亲吻……以及与此相关的说法。

此后，伊萨多拉改变了学习俄语的方法。她先把要学习的短语用英文写下来，左右的人再吃力地将其翻译成俄文。如今在莫斯科的学校里还有从笔记本上撕下的一页纸，上面是她亲手写的清秀的大字：

"我最后的爱。"后面是大写的俄语译文。

"我朝拜你走过的大地——"

之后是两句大写的俄语，译文应该出自前两句话的译者之一。

"我不会忘记你，我将等待你。你怎么办？"

"你必须知道，回到这栋房子，如同回到自己的住所，昨天走了，今天又回来了。"

可以推测，最后两句大写的短语，不太像伊萨多拉说的，更像是译者以为她应该这么说。

如此这般，伊萨多拉开始在俄语那繁复、纠结的迷宫里徜徉起来。后来诗人叶赛宁也过来助她一臂之力。读者有必要担心，他教的俄语未必来自"俄语未被玷污的井里"。

第 15 章

叶赛宁所在的意象派俱乐部,发现他们的成员之一——金发的、可爱的谢尔盖与一个女人纠缠起来,她又是夏娃和莉莉斯①的结合。他们就开始想方设法拆散他们。之所以这么做,还真的不是因为伊萨多拉·邓肯可能对青年诗人施以负面影响,甚至也不是因为她是女性。主要原因是,他们这个小圈子妒忌二人的亲密接触,妒忌其成员的自由。他们要出版诗集,还要经营书店。他们以为,如果一个成员走出俱乐部,迟早还有他人效仿。诗歌和出版必将遭受损失。俱乐部绝对不能就此散了。

12月即将走近尾声。一个奇妙的机会出现了,借此俱乐部可以把叶赛宁从他自己和那个女人的手里拯救出来。原来俱乐部的一个好友要到波斯出差。他同意带上谢尔盖,与其一同完成这次漫长的旅行。其他诗人先已制订计划,但并未对叶赛宁露半点口风,等他到火车站后再告知其原委。这是一个近乎大胆的恶作剧,谢尔盖到达车站之

---

① 莉莉斯(Lilith),最早出现于苏美尔神话,亦同时记载于犹太教的拉比文学。在这些文学中,她被指为亚当的第一个妻子,由上帝用泥土所造。因不愿雌伏在亚当身下而离开伊甸园。她也被记载为萨麦尔的情人、夜之魔女,也是法力高强的女巫。

邓肯

后，他们再请他踏上波斯之旅。

火车离站的那一天，叶赛宁很晚才赶到车站，与他们共同的朋友告别。火车即将驶离车站时，他才来到月台上。他被抬上了列车，推入那位朋友张开的双臂。此时火车已经启动。其他诗人在月台上站了好久，生怕他跳下来，顺铁轨走回莫斯科。

马里安霍夫和俱乐部的其他成员实在是太高兴了，因为他们顺利地实施了计划，把同志安全送上火车，踏上一名诗人应该经历的旅程，离开那个女人，离开那个要命的人。不过，还没过几天，一张明信片就从距离莫斯科两天旅程、顿河上的罗斯托夫邮了过来。

你们把我逼到这种境地，不怕被魔鬼抓走吗……原定我要在这里遇到的私人车厢已经驶往波斯。罗斯托夫太糟了。我对伊萨多拉和艾尔玛的爱。我想，此时此刻，她们周围的空气一定更干净了，因为我不在场。她们一定把我忘了。人一走，茶就凉。但我们也不必为此流泪。托里，你是白痴。我听你的话，也没变得更聪明。

谢尔盖

次日，叶赛宁又回到莫斯科。1922年年初，他在普雷奇斯坦卡大街20号的大公寓里安下身来。因此，他的朋友马里安霍夫不禁要想，其他诗人的一句话到底有没有道理：

耗子和人联合起来制订计划，哪怕是最好的，往往也不成功。

或者以上是俄语原文的大意。因为那些年轻的诗人专注自己的文学，对其他文学就说不上有专长。

伊萨多拉的房子里总少不了形形色色的波希米亚青年——意象派诗人、画家、雕塑家如科年科夫①、音乐家、装饰家等。不时还有美国人参与其中，他们大多数是记者，如贝茜·比蒂②、欧内斯廷·埃文斯③、**沃尔特·杜兰迪**以及几位美国救济管理局④的成员。叶赛宁似乎来去匆匆，要赶到什么神秘的地方与人见面，生怕去晚了。因为他这个习惯，伊萨多拉送给他一块漂亮的金表。她以为口袋里揣上准确的时间，要赶到他那不为外人所知的地方，也不必说走就走。

马里安霍夫说过：

科年科夫把人分成两种，有怀表的和没怀表的。他提到一个人时，说"如果他有表"，那么我们知道，他要是画家的话，那么我们就不

沃尔特·杜兰迪（Walter Duranty, 1884—1957），美国记者，生于英国利物浦，十月革命后担任《纽约时报》莫斯科分社社长达14年（1922—1936）。1932年，因一系列有关苏联的报道而获得普利策奖。他后来因隐瞒苏联饥荒（1932—1933）而受到批判。多年之后，仍然有人呼吁撤销他的普利策奖。1990年，《纽约时报》承认他发表的否认饥荒的文章是"本报史上最糟糕的报道之一。"2019年电影《琼斯先生》中彼得·萨斯加德饰演了沃尔特·杜兰迪。

---

① 科年科夫（Sergey Konenkov, 1874—1971），苏联、俄罗斯雕塑家、艺术家，被誉为"俄罗斯的罗丹"。
② 贝茜·比蒂（Bessie Beatty, 1886—1947），美国新闻记者、编辑、剧作家、电台主持人。
③ 欧内斯廷·埃文斯（Ernestine Evans, 1889—1967），美国新闻记者、编辑、作家和出版经纪人。
④ 美国救济管理局（American Relief Administration, ARA），美国在第一次世界大战后负责对欧洲及革命后的俄罗斯施行救济任务的机构，负责人是后来成为美国总统的赫伯特·胡佛。

必讨论他的才气。他必然没有才气。因为阴差阳错，一个没表的人，竟在不经意之间得到一块金表。他为此感到自豪。每次遇到生人，就找借口从口袋里取出表来，至少也要对几次时间。

不过，他的表倒是没有起到应有的作用。一如从前，叶赛宁继续从扶手椅上跳将起来，匆匆赶往子虚乌有的地方。

他来我们的房子时，身边经常有个小袋子。那些天，他表情严肃而又坚定。他说："这次不改了。我对她说了：'伊萨多拉，再见吧。'"……

叶赛宁在小袋子里装了两件衬衫、两条短裤、一双袜子——全都在口袋里了。我们笑笑。

两个小时后，普雷奇斯坦卡大街的脚夫送过来一封信。

叶赛宁写了回复。简洁而又明确。一小时后，伊萨多拉的秘书施尼德赶了过来。

最后，到了傍晚，她亲自出场了。她噘着嘴。她的蓝眼睛里还有泪水。她在他身边坐下，把手放在他的大腿上，她的头发落在他的膝盖上。

"天使呀！"

叶赛宁用脚粗暴地把她推开。

他说了一句脏话："下地狱吧。"

之后，伊萨多拉的笑容变得更温柔了，轻声说："谢尔盖·亚历山大洛维奇，我爱你。"

最后都是以相同的方式收的场：叶赛宁拿起小口袋，独自离去。

他是任性的、固执的孩子。她是宽厚的母亲，与他相爱，原谅他粗俗的语言和农民的拳脚。于是，爱情和幸福的场景过后，出现的却是醉酒场面，之后是逃离普雷奇斯坦卡大街。

这种场面到2月才结束。因为伊萨多拉从列宁格勒的演出经纪人那里得到邀请,即将到外地演出。她问谢尔盖要不要一起过去。当时的诗人正在度过浪漫的时光,所以他欣然接受邀请。他们一起赶往北方。

然而,在他们赶往彼得格勒之前,"有怀表的"一下子又变成了"没怀表的"。一天夜里,他的朋友们无情地取笑他那块"贵族的金表",于是,他来到伊萨多拉的房间,要把表还回去。她拒绝接受,说,如果他真的爱她,就不该把表退回来,哪怕他那些愚蠢的朋友说三道四。他应该把她的照片装在表里。她把为护照拍的照片送了他一张。

"不要表。伊萨多拉。伊萨多拉的照片!"

他为自己天真的想法感到高兴,怀表和照片一起装进了口袋。数日之后,他遇到不顺心的事,又大发雷霆,用力把表摔到房间的角落。他用力之大,足以和专业的铁饼运动员一比高下。他气冲冲地离开房间。伊萨多拉慢慢走到角落,伤心地看着被摔得七零八碎的怀表,从中拾起了自己微笑的形象。

他们抵达彼得格勒之后住进安格雷特里酒店。按照伊萨多拉的习惯,她要住酒店最好的套房(数年之后,叶赛宁正是在这间套房的卧室里自杀的)。一如平时,等安排妥当之后,各色朋友先后过来看望她。来访者当中有几位是有钱的美国人。当初伊萨多拉在美国巡演,他们见过面。他们走进房间,脱去身上的皮毛大衣。其中一个客人有些大意,顺手把大衣丢在一把椅子上,没想到大衣又从椅子滑落到地上。片刻之后,室内充满烧东西的怪味。他们朝四周看了一遍,并未发现不对的地方。于是大家继续闲聊。煳味继续弥漫,越来越大。但房间里也没人予以关注。后来客人们准备起身告辞,这时他们才发现从椅子上滑落到地的大衣压在电炉子上。炉子是伊萨多拉为提高室温购买的。一个小小的电炉子,却能慢慢地、一点一点地把那件漂亮的美国的皮毛大衣烧出一个好大的洞。

伊萨多拉说："你们看，比利时作家梅特林克①说得对。物品也有灵魂。这大概是一个称职的共产主义的火炉，以其自有的方式来抗议资本主义美国派来的代表！"

宾馆拥有著名的酒窖，其中储存了各种上好的葡萄酒，几乎是应有尽有。叶赛宁不久也发现了这个秘密。他还发现与伊萨多拉一同外出旅行，他等于得到一枚个人的名章。凡是他想要什么，酒店没人阻拦。其结果是，伊萨多拉演出回来，发现叶赛宁前面是一大堆喝光的酒瓶子。他们在酒店度过的那些日子，叶赛宁不止一次被酒店的男侍者拖回房间，因为他们发现这个青年竟然赤着身子在宾馆里四处走动，还边走边吆喝。

伊萨多拉在彼得格勒连续多场演出。在此期间发生的一件事，给她留下深刻的印象。她日后在法国给朋友们讲她如何在俄罗斯生活和历险，其中她最爱讲的是下面的故事。对此，各路记者都有所提及，但他们写得太蹩脚，其中也包括《伊萨多拉·邓肯亲密的画像》②的作者，读者不知其所云。

来彼得格勒后的第二场演出是专为海军基地的水兵预定的。在剧院落座的有3000人，其中大多数都是参加过1917—1918年革命的官兵。他们中有人来自**阿芙乐尔号巡洋舰**和其他参加起义的战舰。

伊萨多拉跳完第一支舞蹈，场内的灯熄灭了，剧院顿时陷入一片漆黑。官兵们用火柴照明，但微弱的火光起不到作用。平时发生这种情况，场内难免有人来回走动，传出笑声、叫喊声和口哨声。片刻之

---

① 梅特林克（Maurice Polydore Marie Bernard Maeterlinck，1862—1949），比利时诗人、剧作家、散文家，1911年诺贝尔文学奖获得者，其作品主题主要关于死亡及生命的意义。
② 《伊萨多拉·邓肯亲密的画像》（Intimate Portrait of Isadora Duncan），英国传记作家塞维尔·斯托克斯（Sewell Stokes）的作品。

阿芙乐尔号巡洋舰（Cruiser Aurora），原为俄国波罗的海舰队的一艘巡洋舰，这艘传奇的巡洋舰经历了两次革命和三场战争，因参加十月革命而闻名于世。从1948年起，阿芙乐尔号作为"十月革命"的纪念舰永久性停泊在涅瓦河畔，并在海军博物馆内供游客参观。

后，嘈杂声越来越大。此时后台有人找来一个点燃蜡烛的灯笼。他们把灯笼递给站在台上的伊萨多拉。她内心难免忐忑不安，不知这次夜场结果怎样。她把灯笼举过头顶，走到舞台的边上，问台下的观众想不想为她唱一支歌。翻译把她的话翻成俄语。

片刻的沉默。然后伊萨多拉听到从黑暗的角落里传来独唱的声音。那声音浑厚、饱满、坚定，唱的是一支革命歌曲《华沙曲》的一句歌词——：

> 敌人的风呼啸着从我们身上吹过，
> 黑暗的力量想要把我们压倒……

因为场内一片漆黑，官兵们也大起胆子，他们平时对合唱也不陌生，在领唱者的引领下，众人也高声唱了起来。浑厚、温暖的歌声从黑暗里升腾起来，泼向舞台，伊萨多拉独自静静地站在台上。她当时的感受可想而知。在这个世界上，伊萨多拉热爱的东西，没有什么能超过音乐。她从心底发出一阵惊喜。这种惊喜要比她初次听巴赫的咏叹调或柏林交响乐团的演出来得更为强烈，哪怕尼基什[①]演奏的是贝多芬的《第七交响曲》。因为这是大合唱的歌声，是从那些看不到表情、朴素的官兵那里传出来的，所以才更扣人心弦，更具有人性。那是人类自然发出的呐喊，要比任何乐器来得更深入人心。

他们一支一支地唱起了所有的革命歌曲，歌声忽而庄严、舒缓，忽而雄壮、短促，仿佛有看不见的红旗在眼前飘扬，有看不见、听不见的脚步正踏着节拍以英雄的姿态走向战场。他们还唱了那首悠长、伤感的《革命英雄葬礼进行曲》。官兵们不知疲倦的声音在黑暗中此起彼伏。台上伊萨多拉还是一动不动地站在那里。她的手臂依旧高高地擎着那盏烛光摇曳的灯笼。此时的她已是泪流满面。

这场即兴音乐会进行了一个小时，此时灯光再次亮起。伊萨多拉对水兵们说："大合唱是最好听的。但我还从未听过如此动听的大合唱，这么稀少，这么质朴。我永远不会忘记今天夜里听到的大合唱。"

[①] 尼基什（Nikisch Artúr，1855—1922），匈牙利指挥家。

第 16 章

时光如水，日复一日，转眼之间到了 3 月。此时，伊萨多拉已经从彼得格勒返回莫斯科。她临走时请艾尔玛负责学校事务，如今校内的教学正稳步推进，与此同时，学校创始人的个人事务，也在稳步推进。一如从前，叶赛宁还是来来去去。伊萨多拉接待过来的朋友、记者、美国救济管理局的成员及其他客人。

一天傍晚，爱争论的或爱喝酒的那些意象派诗人没在她身边，其他拜访者也没有过来的迹象，于是她建议学校的秘书过来玩显灵板。显灵板送来之后，他们就开始在上面吃力地拼写各种"信息"。他们的指尖触碰到指针时，指针转来转去，后来指针连续指向四个字母，停了下来。

"什么字母？"伊萨多拉问秘书。

"是你名字的一部分：Dora。"

伊萨多拉的脸色一下子白了起来。她对秘书说，多拉是她母亲的名字。她此刻正生病，住在巴黎的哥哥雷蒙德的家里。那天夜里，伊萨多拉的心情难以平静下来，始终无法入睡。她的内心充满了不祥的预感。她仿佛能看见和母亲一同度过的时光。过去的场景又一次次闪现在眼前。她母亲是伟大的女性。次日清晨，有人送过来一封发自巴黎的电报。她用肿起来的红眼睛扫了一眼电文。她看到的其实是她早已猜到的：多拉·格雷·邓肯1922年4月12日在他儿子位于巴黎的住宅逝世。

此后，身在莫斯科的伊萨多拉变得越来越不安起来。她感到必须先离开俄罗斯，哪怕时间不长。她的想法出自两个原因：她的健康和学校的经济来源。她感到，要想得到足够的钱来维持学校的运转，就得到国外巡演去。如果可能的话，再带上几个优秀的学生，可以显示她取得的成绩。于是，她给纽约的演出经纪人发去电报，询问对方可不可以在美国为她安排巡演。对方回电说他希望安排这种巡演，但同时又建议，在秋季来临之前，她还是不能成行。

4月的时光一天天消逝。时间来到5月1日。在"五一"节那天，伊萨多拉观看了劳动人民大游行。他们高唱劳动之歌和起义之歌。他们手持的红旗在头顶飘扬。她从来没有见过这种大游行。男人、女人、青年人，他们知道自己的力量，他们也知道自己的自由来之不易。游行的队伍从清晨走到黄昏才结束。对此伊萨多拉深有感触。她用下面的文字描述了当时的感想：

5月1日的莫斯科出现了光彩夺目的景象。大街上好像到处都是鲜红的玫瑰。成千上万的男人、女人和孩子手持红旗，戴着红围巾从我们眼前健步走过，一边走一边高唱《国际歌》。所有人都经历了四年的困苦时光，靠黑面包和灰麦子度日。但依我看，5月1日在他们那里引起的欢乐，要超过在沙皇统治下每天的好吃好喝。这景象太伟大了。那么多人兴高采烈，充满自信，高唱：

"旧世界打个落花流水……不要说

我们一无所有，我们要做天下的主人！"

左至右:艾尔玛、邓肯、叶赛宁,摄于叶赛宁夫妇结婚日,1922年5月

我一边看一边听,我发自内心地希望这支歌能传遍全世界。

"五一"节之后的第一天,"伊萨多拉·邓肯,艺术家和希尔盖·亚历山大洛维奇·叶赛宁,文学家"(此处引用证书上的文字)在莫斯科民政局的办公室内结婚了。对那些了解这位舞蹈家及其对婚姻看法的人来说,她结婚的消息确实是一次震惊,此时结婚的消息已经传到国外。但是,他们不知道的是,二人的仪式不仅俭朴,对双方也毫无约束力,不过是走走形式。她并没有改变此前对婚姻提出的主张。

伊萨多拉希望把叶赛宁送到国外去:一是因为他已经病得不轻,需要专家检查和照料;二是因为他是诗人,按照伊萨多拉的想法,他需要新的地平线。(哎呀,她怎么就不知道不该把树苗从其所在的土壤里拔出来——那是他从东方回去之后吻过的、为之流泪的大地呀)

伊萨多拉要把叶赛宁带出俄罗斯。她希望他看到欧洲所有的风光和美国所有的奇迹。她知道可以与金发诗人在德国、法国、意大利旅行,入住阿德隆酒店[①]和丽兹酒店最好的套房,接待知识界的精英,也不必被不知深浅的人追问有没有结婚证书,但她同时也知道,从过去的经验来说,美国的生活并没有想象的那么简单,酒店的管理者更爱多管闲事。她还清楚地记得另一位俄罗斯的伟大小说家高尔基被不文明的人问来问去。这位可怜的、不知情的天才出访纽约,身边竟然有一位女性陪伴,对方与他的关系不过是爱,而不是左手无名指上(教会赐福的)那枚金戒指。

---

① 阿德隆酒店(Adlons),是德国柏林的一座豪华酒店,位于市中心米特区主干道菩提树下大街西端的巴黎广场。历史上的阿德龙饭店曾是欧洲最著名的酒店之一。目前是凯宾斯基酒店的一座连锁酒店。

所以，为了这次在自由之乡（让自由的钟声响起吧）的巡演能够一路平安，有所收获，伊萨多拉·邓肯才不得不在苏维埃俄国走走结婚的形式，在官方的文件上把她的名字写成伊萨多拉·叶赛宁－邓肯。

寻找地平线的国外之旅，还要走出第二步，即护照和签证。此刻伊萨多拉才发现，她入境俄罗斯时随身携带的护照，此前已经被迫上交莫斯科外交人民委员会的官员，如今护照却找不到了，可能压在外事办哪个不知名的办公室里落了灰的文件堆下面，或者在他人手上，此人去国外旅行了。那张护照是美利坚合众国国务院签发给伊萨多拉·邓肯小姐的。询问、讨论、抗议，一连几个小时下来，她能得到的不过是一张通行证。凭借此证她还可以出入俄罗斯，而不会被肃反委员会的人员骚扰。

至于以什么方式离开这个国家，她以为蜜月旅行是难忘之旅，应该坐飞机出去。她听说自从莫斯科和德国之间的航班启动以来，还从

邓肯与叶赛宁结婚登记处，莫斯科民政局的办公室

来没有私人乘客，机票的价格可能高得惊人，至少是 1000 金卢布，但即使如此，她也没打退堂鼓。她说要坐飞机出去，即使这是她一生中的最后一次。

她的朋友说："在你开始这次历险之旅之前，最好写一张遗嘱。"

她说："胡说！我从来没写过遗嘱。"

但是看到眼前才结婚的丈夫，她改变了主意。她从桌上拿起一个不大的笔记本，上面大多数的纸页都被扯光了。她在四张不大的纸上匆匆写下了四页遗嘱。

这是我的最后遗嘱和声明。我死后把全部财产送与我的丈夫谢尔盖·叶赛宁。如我们同时死亡，那么上述财产将送与我的哥哥奥古斯丁·邓肯。

此刻毫无愧疚。

伊萨多拉·叶赛宁－邓肯
见证人：I. I. 施尼德、艾尔玛·邓肯
1922 年 5 月 9 日，莫斯科

次日上午，这对挑战风险的夫妻从普雷奇斯坦卡大街 20 号驱车前往托洛茨基机场，一架硕大的福客①飞机正等待他们。学校秘书施尼德为一家杂志写了下面的文字：

外面冷飕飕的。天上有云，又下起雨来。但在起飞的时刻，太阳出来了。机场上来了外交人民委员会和外国杂志的代表。两个大箱子先

---

① 福客（Fokker），荷兰一家飞机制造商，以创办人命名。

被搬上飞机。第一批从莫斯科飞往柏林的私人乘客走入机舱。她身穿特意为这次旅行定制的旅行服。但叶赛宁被迫穿上公司提供的飞行服。

  9时，螺旋桨开始转动，舱门关闭。伊萨多拉透过舷窗朝外面送行学生张望，与她们招手告别。飞机在地上滑行。突然舱门又被打开，露出一张惊恐的、白色的脸。叶赛宁大喊大叫，要午餐食篮。叶赛宁不停地招手。有人跑过去追上他们，好不容易才把食篮递过去。此时飞机已经离开地面。还没到一分钟，飞机在远处变成了一个小点点。他们飞走了。

1922—1923
赴美巡演

邓肯与叶赛宁,1922年,柏林

第 17 章

5月11日,伊萨多拉和他的诗人从柏林的坦普尔霍夫机场径直来到阿德隆酒店。他们要庆祝,伊萨多拉庆祝她的回来,叶赛宁庆祝他过上豪华、高雅、昂贵、舒适的文明生活。美国和英国各大报纸的记者蜂拥而至,他们来到宾馆采访这对新人。没过多长时间,新房里就被闪烁的镁光灯变得乌烟瘴气。

俄国革命之初,柏林变成斯拉夫人在欧洲的大本营。他们是从混乱的祖国逃出来的。柏林城内涌来大批俄罗斯的王公贵族——多多少少还是正宗的,没钱可赚的商人,大声说话、游手好闲的白卫兵,历险者、知识分子、作家、画家、音乐家、演员。在这批居无定所、行无方向的乌合之众里,有人哈下腰来努力劳动,也有人继续过那种白吃白喝的日子。并非所有人都反对他们不幸的祖国刚刚建立的政权。

生活在城外一栋别墅里的是最伟大的俄罗斯作家高尔基,他是列宁的挚友。诗人库西科夫是叶赛宁的老朋友,他也生活在流亡者当中,他身边仍然带了一把三弦琴,但他能弹的不过是几个初级的和弦。小说家伊利亚·爱伦堡[1]和诗人别雷[2]在这群流亡者里,也是著名文人。

众多青年艺术家也在此地生活,如柏丽雅·琴托夫[3]和帕维尔·切利乔夫[4],二人将来要在巴黎等来自己的高光时刻。在此地流亡的演员和音乐家创办了"青鸟俱乐部"[5],他们模仿巴里耶夫[6]的讽刺剧《蝙蝠》,专门在夜里演出。此地还有出版社,专门用俄文出版俄罗斯文学读物和日报。

巴里耶夫讽刺剧《蝙蝠》1922年出演美国的海报

---

[1] 伊利亚·爱伦堡(Ilya Ehrenbourg,1891—1967),俄罗斯犹太作家、新闻记者。

[2] 别雷(Andrei Bely,1880—1934),俄罗斯小说家、诗人、理论家、文学评论家。他的小说《彼得堡》(Петербург)被弗拉基米尔·纳博科夫认为是20世纪的四本最伟大小说之一。

[3] 柏丽雅·琴托夫(Polia Chentoff,1896—1933),俄罗斯艺术家,因其画作、雕塑和图书插画而闻名。

[4] 帕维尔·切利乔夫(Pavel Tchelitchew,1898—1957),俄罗斯画家、舞台设计师。切利乔夫是位颇具争议的先锋艺术家。他的非传统绘画作品融合了抽象派、新浪漫主义和超现实主义等元素。

[5] "青鸟俱乐部"(The Blue Bird)。《青鸟》是一部6幕12场的象征童话剧,作者莫里斯·梅特林克。最初于莫斯科艺术剧院上演,导演为康斯坦丁·斯坦尼斯拉夫斯基。俄国革命前后,一些流亡在德国柏林的俄罗斯艺术家沿用此名创建了艺术家团体。20世纪20年代该组织在欧洲颇为活跃。

[6] 巴里耶夫(Nikita Balieff,1873—1936),美籍俄裔舞台剧演员、作家和导演。

没有多久叶赛宁就与流亡者发生接触，在这座新兴的"俄罗斯城市"里找到自己的归宿。他抵达柏林后不久，开始接触大作家高尔基和小诗人库西科夫，不仅如此，他还公开朗读自己的诗歌，连那些碰巧在场的白军士官也赞不绝口。他的诗歌大获成功，有人安排在柏林为他出版诗集。他通过伊萨多拉，请到一个比利时的诗人帮他把抒情诗选译成法文，伊萨多拉出钱，巴黎的俄罗斯出版人负责出版。诗歌集将来取名《一个流氓的自白》[①]，也未必不合适。

那天在柏林发生的插曲，这位粗人又能写成多么少有的、抒情的自白呀！他回到酒店房间，发现妻子正伏在相册上抽泣，相册里有她忘不了的迪尔德丽和帕特里克[②]。他粗暴地从对方手里夺过相册，扔到火里。他借酒发疯，大喊大叫，拉住她，不让她取回纪念物："你在他们身上用了太多的时间——孩子们！"

高尔基在文集里写到当年的柏林生活，文字提到不少俄罗斯作家。在写叶赛宁的文章里，他提到与其见面，讨论其诗歌。高尔基将他视为新一代最伟大的诗人，但并不看好叶赛宁与世界著名舞蹈家的婚姻。根据高尔基的说法，这位舞蹈家永远也不可能运用其想象力来理解她那位超级斯拉夫丈夫写出的太俄罗斯的诗歌。高尔基也不大看好她的艺术，因为审美品位各不相同吧。他说，一天晚上，她为他和朋友们跳舞，他的印象是，一个女子在设法维持身上的热度！

高尔基讲道：

当年那个一头鬈发、玩具娃娃一样的小男孩身上只剩下了那双特

[①]《一个流氓的自白》，即 The Confessions of a Roughneck。
[②] 帕特里克（Patrick，1910—1913），伊萨多拉的儿子，与企业家、慈善家帕里斯·辛格（罗恩格林）之子。

别明亮的眼睛,而且这双眼睛好像也被过于耀眼的阳光晒得褪了色。不安的眼神滑过每个人的脸,眼里的表情经常变化,时而挑衅和不屑,时而又变得不自信、羞涩和怀疑。我觉得,总体上他对人们怀有不友好的情绪。而且,看得出来,他是个爱喝酒的人。眼皮浮肿,眼白发炎,脸上和脖子上的皮肤是灰暗的,苍白得像很少在户外活动而且睡眠不好的人。他的两手总是在动,手腕到指尖疲软无力,像鼓手的手一样。他整个人都惴惴不安、心不在焉,就好像一个忘记了某一重要事情、却又记不清自己到底忘记了什么的人。

陪在他身边的是伊萨多拉·邓肯和库西科夫。

"也是诗人。"叶赛宁这样介绍他,声音很小,很沙哑。

库西科夫是个十分随意的年轻人,他在叶赛宁身边显得很多余。他背着理发师们喜欢的乐器三弦琴,但是,看上去似乎不会弹。这次见面之前的几年,我见过舞台上的邓肯,那时她被书写成奇迹,而有一个记者说:"她天才的身体会用荣誉的火焰把我们烧成灰烬。"

可我不喜欢,也不理解脱离理智的舞蹈,我不喜欢这个女人在舞台上跑来跑去的样子。我记得,当我觉得半裸的她是因为冷得要命,为了取暖、为了摆脱寒冷而跑来跑去时,我甚至有点难过。

她在托尔斯泰家也跳了舞,事先吃了点东西、喝了点伏特加。舞蹈表现的似乎是邓肯年龄的负担与其被荣誉和爱恋惯坏的身体的暴力之间的斗争。这些话里面并没有含着任何侮辱女性的意思,他们只是说明年老的可恶。

这是一个著名的、被千万欧洲唯美主义者、精明的造型美鉴赏者颂扬的女人,站在小小少年一般的、了不起的梁赞诗人旁边,正是他所不需要的一切事物的完美化身。我这样说没有任何成见、没有任何的凭空想象,没有。我说的是那个沉重的日子里的感觉,那天,我一边看着这个女人，一边想：她怎么能够体会到诗人下面这些感叹的意义呢？

如果能够对着草堆微笑，
用月亮的嘴巴咀嚼干草该多好！
他这些痛苦的微笑对她来讲意味着什么：
我戴高筒帽不是为了那些女人——
心脏因为愚蠢的激情而无力生活——
用金色的燕麦去喂母马，
它才会好受些，才会减轻烦恼。

叶赛宁与邓肯谈话用手势、用膝盖或手肘碰。当她跳舞的时候，他坐在桌边喝红酒，不时用眼角瞟她一眼，眉头紧皱。也许，正是这样的时刻，他心中的怜悯之情才凝成了诗句：

人们喜爱你，玷污你……

可以想象得到，他看着自己的女友就像看着一个可怕的东西，虽已习惯、却不足为奇，但仍然让人感到压力。他甩了几次头，就好像一个秃顶的人脑壳上的皮肤被一只苍蝇爬来爬去时一样。

后来，疲惫不堪的邓肯跪倒在地，脸上带着无精打采、模糊不清的微笑，看着诗人。叶赛宁把一只手放在她的肩头，但是，很快转过身去。这时，我又产生了一种感觉：或许正是这一时刻，他心中才迸发出了残酷、悲戚的绝望诗句：

你的眼睛为何如此闪烁蓝色的火花？

难道你想打我一记耳光？

亲爱的，我在哭泣，

对不起……对不起……

人们请求叶赛宁朗读诗歌，他高兴地同意了，站起身来朗读赫洛普莎的独白。刚开始，流放犯悲惨的呼喊似乎是戏剧性的。

失去理智的、狂暴血腥的混蛋！

你算什么？死亡？

但是，很快我就觉得，叶赛宁读得非常感人，听他读诗难过得落泪。我不能说他的朗读是纯熟的、精巧的等，所有这些修饰词丝毫不能表达出他朗读的实质。诗人的声音听上去有点沙哑、刺耳、令人心碎，而这无比强烈地突出了赫洛普莎冷酷的话语。极度真诚、极其强烈地不止一次而且以不同的语气重复出现流放犯的一再要求：

"我想见到这个人！"

恐惧之情也传达得十分到位：

"他在哪里？在哪里？难道没有他这个人？"

令人难以置信，这样一个小人拥有如此强烈的情感和如此完美的表现力。朗读的时候，他脸色发白，连耳朵都变成灰白色的了。他与诗歌节奏不一致地挥舞着双手，但就应该是这样的，诗歌的节奏难以捕捉，冷酷言语的语气轻重也有着极其细微的差别。好像他在抛掷这些话语，一句扔到脚下，一句抛得远远的，另一句甩到他所憎恨的人的脸上。而且所有的一切：包括沙哑刺耳的噪音、不正确的手势、晃动的身躯、闪烁着愁苦的眼睛——都是诗人此刻所处环境中应该有的那样。

普加乔夫问了三次的那个问题，他朗读得令人惊叹：

"您疯了吗？"

——响亮而愤怒；然后声音略低，但更加激动：

"您疯了吗？"

最后，声音完全低了下去，因为绝望而几乎喘不上气来：

"您疯了吗？"

"谁告诉您，我们被消灭了？"

他问得非常好，好到无法形容：

"难道灵魂也会像重担一样将你压倒？"

然后稍作停顿，叹一口气，诀别一般地：

"我亲爱的人们……

我的好——人们……"

他使我激动得喉咙哽咽，想放声大哭。记得我当时说不出任何夸奖他的话语，不过，我觉得，他也不需要那样的话。

我请他朗诵一遍关于那七个狗的幼崽被抢走扔到河里的狗的诗。

"如果您不觉得累的话……"

"读诗我不会累的。"他说，然后又犹豫地问：

"关于狗的诗歌您喜欢吗？"

我告诉他，在我看来，他是俄罗斯文学中如此高超而又如此真挚、充满爱意地描写动物的第一人。

"是的，我喜欢所有的动物。"叶赛宁若有所思地低声说，但我问他是否知道克洛德尔的《动物乐园》时，他却没有回答，用双手摸了摸头，开始朗读《狗之歌》。一直读到最后几行：

眼中潸潸泪流，

仿若一颗颗金星

洒落在雪地上。

听完这些诗，我不禁想到，与其说谢尔盖·叶赛宁是一个人，不如说他是大自然只为了诗歌、只为了表达"田野无尽的哀伤"、对世间一切生物的热爱和人类应有的仁慈之心——比其他一切都更重要的仁慈之心而创造的一个工具。因此，抱着三弦琴库西科夫、跳舞的邓肯显得更加无用，极其无聊的柏林勃兰登堡城显得更加无用，独具天才、彻头彻尾的俄罗斯诗人周围的一切都显得更加无用。

可他好像不安而无聊。他轻轻地抚摸了一下邓肯，大概就像从前抚摸梁赞的少女们一样，拍了拍她的后背，建议离开：

"去个热闹的地方吧。"他说。

我们决定晚上去游乐场。

在玄关里穿外衣的时候，邓肯开始温柔地亲吻男人们。

"俄罗斯人非常好。"她非常激动地说，"这样的人——啊！没有……"

叶赛宁笨拙地表演了吃醋的场景，他用手掌拍了一下她的后背，喊道：

"不许你亲吻别人！"

我想，他这样做仅仅是为了表明，旁边的人是外人。

高尔基写这篇文章时是 1926 年，那时叶赛宁已经不在人世了，而邓肯却完全有可能，确切地说是肯定会看到高尔基的回忆录，包括上述的搞笑辩解。这怎么能说没有任何侮辱之意？但邓肯必须承受这一打击，来自她尊为戏剧家、作家的那个人的打击。

娜塔莉娅·克兰季耶夫斯卡娅也讲述了同一天的那次会面。比较一下两人的说法，非常有意思：

"叶赛宁来的时候，请叫我一声。"有一次他说，"我对这个人感兴趣。"

决定在菲舍尔膳宿公寓举行早餐聚会，我们那时在公寓里租了两个带家具的大房间。在角上的那个阳台对着库达姆大街的房间，按对角线斜着摆了一张长桌子。邀请了伊萨多拉·邓肯、叶赛宁和高尔基。

伊萨多拉来了，身上裹着很多浅灰色的围巾，肩上斜披着一块红旗一样火红的雪纺绸。这一次她很安静，看上去很疲惫。脸上的妆没那么浓，充满了女性美的憔悴面庞，让人想起了以前的邓肯。

作为早餐的女主人，我对三样东西感到不安。

第一，是不能让尼基塔从隔壁房间跑出来，他被藏在那里，一整天不能出来。第二，是并排而坐的叶赛宁和高尔基的谈话总是不大和谐。我看得出来，叶赛宁很胆怯，像个小男孩，高尔基在仔细观察他。第三，不安是早餐的男主人造成的，因为他毫无远见地一个劲儿地往伊萨多拉的杯子里倒伏特加。主人这种漫不经心的后果是很明显的。

"为了俄罗斯革命！"伊萨多拉向着阿列克谢·马克西莫维奇举起自己的杯子，大声地说，"听着，高尔基！我要为俄罗斯革命跳《如果仅仅……》。俄罗斯革命，很棒！"

阿列克谢·马克西莫维奇皱着眉头跟她碰杯。我看出他不大自在。他捋着自己的小胡子，弯下腰低声对我说："这位中年女士称赞革命就像演员称赞一场成功的初演，她这样做没用。"沉默片刻，他又说道，"这位女士的眼睛真好看，有才气的眼睛。"

早餐进行得十分热闹和忙乱。喝过咖啡后，高尔基从桌边站起身，请求叶赛宁朗读最近写的新诗。

威斯巴登（Wiesbaden），德国中部黑森州的州府，法兰克福之后该州的第二大城市。它同时还是欧洲最老的温泉水疗城镇之一，有26个温泉和1个冷泉。

叶赛宁朗读得很好，但是，好像有点过于努力，用力过猛，从而失去了内心的宁静。高尔基喜欢这些诗，这我看得出来。他们谈得兴致勃勃。我看着站在窗边的他们。他们真是大不同了！一个久经考验、目标确定，正在大步向前；另一个像盲人一样摸索着前进，跌跌撞撞、惊慌失措、举步维艰。

这是一个十分正确的评述，高尔基著作等身，其话剧正在欧洲最优秀的剧院成功上演，而叶赛宁的知名度仅限于俄罗斯，他根本不知道西方人会怎么对待他。再加上不可能用俄语交流，实际上，在柏林，恰恰俄罗斯人相对较多，俄罗斯俱乐部、图书馆、报纸等比较多。但所有这些人对叶赛宁来讲都是陌生的。

日耳曼的节奏让叶赛宁夫妇有些吃不消,于是他们赶往著名的温泉圣地威斯巴登。诗人从那里给他的朋友、莫斯科邓肯舞蹈学校的秘书写信。

威斯巴登
1922 年 6 月 21 日

亲爱的 I. I. :

问候并亲吻你。原谅我这么久才写信。柏林的氛围把我弄得支离破碎。眼下,神经崩溃一次之后,我的腿几乎也动不了了。此刻我在威斯巴登治疗。我不喝酒了,又开始工作。如果伊萨多拉不是那么反复无常,让我在什么地方静静地坐下来,我能赚不少钱。目前我才收到 10 万左右的马克(指贬值后的马克)。但我将来有希望能赚 40 万。

伊萨多拉的生意陷入困境。柏林的律师把她的房子卖了,才支付她 9 万马克!同样的事情在巴黎也可能发生。她的财产——书籍和家具都被搬走,散落四处。她从银行已经取不出钱来。现在她指派一个好友匆匆赶往那里。著名的保罗-邦库尔[①]不仅不能以任何方式帮助她,甚至拒绝为她前往巴黎的签证担保。这就是她的状态。但她好像什么也没发生似的,跳上汽车赶往吕贝克或莱比锡或法兰克福或魏玛。我没办法,默默地跟在后面,因为我每次提出抗议之后,她都要发作。

德国?等我们见面之后再说吧。这里没有生活,我们不在其中。

[①] 保罗-邦库尔(Paul-Boncour, 1873—1972),法国左翼政治人物。在巴黎大学获法律学位后的执律师业。1932—1933 年任法国总理。

在这里人们才能真正发现斯宾格勒①写的那种缓慢、伤感的没落。让我们成为亚洲人吧。让我们闻上去有邪恶的气息吧。让我们在众人面前大大方方地挠痒痒吧。但我们还不像尸体发出臭气,他们是内心发出臭气。此地不可能发生任何革命。人人都陷入了麻木不仁。唯独让野蛮人打击一次,我们才能拯救并重建他们。有必要向欧洲挺进。但这封信里没有我的严肃思考。我要说说正事。

看在上帝的分上,通过我们的书店,找找我的妹妹(给她留封信),通过美国救济管理局转付一张支票,帮助她得到钱。她现在的日子一定很艰难。给艾尔玛的支票是一次尝试。当我们知道你们能收到支票后,伊萨多拉将尽可能地把钱汇过去。如果我的妹妹没在莫斯科,通过马里安霍夫给她写信。如果你来伦敦,就把她接过去,把她能收到钱的详细地址写下来。没有钱,她怕是活不下去的。

代我问候马里安霍夫,转达我爱他的情感。我给他写过两封信,不知什么原因他都没回复。关于我们在柏林的俄罗斯朋友,我可以给你讲些奇妙的故事:尤其要谴责法国警察,由于他们的原因,我去不成巴黎。其他以后再说,我先要照顾自己的神经。等你离开时,从马里安霍夫那里取走我的全部书籍和我不在期间写我的文章。

我与你握手,希望不久见面。你充满爱的叶赛宁。

向艾尔玛转达我最好的祝福。伊萨多拉二婚嫁给我,现在不再是邓肯-叶赛宁了,对,就是叶赛宁。

---

① 斯宾格勒(Oswald Spengler,1880—1936),德国历史哲学家、文化史学家及反民主政治作家。代表作:《西方的没落》《普鲁士和社会主义》《决定时刻:德国与世界历史的演变》等。

这对夫妻从威斯巴登又继续赶路，来到奥斯坦德①。他们在此地度过数日之后，又乘飞机途经布鲁塞尔，赶往巴黎。叶赛宁也从比利时首都给秘书写信。与此前相同，他所关注的似乎仍然是妹妹的经济情况。

布鲁塞尔，大都会酒店
1922 年 7 月 13 日

亲爱的 I. I.：

我给你写过三封长信，详细描述了事件和旅行。你收到没有？如果你现在看见我，你可能无法相信自己的眼睛。几乎一个月了，我还没喝酒。因为严重的神经炎和神经衰弱，我答应 10 月之后再喝。现在都过去了。

伊萨多拉为你们大家担心。当初莫斯科那些汇款的渠道似乎都是可能的，可来此地之后都变得不可能了。礼拜六，7 月 15 日，我们飞往巴黎。在那里通过美国救济管理局汇款可能更容易。通过克拉辛的办公室邮出去一个包裹，里面有两张各为 10 英镑的支票。一张是艾尔玛的，一张是我妹妹的。你们收到了吗？我们这么做，是想看看通过这个渠道能不能把必要的钱款汇给你们。

最最亲爱的 I. I.，如果学校能来欧洲的话，必将引起轰动。我们等待你们的到来，迫不及待地。我更等待你的到来，因为伊萨多拉对接人待物，一无所知。看到那么多恶棍围在她身边，我感到痛心。你过来之后空气能干净不少。

我请你帮个大忙。看在上帝的分上，一定给我妹妹几个钱。我在其他几封信里说过好几遍了。如果你没有钱，或你的父亲或其他人也没有

---

① 奥斯坦德（Ostend），比利时弗拉芒大区西佛兰德省的一个城市，北濒北海，通行荷兰语，是弗拉芒社群的一部分。

钱,那就问问马里安霍夫和莎莎。查一查她从书店里收到了多少钱。这是我最大的希望。因为她必须学习,等我到美国之后就没法帮她了。

转达我对艾尔玛最好的祝福和无数的问候。快过来吧。我们一同庆祝。关于你们离开的时间,我们会发电报过去。你们大家先要到柏林,然后再办签证到巴黎或奥斯坦德。不过如此。我们见面后好好聊,来吧!来吧!把钱送给我妹妹。把马里安霍夫写的诗歌、地址以及好多好多的书籍都带过来。这里太无聊了。

爱你的
S. 叶赛宁

这对夫妻回到巴黎后不久,便动身南下去了威尼斯,又在那里的丽都酒店度过一个夏季,其间接到美国商演的确认函,并了解到参演的莫斯科学校的学生不能同时抵达巴黎,于是两人决定先行返回法国。

伊萨多拉回到巴黎后,便马上赶到位于庞贝大街的房子。她发现俄罗斯租房客已经走了,也没付房租,但把钥匙压在前门的脚垫下面。还好他们在出发之前,毕竟有落脚的地方。这不可谓不是雪中送炭。伊萨多拉要用后面的贝多芬大厅彩排。那才是当务之急。自从彼得格勒公演之后,她没有公开演出过。之前她也找不到地方为即将到来的、重要的美国巡演彩排。诗人弗朗兹·赫伦斯①此刻正和俄罗斯妻子把叶赛宁的诗歌译成法文。他讲述了在庞贝大街度过的那个晚上。

我几乎每天都能看到他们,有时在伊萨多拉位于庞贝大街的小房

---

① 弗朗兹·赫伦斯(Franz Hellens, 1881—1972),比利时诗人、小说家和评论家。

子里，有时在克里雍大饭店①。他们在酒店逃避家庭困难。如果叶赛宁在克里雍大饭店的行为能像一个真正的男人，因为那里的空间对他来说实在太小，那么，在小房子里亲密的环境下，他看上去就更自在，更迷人，更具同情心……

我从没见过世上还有谁比伊萨多拉更理解女性的角色，更能激发叶赛宁的灵感，她把叶赛宁带到欧洲。为了让他走出俄罗斯，她还提出和他结婚。她的行为是高尚的，因为对她来说，与叶赛宁结婚就是牺牲，就是伤心。她对此并不抱幻想，因为她知道，折磨的幸福时间不会太长，她的生活将变得一塌糊涂，那个她要教育的、放浪不羁的大男孩，迟早会振作起来，或许以激烈的方式摆脱爱的监护，对此伊萨多拉也是身不由己，因为她对诗人充满热烈的爱。我发现这种爱情，甚至在爱情初期，就已经没希望了。

我记得一天晚上，不仅目睹了他们二人发生的插曲，还有叶赛宁的真实性格。

我赶到时他们还在餐桌旁，发现他们处在一种奇怪的、忧郁的情绪之中。他们几乎没和我说话。他们抱在一起，仿佛是两个年轻的恋人。我也看不出他们吵过架。过了片刻，伊萨多拉对我说，他们的生活被服务员打乱了，那个晚上出现的恶心场景，实在让她感到不安。叶赛宁的妻子比平时显得更紧张，似乎不再镇定自若，也没了分寸感和节奏感，后者是其艺术和天性的基础，平时对诗人又是那么灵验，此时叶赛宁心里想的就是把她灌醉。他的动机倒是不坏，相反，那是他自己平复神经的办法。他连哄带劝，之后轻轻地把酒杯抬到妻子的嘴边。酒后的反应渐渐显露出来。我在她的脸上更清楚地看到了绝

---

① 克里雍大饭店（Hôtel de Crillon），巴黎的一座古老的五星级豪华酒店，位于协和广场 10 号（北侧），香榭丽舍大街东端。

望,这种神情她平时知道如何用平静和笑容来掩饰。

伊萨多拉猛地振作起来,好不容易才请我们来到工作室——其实是一间有舞台的大厅,墙边摆了一排矮沙发。她请我朗诵才翻译完的《普加乔夫》[①],其中描写了人物、民众、大风、大地和大树。我勉强照办,因为该诗的意境既严酷又轻柔,我怕自己胆子小,读不好,破坏了他的好诗。我读完之后,她大为满意,因为她马上又让叶赛宁用俄语朗读一遍。我感到羞愧难当,因为我眼前出现了完全不同的景象。我自己是怎么读的?叶赛宁动了起来,忽而如一阵旋风,忽而又轻声低语,如清风掠过树叶。他本能地流露出诗人秉性赐予的那种动感。我还从没见过他的诗歌竟充满了如此强大的生命力。这次朗读鲜明地印证了他的取舍。一句句诗是他唱出来的,喊出来的,喷出来的,叫出来的,哼出来的,其动作如动物般高雅,其力量足以摄人心魄。

那天晚上,我明白了他们二人的生活,姑且不论他们之间的差异,他们的分手必然充满悲剧……

于是在诗歌朗诵、彩排和社会活动之间,日子一天天过去。等到12月末,他们得到一封法兰西的证明信,那是经过其法兰西喜剧院的旧友瑟希·索雷尔施以影响才得到的,连同必不可少的领事签证,伊萨多拉与丈夫登上"巴黎号"轮船前往纽约。

伊萨多拉一生都不承认所谓的婚姻:"如果一个女人读完了婚姻

[①]《普加乔夫》(*Pugachev*),诗人叶赛宁于1919—1921年间创作完成的一部诗剧。在叶赛宁笔下,普加乔夫既是农民起义的领袖,又作为一个富有人性的普通人出现在读者面前。诗人以独特的抒情笔触突出主人公普加乔夫对祖国的爱,对平民百姓命运的关心,以及对贵族压迫者的满腔仇恨。即使在最终的悲剧时刻,普加乔夫所想到的依然不是自己,而是祖国的命运。

协议后,还是要嫁人,那就意味着,这对她来讲是必须的!"伊萨多拉在公开演讲中多次这样惊世骇俗地说过。她拒绝成为百万富翁帕里斯·辛格的妻子,尽管已经和他生有一子;她不愿与戈登·克雷格缔结婚约,尽管他们分手后,她仍然崇拜他的才华。从某种程度来讲,与叶赛宁的婚姻被认为是必须的。虽然没人看好这段婚姻,但邓肯坚持认为,自己有义务让欧洲人拜倒在她的年轻的被保护人的脚下,就像沃尔特·雷利①拜倒在英国女王的裘皮大衣之下一样。她必须使叶赛宁脱离那些整天醉醺醺的朋友,给他指明新的方向。为了把他打扮得符合巴黎的最新时尚,为了安排特殊节日、邀请未来的出版商,她变卖了自己的不动产。最终,她支付了叶赛宁诗歌各种语言所有最早译本的翻译费和出版费。对于精明强干,就像现在所说的富有创造性的邓肯来说,叶赛宁不仅是她心爱的男人,而且是一个极有意义的工程,而她非常出色地实施了这一工程。

还能怎样证明自己的爱呢?一些人强调说,要想征服一个男人,先要征服他的胃;另一些人说,要想征服一个男人,要对他阿谀奉承。出于对叶赛宁的爱,邓肯义无反顾,不顾一切。她献出了自己所有的一切,尽管她明白,她对他永远不可能像他对她那么重要。

---

① 沃尔特·雷利(Sir Walter Raleigh,1552—1618),英国伊丽莎白时代著名的冒险家。同时也是位作家、诗人、军人、政治家,更以艺术、文化及科学研究的保护者闻名。他和爱德蒙·史宾沙及克里斯多福·马罗等文学家来往甚密,在伦敦塔幽禁期间他编纂了《世界史》,是名广泛阅读文学、历史、航海术、数学、天文学、化学、植物学等著作的知识分子,更是名外貌英俊的男子。

第18章

　　1922年10月的第一天,"巴黎号"缓缓驶入纽约湾口,驶过了自由女神像。此时,一名移民局的官员通知伊萨多拉·邓肯,不允许她踏上陆地。她丈夫和她的秘书弗拉基米尔·维特鲁格恩①也不被允许进入伊萨多拉对他们反复提起的国家。移民官相当礼貌,但他没有更多的信息。"是的,是的,签证绝对没有问题。哦,是的,邓肯小姐是美国人,生在美国,父母也是美国人,但是……"

　　显然他们要等埃利斯岛②的上一级移民部门过来复查,不然谁也无计可施。与此同时,轮船停泊在法兰西专线码头上。伊萨多拉能看到他的亲属和经纪人,通知他们她面临的困境。"巴黎号"大胆的莫拉斯船长为此专门找到移民官,提出为伊萨多拉他们担保,同时请他们以

---

① 弗拉基米尔·维特鲁格恩,即 Vladimir Vetluguin。
② 埃利斯岛(Ellis Island,又译爱丽丝岛),位于美国纽约州及新泽西州纽约港内的一个岛屿,与自由女神像的所在地自由岛相邻。埃利斯岛在1892年1月1日到1954年11月12日期间是移民管理局的所在地。许多来自欧洲的移民在这里踏上美国的土地,进行身体检查和接受移民官的询问。1998年,美国最高法院裁定埃利斯岛因填海而产生陆地原属新泽西州的水域,所以大部分的埃利斯岛范围属于新泽西州。目前,埃利斯岛上的移民管理局已经改建为移民博物馆(Immigration Museum)并对外开放。

邓肯与叶赛宁在"巴黎号"轮船上，1922年

客人的身份等在船上。经过他的安排，伊萨多拉他们就不必被关在埃利斯岛上，与移民混在一起，度过羞辱的一夜。

他们走下轮船，在码头的出口被一个粗鲁的探员拦住。此人拍拍经纪人的肩膀说："你，你们要跟我走。如果你不以和平的方式跟我走，我们就使用武力。"

在附近的办公室内，不顾经纪人的抗议，他们脱去了他的衣服。他的每个口袋、每个衣缝都被检查一遍。他们既没找到淫秽读物，也没发现布尔什维克要推翻美国政府的计划。这些人是"红色的"，所以不能被相信。

与此同时，他们并没对伊萨多拉说明扣押她的原因。一名前来采访伊萨多拉的记者猜测说，当局以为她和她丈夫专程来美国，要散发

"红色"宣传单。对此伊萨多拉回答说:

胡说!我们希望告诉美国人民,俄罗斯可怜的孩子正在挨饿,与那个国家的政治无关。谢尔盖不是政客,他是天才。他是伟大的诗人。我们来美国,心里仅有一个想法,传达俄罗斯的良知。为这两个伟大国家的和睦而努力。没有政治,也没有宣传。我们专注的领域是艺术。我们相信,俄罗斯的灵魂和美国的灵魂即将相互理解!

然后,她又面带甜蜜的微笑对记者们说:

使我感到惊讶的仅有一个现象。那就是美国政府并不同情革命。按照我接受的教育,我们的国家不也是从一场革命开始的嘛。在这场革命中,我的曾祖父威廉·邓肯将军扮演过崇高的角色。

舞蹈家伊萨多拉·邓肯携新婚诗人丈夫抵达美国后被移民局扣押。以上话题自然出现在各大报纸的专栏上。有记者指责伊萨多拉故意安排这场戏,目的是从一开始就为其美国巡演吸引到足够的关注。然而,伊萨多拉并不需要别人站出来为她解释。不少报纸刊登社论,发出抗议的声音。还有不少读者来信也刊登在纽约大报的专栏上。《纽约先驱报》刊发出著名歌剧演员安娜·菲茨丘的来信:

伊萨多拉·邓肯被扣押
安娜·菲茨丘抗议她在埃利斯岛的遭遇

《纽约先驱报》:

伊萨多拉·邓肯在埃利斯岛上!众神要发笑了。伊萨多拉·邓肯

安娜·菲茨丘（Anna Fitziu, 1887—1967），美国女高音歌唱家、戏剧演员。

和危险的移民关在一起，她可是美国古典舞蹈学校的创始人！

她是美国一流的艺术家。她的艺术已经到了炉火纯青的程度，几乎超越了我们能理解的高度。这位舞蹈家不仅把精湛的节奏和诗歌的运动融入表演里，她还把生动不安的想象力也注入其中，而在舞蹈领域，她的想象力至今无出其右者。她居然被关起来了！

所有的麻烦似乎都来自一个并不复杂的事实：邓肯小姐嫁给了她喜欢嫁的男人，而她的丈夫碰巧又是俄罗斯的青年诗人。凡是认识邓肯小姐的人都知道，她是艺术家，对社会和经济问题几乎不感兴趣。她的丈夫也是艺术家。

我们美国人竟然情愿拒绝我们的自己人——因为邓肯小姐也是我们的自己人——我们的自己人为我们祖国的艺术做出巨大的贡献，但她还遭到我们的拒绝，此时此刻，就该抗议。我拒绝相信，我们已经倒退到那种程度。但我们的移民官显然是相信的，因此我才要提出我卑微的抗议。

安娜·菲茨丘
10月2日，纽约

10月2日上午，"巴黎号"上遭扣押的几个客人被两个警卫押送到古纳德专线码头的海关办公室。他们的行李都被打开，负责人里外检查一遍。每件物品他们都要过目。每件衣服都翻一遍。每个口袋他们都要把手伸进去，即使没清洗的亚麻布也要抖上一遍。凡是有文字的纸张，他们的眼睛都要过上一遍。凡是可能用俄文印刷的读物——大多是诗集和俄罗斯的经典作品——都被扣押，等待进一步检查。管弦乐队和钢琴曲的每页乐谱也被翻了过来。他们还要求伊萨多拉解释写在乐谱边上的文字。

不紧不慢的非定罪检查结束后，伊萨多拉等人又被押回法国专线码头，接待他们的一位秘书等在那里。他们从码头乘出租车经驳船办公室抵达埃利斯岛。等了片刻之后，他们最终被送到上诉委员会。询问室里的移民专员罗伯特·E. 托德和他的助理 H. R. 兰迪斯经过讨论之后，最后伊萨多拉和同伴们微笑着走了出来。对等在外面的经纪人和律师，伊萨多拉喊了一句："显然是清白的——无罪！"

对站在快艇上与她一同回到城里的记者们，伊萨多拉说：

我感到自己好像逃脱了杀人罪。他们似乎以为在莫斯科住上一年，我就能变成嗜血成性的罪犯，动不动要扔炸弹。他们问了我不少愚蠢的问题，比如，"你是跳古典舞的吗？"我说我也不知道，因为我的舞蹈相当个性。他们想知道我跳舞时是什么样子。我怎么知道？我从来没看过自己跳舞。

上述委员会还问，我乘飞机从俄罗斯飞抵柏林，有没有和奥地利官员说过话？我只好如实告诉他们，哪怕他们失望。我在柏林从来没和奥地利官员说过话，或者从俄罗斯出来之后，我也没在其他地方和奥地利官员说过话。此外还有其他荒唐的问题。他们希望知道，谢尔盖和我如何评价法国大革命！

在我踏上埃利斯岛之前,我完全不知道,一个人的大脑还要准备回答接二连三提出的问题。我从来和政治不沾边。我在俄罗斯度过的时间,都是在照顾孤儿,教她们艺术。说我或影射我是布尔什维克,那是胡说!胡说!胡说!

小艇在巴特利靠岸,迎接他们的是自己的朋友们。他们陪同伊萨多拉来到华尔道夫酒店①。在这次情感磨难和她五年后又一次在美国人民面前公开露面之间,还有四天的时间,伊萨多拉需要这家著名酒店提供的安定、舒适和照顾。

次日,心平气和的海伍德·布龙②在《纽约世界报》③上为这场滑稽的演出,最后写了几句评语:

我们无从知道她的政治见解,但我们可以想象(她的政治见解)应该是无足轻重的。她是一流的艺术家。她使舞蹈发生了革命性的改变,不仅在美国,在全世界亦如此。她的祖国应该对她予以热情的欢迎,而非不知深浅的蛮横。

---

① 华尔道夫酒店(Waldorf-Astoria Hotel),位于美国纽约曼哈顿中城的一处42层豪华酒店,正门在公园大道301号,不过酒店的整群建筑物占据公园大道与莱克星顿大道及东49街与东50街之间的整个街区。

② 海伍德·布龙(Heywood Broun, 1888—1939),美国记者、专栏作家、编辑。

③ 《纽约世界报》(New York World),1860年至1931年间在美国纽约市发行的一份新闻报纸,是民主党的喉舌。1883年被约瑟夫·普利策买下之后,它变成了一份黄色新闻报纸,靠耸人听闻的故事和花边新闻吸引眼球。1930年,它被普利策家族卖掉,和《纽约电讯报》(The New York Telegram)合并成《纽约世界-电讯报》(New York World-Telegram),后者在1966年停刊。

卡内基音乐厅（Carnegie Hall），也称作卡内基音乐大厅，位于美国纽约市第七大道881号，第56大街和第57大街中间，占据第七大道东侧。由慈善家安德鲁·卡内基（Andrew Carnegie）出资建于1890年，是美国古典音乐与流行音乐界的标志性建筑。卡内基音乐厅以历史悠久、外形美观以及声音效果出色而著称。设有自己的艺术策划、开发和市场部门，每季度演出100余场；此外也出租给表演团体。目前无常驻乐团，纽约爱乐乐团在1962年之前驻扎于此。

第 19 章

10月7日，礼拜六，伊萨多拉·邓肯在纽约为她的观众送上第一场演出。场内座无虚席，气氛热烈。3000名叫喊的崇拜者坐满卡内基音乐厅，他们对伊萨多拉的到来报以热烈的掌声。此外还有数百人站在外面，希望得到一张站票，他们的希望难免要落空。

上演的是熟悉的柴可夫斯基的《第六交响曲（悲怆）》和《斯拉夫进行曲》。作为两个节目的序曲，管弦乐队在内森·弗朗科激情澎湃的指挥下，演奏了几支柴可夫斯基早期的乐曲，1891年在卡内基音乐厅的捐赠仪式上，这位俄国作曲家也指挥过这些曲目的演奏。演出结束时，观众起立喝彩。他们似乎还不想离开。于是，伊萨多拉走到台上对友好的观众发表演说，部分演说如下：

幻想不复存在，那我为什么还非要去莫斯科，你们在美国，孩子们也需要舞蹈？我了解美国那种紧张的孩子，因为我也曾是其中之一……

我希望不久能让你们看到50名俄罗斯儿童跳出的贝多芬《第九交响曲》。我可以在纽约把这些变成现实，比百老汇更真实……美国为什么不送我一所学校？因为对我的呼吁没有回应，所以我才接受来自莫斯科的邀请。

美国有俄罗斯没有的。俄罗斯也有美国没有的。美国为什么不能向俄罗斯伸出手去? 如我已经做的。

数日之后的 11 号,伊萨多拉又推出一场演出。观众人数和热情不在第一场之下。她为这次演出诠释了几支瓦格纳的作品。作为对终场欢呼和掌声的回应,她返场演出的是她心爱的勃拉姆斯的华尔兹。之后观众继续在场内欢呼鼓掌。一如平时,她又来到台上讲话。她表达了对管弦乐队指挥弗朗科先生的敬意,并把他比作伟大的尼基什。

纽约的其他演出还在安排之中——冬季的音乐演出已经安排完毕,要为演出确定日期相当困难——与此同时,伊萨多拉赶往波士顿,在交响乐大厅①送上了两场演出。因为这两场演出,或者说因为报纸对演出的扭曲,伊萨多拉·邓肯的美国巡演陷入困境。又如平时,她要对观众说几句话。她以为至少应该对朋友和崇拜者说上几句,不然演出似乎有所遗憾。她习惯对身边的人边说边笑,哪怕他们劝她不要在演出后把心里话都说出来。她说:"作为舞蹈家,我确实又是伟大的演说家。"的确如此,在很大的程度上,她具有演说才能。她讲故事是一流的。她的表达力是一流的。她驾驭语言的能力,即使是法语,也能把语言里绝妙的地方说出来。此处不妨透露一句秘密。她的自传《我的生活》(即《伊萨多拉·邓肯自传》),其中的几个段落是她含泪亲手写下的,其他部分都是她对速记员口述的。

然而,她在波士顿说的不是她做过的。她越说越激动,但观众的反应是迟钝的,深灰色的大厅冷冰冰。她在演出结束后大声呼喊,

---

① 交响乐大厅(Boston Symphony Hall),位于美国马萨诸塞州波士顿市内。它目前是波士顿交响乐团与波士顿流行乐团的驻地,与新英格兰音乐学院仅一个街区之隔。

边喊边在头顶挥舞手里的红丝巾:

这是红色!我也是红色!红色是生命和活力的颜色。你们当初在这里也是不驯服的。不要让他们驯服你们!

现场几位上了年纪的先生和太太们站起身来,匆匆退场。哈佛大学的青年学生和波士顿艺术音乐学院的男女青年并没有退场,他们站在那里为伊萨多拉喝彩。

感谢上帝,波士顿的批评家们不喜欢我,不然我要感到自己没希望了。他们喜欢我的复制品。我对你们说几句心里话。我给你们带来真实的东西……

你们一定要读读马克西姆·高尔基的小说。他说世上有三种人:黑色的、灰色的和红色的。黑色的人如同过去的德国皇帝或俄国的沙皇——他们制造恐怖,发号施令。红色的人向往自由,他们不希望灵魂被束缚起来。

灰色的人如同那些墙壁,那个大厅。看看头顶上的雕塑吧,都不真实。推翻它们。它们不是真正的希腊众神。在这里我几乎跳不了舞。这里的生活不真实。弗朗科先生尽了全力,但在此地他几乎也没法演奏。我们是红色的人,弗朗科先生和我……

但第二天美国各大报纸标题叫喊起来了:

红色的舞蹈家震惊波士顿
伊萨多拉的演说把众人吓出波士顿音乐厅

身披红色披巾的邓肯说自己是红色的

此外还有不少标题。几个没有底线的记者更是顺手乱写,把伊萨多拉的红披巾写成一身红衣服。他们用生动的文字详细描述她如何从身上扯去薄薄的红纱巾,然后在头顶上挥动,演讲时身上还没有衣服。年龄不同的大小姐和名门望族的大姑娘,用纱巾挡上眼睛,高喊:"太可怕了!"

波士顿市长、爱尔兰裔政治家科里[1]在报上发表声明,说他以书面的形式通报审查局,不建议允许邓肯小姐再次出现在波士顿,"因为这个城市还要对体面的人承担责任"。

那份历史文件还说:"请允许我指出,因为这位舞蹈家最近不高雅

科普利广场酒店（The Fairmont Copley Plaza Hotel）,美国波士顿的一个著名酒店,位于市中心的科普利广场南侧,与广场周围的约翰·汉考克大厦、三一堂和波士顿公共图书馆麦金楼组成一组建筑群。

---

[1] 科里（James Michael Curley, 1874—1958）,时任美国波士顿市长,民主党人。

的演出,所以对她的禁演,在我为该市市长期间始终有效。"

然而,伊萨多拉非要说最后一句话不可。她身上的爱尔兰人气质,也丝毫不在尊敬的科里大人之下。在她离开波士顿前往芝加哥之前,她对那些兴高采烈地赶到**科普利广场酒店**来看她的记者说:

如果说我的艺术还能象征什么的话,那它象征的是妇女从顽固的传统中争取自由和解放,这种传统正是新英格兰生活里的清教主义。

露出身体是艺术。遮掩身体是低俗。跳舞时,我的目的是引起尊敬,而不是暗示低俗。与你们合唱团半裸的姑娘们不同,我并不想引起人类低级的本能。

我宁愿一丝不挂地跳舞,也不想遮遮掩掩的,因此永远也不会出现低俗,永远也不会不道德。如果不是为了取暖,我没必要穿衣服。我的身体是艺术的神庙。我把身体露在外面,是对美的崇拜。

我想把波士顿的观众从束缚他们的枷锁下解脱出来。我看到眼前的他们被上千种习惯和环境的镣铐束缚起来。我看见他们身上的镣铐是清教主义、是波士顿的婆罗门教,他们在身心上被奴役被束缚。他们渴望自由。他们呐喊,希望有人把他们从枷锁下解放出来。

他们说我没安排好服装。没安排好服装,那是不值一提的。我为什么要在乎露出身体的哪一部分?为什么一部分身体要比另一部分更邪恶?身体和灵魂不都是工具吗,艺术家借此来表达他内心对美的感受?身体是美的,身体是实在的,身体是真实的,不被束缚的。身体引起的不该是恐惧,而是尊敬。

我跳舞时利用身体,如同音乐家利用他的乐器,如同画家利用他的画板和画笔。我从来没想过,要用繁复的服装束缚自己,或绑上自己的手脚或挡住自己的脖子,难道我不是在努力把身体和灵魂结合起

邓肯

来，变成统一的美的形象吗？

今天舞台上众多舞者都是低俗的，因为她们遮掩而非暴露身体。如果她们露出身体，她们的暗示也不会那么明显了。然而，她们可以表演，因为她们满足了清教徒掩盖内心欲望的本能。

那正是毒害波士顿清教徒的疾病。他们希望满足自己的卑鄙，又不予承认。他们害怕真理。赤裸的身体吓跑他们。遮掩的身体吸引他们。他们不敢用正确的名字来称呼自己的道德疾病。

这种清教徒式的粗俗就发生在波士顿，其原因我不得而知，不过，似乎就该如此。其他城市倒是不怕美的东西，对半裸的人体也没有滑稽的嗜好。

上面的话通过电报或邮件从波士顿传到各州所有的报纸上，演说的内容或多或少地被人篡改。一时间红色的伊萨多拉和清教徒的波士顿成了众多社论的话题。署名"大众精神""美国人""反红色""热爱真理的人"的读者来信多得更是难以计数。

第 20 章

伊萨多拉从波士顿赶到芝加哥,此时波士顿的新闻风暴越刮越大。记者们围在她的房间外面,期待听到她更辛辣的演说。他们身后还有摄影记者,他们希望伊萨多拉为他们和他们所在的报纸摆个姿势,举起据说她在震惊的波士顿观众面前跳舞时手里挥动的红围巾。但伊萨多拉对这个插曲感到无聊了,她对记者们说:

我并没有撕掉外衣大声喊叫:"我是红色的!我是红色的!我是红色的!"我身上的衣服是撕不掉的,上面固定在肩部,后身和腰部都有松紧带。我当时的动作,与批评者说的大相径庭。不过,当我想起音乐厅内丑陋的装饰、希腊众神可怕的白石膏塑像和"波士顿理想生活与文化"弥漫出的恐怖,我想,我可能得到了来自心灵的信息。如同众人从印度教托钵僧身上发现的,观众也看到了,也听到了,我的心灵感受,那不是我说的或我做的!

但风暴还在持续。更有极端人士要求马上驱逐"红色的舞蹈家"。他们无知的叫喊被神派来的领袖比利·桑代① 接了过去。此时的他正在

---

① 比利·桑代(Billy Sunday,1862—1935),美国著名福音传播者。

邓肯与叶赛宁

华盛顿，为猪肉罐头和茶壶的制造者们传递福音。

"那个贱妇身上的衣物，还遮不住胯部——我想当劳工部部长，15分钟就可以——我要把她送回俄罗斯和高尔基——"他是打着耶稣旗号的掠食者，从他嘴里吐出的秽物如下水沟流过的污水，可能是因为一阵抽搐或嘴角的吐沫，他才没继续说下去。

邓肯的演出被连续取消，巡演经理不禁愕然。他给伊萨多拉发来电报，劝她不要在台上发表演说了，但她也不是轻易就能被劝阻的人，因为演说是她公众生活的一大乐趣。芝加哥观众的热情又激发她走了出来。经过两次返场之后，她面带最真诚的微笑对观众说：

我的经纪人告诉我，要是我继续演讲的话，巡回演出就死了。那好吧，巡演死了。我就回俄罗斯去，那里有伏特加、音乐、诗歌和舞蹈。

（停顿）

哦，对了，还有自由！

观众对她报以热烈的掌声。激动的伊萨多拉继续说道：

我为什么不能演讲？你们的艾尔·乔逊①发表的演说更长，反对政府的话比我说得还多呢。也许他有黑色的面孔。要是我能演出的话，我也变成黑色的面孔……

从观众那里传来更大的喝彩声和掌声。

我知道你们为什么同情我，因为20、21、24年之前，我也来过这里。你们还不知道吧，我现在感觉自己比当初年轻多了。那是因为，我的一生唯独"听音乐"。我从来也不是舞蹈家，我也不喜欢任何形式的舞蹈，或许日本人的要另当别论。

芝加哥的演出结束后，伊萨多拉回到纽约的华尔道夫酒店。一如过去，一队队记者又找上门来。他们手里拿着笔记本。他们不负责任地用手和笔随时准备把谎言写在上面。伊萨多拉对他们说：

自从巡演以来，美国的报纸就迫害我，我要在此休息和恢复。

我每次回美国，他们都像一群狼对我号叫。他们仿佛把我当成了罪犯。他们说我是布尔什维克的宣传员。他们的指控绝非真实。我现在跳的还是过去的舞蹈，当时布尔什维克还没出现呢。波士顿的报

---

① 艾尔·乔逊（Al Jolson, 1886—1950），美国歌手、喜剧演员，拥有犹太人血统。在他的鼎盛时期，艾尔·乔逊被人称为"世界上最伟大的艺人"。

纸编造故事，说我脱去衣服喊叫说"我是红的"。他们的话是绝对的谎言。

也不知是什么原因，我的舞蹈全国各地的女学生都在模仿，但我本人一出场，却遭到来自各方的抨击。他们希望模仿我的想法，却拒绝帮助提出想法的人……我的舞蹈激发全世界的艺术家对美的热爱，在波士顿却跳不了，因为一位爱尔兰裔的政治家说不合适。你们能得到的不过是美国的清教主义。

在纽约稍事休息之后，伊萨多拉再次转向西部。印第安纳波利斯是第一站，此后她还要完成一系列演出。等她抵达之后，她发现经纪人并不在乎一个月前在波士顿发生的插曲。该城的市长卢·尚克斯①先生却紧张得激动起来。他叫喊道："谁也不能在我的老乡面前脱下红衣服，以挑逗的方式乱舞。"他让世人知道，演出当晚他要派出四名警察站在台上。他们要监视舞蹈家，不让她做出淫秽的动作，也不允许她摘下红围巾或脱去太多的外衣！滑稽的是，她跳舞时可以不穿鞋，不穿袜子。

在对记者发表的声明中，这位荒唐的市长说：

伊萨多拉别想愚弄我。她嘴上说艺术。哼！跳舞的人我见多了。我对艺术的理解，不比任何美国人差，但为了艺术，我从来没看过这种舞蹈。不，先生，我打赌，90%的男人，甚至95%的男人，他们过去看所谓的古典舞蹈，不过是以艺术为借口，糊弄他们的老婆。

女人的艺术应该是她的端庄。脱去那么多衣服，端庄就没了。剩

---

① 卢·尚克斯（Lew Shanks，1875—1958），时任美国印第安纳波利斯市长。

下的都是粗俗，这才是男人们要看的。

不，先生，这些裸体舞者蒙不了我。要是她脱去衣服，抛向空中，据说她在波士顿就这么干过，那我们就不客气了。要是她在此地表演下流的东西，我们马上抓人。

有人把市长的声明读给伊萨多拉，她说了一句："恶心！粗俗得叫人感到恶心！哪怕英国人也说不出这种话！感谢上帝，这个男人不过是印第安纳波利斯的市长……在我看来，即使是皮肤最黑的非洲人，也要比中西部的部分人更能欣赏我的舞蹈！"

但该城的人民的确能够欣赏她的艺术。市长提到的那四个警察也没派出来。演出结束时，观众依然为这位伟大的艺术家鼓掌欢呼，此刻她静静地站在台上，没有任何表现。

11月22日，伊萨多拉来到路易斯维尔，在钢琴家麦克斯·拉宾诺夫维奇[1]的伴奏下，上演了一场节目。此后她在同一音乐家的陪同下，又在几个大城市演了几场，因为那里的演出并没有取消：堪萨斯城、圣路易、孟菲斯、底特律、克利夫兰、巴尔的摩和费城。她的巡演将在布鲁克林结束。当地为此在音乐学院为她安排了一场圣诞演出。

圣诞前夜，伊萨多拉希望在**农场圣马可堂**跳舞。开明的教长威廉·诺曼·格思里博士[2]此前还邀请她过去。伊萨多拉提出就下面的话题讲几句话："舞蹈对人类灵魂的道德影响"。伊萨多拉就这一话题到底想说什么，现在已无从知道。可是纽约的主教站出来干涉，在报上发表声明如下：

---

[1] 麦克斯·拉宾诺夫维奇（Max Rabinowitz，1891—1973），美籍俄裔钢琴家。
[2] 威廉·诺曼·格思里博士（William Norman Guthrie，1868—1944），美国神职人员。

农场圣马可堂（St. Mark's Church in-the-Bowery），美国纽约连续使用的最古老的宗教场所，已经作为基督教堂连续使用了超过三个半世纪；它也是曼哈顿第二古老的教堂建筑。它位于纽约市曼哈顿东村地区的东十街131号，史岱文森街和第二大道交会路口。

纽约主教从国内多地收到抗议信，此前多家报纸刊发出一个声明，声明指出，一名在众多城市引起激烈批评的舞蹈演员，将出现在农场圣马可堂并发表演说。

作为对上述抗议信件的回复，曼宁主教①希望声明，上文提及的舞蹈家将不会在农场圣马可堂发表演讲，也不会从专业的角度与该教堂及其活动发生任何联系。

---

① 曼宁主教（William T. Manning，1866—1949），美国神职人员。

第 21 章

1923年1月13日礼拜六的晚上及礼拜一的晚上,伊萨多拉·邓肯完成了在纽约的最后两场演出。等到月末,对她发起的新闻大战已经把她拖得身心疲惫。与此同时,她还要牵挂丈夫的神经和身体健康。不幸的是,他痛饮私酒,所以病情丝毫也没有好转,此时的伊萨多拉身无分文,船票钱也是从外人那借来的。在叶赛宁和忠实的女用人珍妮的陪伴下,她即将启程。她选择了自称船上没酒可喝的"乔治·华盛顿号"。在轮船离开码头之前,她再次对聚集在那里的记者说出自己的想法:

我一个字也不该对你们记者说。你们成功地毁了我的巡演。我原来指望能赚到足够的钱,帮助我那些在莫斯科挨饿的孩子们。我不仅没赚到钱,还被迫从朋友们那借钱。

你们的报纸开设专栏写我的个人生活,写我吃什么,喝什么,和谁接触,唯独对我的艺术只字不提。物质主义是美国的诅咒。这是你们最后一次在美国看到我。我宁可在俄罗斯吃黑面包,喝伏特加,也不想在这里住最好的酒店。你们对爱情、食物或艺术一无所知。

俄罗斯有自由。这里的人对自由并不理解。这里有自由吗?呸!

你们资本主义的报纸毁了我的巡演，因为我来这里要教育人民什么是真正的自由。你们这些人不想要艺术。我来到这里要把真正的艺术送给你们，他们却把我押上埃利斯岛。要是有谁在这边说真话，政府就迫害谁。但政府不能不让他喝酒！

至于你们所说的禁酒令，对我来说不存在禁酒的国家。我在这边喝的酒，足以杀了一头大象。如果我继续住下去，也能喝死，所以我返回莫斯科，可能还是好事。

如果我以外国金融家的身份来这个国家借钱，我就能受到方方面面的款待。我来这里，不过是公认的艺术家，所以我要被当成危险人物送上埃利斯岛。我不是无政府主义者，也不是布尔什维克。我丈夫和我是革命者。我们是名副其实的天才。每个真正的艺术家迟早要在世上留下印记。

再见了，美国！我永远不会再看到你们。

1922年11月12日，叶赛宁在给朋友的信中这样描述了在美的情况：

伊萨多拉是一个非常非常好的女人，但是比瓦尼卡还能撒谎。她在莫斯科给我们颂扬过的她那些银行和城堡都是胡扯。现在我们身无分文，坐等着凑足路费回莫斯科。

我在这个世界上所见到的最好的东西，还是莫斯科。在芝加哥所谓的"十万大街"只能赶猪。可能正因此，那里才有世界上最好的屠宰场。

关于我自己，我只能说（尽管你总是认为，我是在说给后人听）我简直不知道现在该怎么办，也不知道该靠什么生活。

以前，因为俄罗斯特别贫困，所谓的"国外"还能使人兴奋，可现在，我已经看清"国外"的面目了，所以我请求上帝不要心死，不要放弃对我的艺术的爱。谁也不需要我的艺术，它对所有人的意义不过相当于一个伊萨·克雷默尔①，区别仅在于伊萨·克雷默尔可以靠自己的演唱维持生存，我却要因饥饿而死。

不过，当时任何人都谈不到饿死，邓肯在工作，凭借这些巡演的机会，他们先后去了芝加哥、波士顿、费城、印第安纳波利斯、路易斯维尔、堪萨斯、底特律、孟菲斯、巴尔的摩、克利夫兰和其他城市。钱是有的。

事实上，巡演得到的钱一拿到手，邓肯马上就全部花到叶赛宁身上，而且其中绝大部分不是花费在书籍出版上，甚至不是用来购买昂贵的服装。邓肯觉得万分疲惫。她甚至把维持舞蹈学校运行的钱都花掉了。

伊萨多拉在美国度过四个月，她几乎每天都上报纸的头版。此前几章引用过她的演讲和采访，此外还有不少被反复发表的文章，从美国的大报到玉米带②最不重要的周报，几乎无所不在，其中有的文章，编辑们写了注释，有的没写。我们在此引用伊萨多拉从各大报纸收集并带回莫斯科的文章（与此次巡演有关的报刊文章装了整整一箱子）。

---

① 伊萨·克雷默尔（Isa Kremer，1887—1956），俄罗斯歌唱家。
② 玉米带（Corn Belt），位于美国中西部的一个地区。自1850年代以来，这一地区生产的主要粮食作物是玉米，因此得名。玉米地带主要包括了艾奥瓦州、伊利诺伊州、印第安纳州、俄亥俄州，这四个州占美国国内玉米产量的约50%。另外威斯康星州、堪萨斯州、肯塔基州、南达科他、内布拉斯加州、密歇根州、密苏里州、明尼苏达州的一部分有时也被认为属于玉米带。

下面的文字来自访谈。

艺术比政府更伟大

我的艺术没有新东西，我从小就跳舞。似乎没人能理解，但我要教育世人以我的方式思考。我的想法出生时就有了，我的想法即生活的想法。

所有伟大的人物在他们达到成熟的年龄之前，永远不会被真正地理解或欣赏。我也不认为自己将来一定能被完全理解。

不少人尽力模仿我在台上的舞蹈。尽管她们的手臂和双腿也能做出相同的动作，但是她们不能用灵魂来解释舞蹈。

我的艺术是对生活的一种表达。我的舞蹈关乎想象和精神，与身体无关。我的身体之所以运动，那是因为我的精神在推动身体。

我不喜欢跳舞。我是美的表现者。我把身体当成工具，如同作家使用自己语言。不要称呼我舞蹈家。

我在世上最感兴趣的是教育儿童。如果从孩子开始，世上所有的问题都能解决。

如让－雅克·卢梭认为，在孩子生命的前12年，没必要为孩子的大脑操心。在这一阶段，父母应该提供诗歌、音乐、舞蹈，所以不必读书。精神上的体验能持续一生。

我想在美国建立一所舞蹈学校。通过音乐和舞蹈，我想教育孩子们如何生活。我不想培养她们走上舞台。我不喜欢孩子们站在台上，尽管站在台上要比在排水沟里好。

我憎恨施舍。有钱人强迫妇女在血汗工厂里劳动，到她们失明为止，然后他们捐赠一家眼科医院。

这个国家的人民身体上有病。他们相信自己在方方面面都是一流的。我们欠俄罗斯不少我们的音乐、文学和文化。

我现在是俄罗斯人。我出生时是美国人。如果我是"红色的",如他们所说的,那么,那些成天从葡萄酒里提取酒精的人、从剧院提取美的人、从生活中提取快乐的人,就该是灰色的吧。

美国不知深浅。他们说到我也是草率的。他们模仿我的舞蹈,却不理解。我通过身体的自由来提倡心灵的自由:如妇女就该走出紧身衣的桎梏,披上这种飘动的上衣。

那天晚上我出去看音乐喜剧。他们都笑了。但我哭了。对我来说,浪费太可怕了。漂亮的姑娘来到台上,说的话毫无意义,动作也毫无意义,她们可以接受教育,成为国家的力量,看到这里我不禁感到震惊。

我们过去称为中年的现象是可怕的,应该消失。如果妇女乐意,她们可以证明,思想的力量胜过物质。

年龄不过是自我催眠。

人们没法为生活制订计划,或为婚姻制定规则。每天生活来了,人们就生活。我反对婚姻。我相信妇女解放。

显然,不少人以为生活是一系列太无聊的习惯,他们将这些习惯称为美德。我不相信应该对生活施以限制。生活是一次经历,一次历险,一次表达。大多数美国人被错误的生活想法吸引过去,他们是被清教徒带到这个国家的。

邓肯

第22章

伊萨多拉有句喜欢的格言:"遇到困惑时就住最好的酒店。"凭借朋友的借款,伊萨多拉抵达巴黎。她和叶赛宁马上住进克里雍大饭店。她在庞贝大街的房子此前租给了一个美国女人,租期6个月,所以至少在下个月之前他们还回不去。

回到巴黎,回到欧洲,叶赛宁却感受到巨大的压力。他马上就想用葡萄酒或伏特加来淹没所有的美国记忆,但酒精引发出斯拉夫人的暴饮暴食,他非但没有忘却,反而唤醒了内心所有的魔鬼。一天夜里,他冲进克里雍大饭店的房间,如疯子一般,打碎了所有的镜子和木制品。警察好不容易才把他制服,押到离酒店最近的"所"里。

驻巴黎的美国记者对此倒是大喜过望。他们当即捕捉到这次轰动性的新闻。他们通过自己的生花妙笔,为消息添枝加叶。但忠诚的伊萨多拉站了出来,保护自己的丈夫。法国有一条法律。凡是在报纸或评论上被提到名字的人,都有权利进行回复;法律还规定,回复必须以相同的方式刊登在他的名字被提到过的报纸或评论上。于是伊萨多拉致信美国驻巴黎站的《论坛报》和《先驱报》。

下面的信是她写给巴黎版《先驱报》的。

《先驱报》：

亲爱的先生们，我依法请你们改正昨天2月16日《先驱报》头版文章出现的错误。

你们说我的丈夫谢尔盖·亚历山大洛维奇·叶赛宁回到克里雍大饭店我们的房间，砸碎房间内的所有东西，然后又把洗澡间的物品扔向我。这是不真实的。克里雍大饭店夜间的脚夫可以出来作证。叶赛宁回到酒店后，我马上就出去找他的医生朱尔斯·马库斯，陪我一起出去的是我的朋友霍华德·佩克夫人①。叶赛宁的精神错乱并不都是酒精造成的，其中还有其他原因：战争期间炮弹爆炸造成的震荡，革命期间可怕的物资短缺和艰苦生活，饮用美国禁酒威士忌之后产生的血液中毒——我手上有美国纽约著名医生为我出具的证明，叶赛宁在纽约病情发作，该医生出过诊，他建议患者再次发作时应马上就诊。

叶赛宁是美国禁酒令造成的众多受害者之一，因为禁酒令，每天都有人死亡、失明或精神错乱。

等佩克夫人、我与马库斯大夫返回酒店时，叶赛宁已经被人带走。我写信的目的，是为了对叶赛宁公平。你们曾两次说他攻击我，其实他并没有。我知道，美国新闻遇到悲伤的或灾难的事件，按习惯是要从中取乐的。但这位青年诗人，确实更值得送他泪水而非笑声。从18岁起，他接触的都是战争、革命和饥荒造成的恐惧。我相信所有的母亲都能同意我的说法。谢尔盖·叶赛宁是伟大的诗人。在正常情况下，他还是最英俊的精灵，他所有的朋友都疼爱他。高尔基对我说起过叶赛宁："自从果戈理和普希金以来，我们还没有如叶赛宁这么伟大的诗人。唉，果戈理因疯狂死了，普希金年轻时就被人杀了，诗人

---

① 霍华德·佩克夫人，即 Madame Howard Perch。

的命运充满悲剧。"

我们上次来巴黎,叶赛宁和我与瑟希·索雷尔夫人及其他众多朋友一起吃饭。法兰西的上等葡萄酒倒在叶赛宁的杯子里时,唤起的都是他幸福的回忆。他崇拜并热爱巴黎——他反复说:"多么可爱!这才是真正的文化。这里到处都是美!"

你们可以想象,我们遭遇的不幸,使我深深地陷入痛苦和孤独。我把叶赛宁从俄罗斯带出来,因为他在那里的生活条件实在太艰苦,我的目的是为世界拯救他的天才。他即将回到俄罗斯去拯救他的理智。我知道世界各地将有很多人与我一起祈祷,保佑这位伟大的、充满想象力的诗人,希望他可以被抢救出来,为未来世界需要的美而从事写作。

又及——多说一句,因为乔治·华盛顿的名字在美国是真理的神圣象征。你们为什么歪曲说那艘船上客人弄不到威士忌?叶赛宁在船上弄到的劣质威士忌,并不比他在美国其他地方少。凡是我们走过的大城小镇,都有劣质威士忌,对叶赛宁推销劣质威士忌毒品的推销员,足有好几百。

活在真理中!

法兰西智慧万岁!

还有来自法兰西的好酒!

伊萨多拉·邓肯

克里雍大饭店一位冷漠、客气的管理人员通知伊萨多拉,她的出现可能造成不好的影响,于是她和朋友佩克夫人搬到了莱茵酒店。她又找来几个有影响力的朋友,设法把暴力的、不幸的诗人从警察手里

特罗卡德罗宫（Palais du Trocadéro），法国巴黎的一座宫殿，它位于巴黎十六区，与埃菲尔铁塔隔塞纳河相望。

要出来。叶赛宁获得自由之后，伊萨多拉为了逃出记者的骚扰，又和叶赛宁来到凡尔赛，住进特里亚侬酒店。但是嗅觉灵敏的美国新闻记者又闻到气味，追踪过来，他们身后的报纸还在关注舞蹈家及其丈夫的活动。

最后伊萨多拉他们决定，最好还是把叶赛宁送回俄罗斯，免得他与法国警察纠缠不清，因为他们似乎并不在乎这位情绪不稳定的俄罗斯人，既不把他当成诗人，也不把他当成公民。女用人珍妮多少能说几句俄语，被指派护送他走完旅程的第一站。伊萨多拉有几位颇具影响力的好朋友，他们为叶赛宁和珍妮办理好旅行文件，然后他们二人从法兰西出发来到德国。珍妮在此把叶赛宁托付给身在柏林的俄罗斯流亡者，然后，又回到女主人身边。

伊萨多拉回到庞贝大街之后，着手规划未来。她希望继续演出，但一时找不到合适的经纪人。她的秘书乔·米尔瓦德①和哥哥雷蒙德决定与管弦乐队合作在**特罗卡德罗宫**安排两场演出。但是活动安排不得力，即使伊萨多拉·邓肯魔术般的名字，也不足以吸引足够的观众，没办法让著名的音乐厅坐满人。所以这两场演出在伊萨多拉的吁请之下，为饥饿的俄罗斯儿童赚了几个钱，但她自己还是没钱继续生活。

聪明的巴黎大作家米歇尔·乔治斯－米歇尔②，为特罗卡德罗宫的第一场演出写了评论。他在文中写道：

我们那位善良但又迷人的伊萨多拉按照自己的习惯，在特罗卡德罗宫的演出结束后，又发表了惊世骇俗的演讲。

她来到落满鲜花的舞台边上。她的身后是梵·邓肯③，她的左边是M.拉帕波特④，右边是哥哥雷蒙德……

"我20年的朋友们……走近些，看看我。我有两件事要告诉各位。其一，文章上写我是布尔什维克……我像布尔什维克吗？"

"不像！不像！"

"但我是从莫斯科来的。我在那里徒劳地寻找布尔什维克。我在巴黎遇到过他们。我在纽约遇到过他们。但是我在莫斯科却一个也没遇到。不过，我却遇到了许许多多要饿死的孩子。为了莫斯科挨饿的孩子们，给我几个小钱吧，孩子们不懂政治……"

纸币纷纷落在舞台上，如同此前落下的玫瑰花瓣。

---

① 乔·米尔瓦德，即 Joe Milward。
② 米歇尔·乔治斯－米歇尔（Michel Georges-Michel，1883—1985），法国小说家、画家、记者、翻译。
③ 梵·邓肯（Van Dongen，1877—1968），荷兰野兽派画家。
④ M.拉帕波特，即 M. Rappoport。

"谢谢,谢谢……现在我说第二件事:我根本不会跳舞。一点也不会。至少我自己不知道会不会跳。请把手放在你们的胸口,像我这样,倾听你们的灵魂,你们就会跳得像我或我的学生一样好……这是真正的革命。让人民把手放在他们的胸口,倾听他们的灵魂,他们就能知道如何选择行动……"

"好!好!"

"革命不应该是政治。我小时候梦想打破布尔乔亚的生活方式,从头开始。你们理解吗?我是第一个共产主义者。现在……"

拉帕波特把戴眼镜的眼睛转向梵·邓肯的胡子,用调侃的口吻说:"要是她继续讲社会学,我就该跳舞啦……"

道吉(Dougie),即本书的第二作者艾伦·罗斯·麦克道格尔。上图为1917年1月,伊萨多拉·邓肯和道吉在棕榈滩。

还有个故事也讲述了这一时期的伊萨多拉。故事拉起了帷布的一角,我们从中可以看到她的部分生活和部分性格。

傍晚时分,她的一个旧友**道吉**来庞贝大街造访。他发现她和叶赛宁在一起。诗人已经从柏林回到巴黎。他看起来情绪稳定,每天都和俄罗斯著名画家鲍里斯·格里戈里耶夫①

---

① 鲍里斯·格里戈里耶夫(Boris Grigoriev, 1886—1939),俄罗斯画家、作家。

坐在那里，对方正为他画那张肖像画。画家忙完起身要走，伊萨多拉问他要不要留下来吃晚饭。

"道吉，你要和我们在一起。我不知道还有什么吃的。可能什么也没了。你知道，我欠厨师600法郎。上个礼拜是她养活我们的。"

片刻之后，女用人进来摆桌子。伊萨多拉手里的台布要是放在平时，哪怕放在仆人的餐子上，她也会感到丢人的，那么多褶皱，那么多污点。此时，门铃响了起来。在餐厅隔壁的小客厅里，他们正在匆匆地讨论什么。伊萨多拉朝门口看了看，请他的客人原谅她15分钟。

半小时后她再次出现，怀里抱了不少东西。她身后是秘书。秘书手里拿着鲜花、瓶子和包裹。粘有污迹的台布、褶皱的餐巾、喝了半瓶的陈啤酒，全部从餐桌上撤了下去。桌上重新铺了一张才从店里买回来的、漂亮的方格台布。康乃馨插在桌子中央的花瓶里。牛肉清汤被人端了出来，晚饭正式开始。

然后有人打开其他包裹，放在盘子里。一只硕大的龙虾、两只大鬼头蟹、色拉和鲜嫩的草莓。只是色彩伤感的炖牛肉和色彩伤感的蔬菜，原来是准备与牛肉清汤一并下饭的。以上食物是他们的晚饭。把菜饭送进胃里的是四瓶香槟酒。这几瓶酒的价格还不到标价的1/10，喝起来口感没有变化，女主人如是说。

众人吃饭时伊萨多拉解释了盛宴的来历。先前秘书已经出去找钱了。秘书想方设法从一个欠债人那里要回了300法郎，即所欠债务的一小部分。晚饭前伊萨多拉才收到那300法郎，想起她已经邀请两位客人在家里吃饭。按照她的标准，厨房已经没吃的了。于是，她赶紧出门雇了一辆出租车。她用手里不多的钱买了一张新台布、六个餐巾、康乃馨、龙虾和螃蟹、草莓和葡萄酒。后来她用手里的那几个法郎付了出租车费，不然的话，她非要买烤鸭或斯特拉斯堡的肥鹅肝酱饼不可。

这时她哥哥雷蒙德走了进来,面对几位大笑的食客,脸上露出清教徒式的神情。伊萨多拉赶忙递过去一只龙虾的大夹子。

"我不吃肉。"他气呼呼地说。

"雷蒙德,这不是肉。是水果!是水果海鲜!"她说了好几遍,看到哥哥脸上不解的表情,不禁笑了起来。

邓肯与叶赛宁

第 23 章

5月27日,在特罗卡德罗宫的第一场演出结束后,伊萨多拉招待几个好朋友——几位艺术家和诗人。叶赛宁不喜欢几位来客,回到楼上自己的房间。后来,不知是谁弹起了贝多芬的奏鸣曲,叶赛宁冲了出来,他怒眼圆睁,金发凌乱,用俄语喊叫:"几个膨胀的金鱼,雪橇上肮脏鞋踏垫,饭袋子,士兵的食物,你们把我吵醒了!"

他抓起一把烛台抡向镜子。镜子在地上摔得稀碎。几个客人想要抵挡恶毒的拳脚。一个仆人给最近的警察局打了电话。四名警员不久赶到。叶赛宁被拖了出去,他的嘴里还轻轻地说:"叫警察来。我和你一起改变!"

次日上午,在朋友们的建议下,伊萨多拉把她丈夫从警察局转到精神病院。叶赛宁的朋友们说,伊萨多拉允许她可怜的丈夫被投入普通的精神病院。不过,考虑到叶赛宁入住的精神病院是一家相当高档的私人病院,地点在巴黎郊外的圣曼丁,众多显赫的病人此时也在医院治疗,如《阿佛洛狄忒》的作者皮埃尔·路易斯①,他朋友们的指控难免荒唐,是站不住脚的。伊萨多拉与叶赛宁的关系难以维持,在这

---

① 皮埃尔·路易斯(Pierre Louys,1870—1925),法国象征主义诗人、小说家,代表作是《比利提斯之歌》等。

邓肯与叶赛宁

种情况下,她的应变方式具有忠诚、大度、爱恋的特点。

专门探听他人隐私的记者还在关注伊萨多拉的私生活,然后把道听途说写成丑闻,发诸报端。一个著名的白俄罗斯作家在法语期刊《闪电》上刊发恶劣的文章,伊萨多拉用下面的信予以回击。

先生:

谢尔盖·叶赛宁和我希望抗议米耶科沃夫斯基先生6月16日发表在《闪电》上的文章。

米耶科沃夫斯基说:

谎言一:

"谢尔盖·叶赛宁先生和伊萨多拉·邓肯女士先后被美国和法国驱逐。"他说谎了。我们非但没有被美国赶出来,我的演出还被4000多名热情的观众看了七次。演出结束后他们还为我喝彩,时间长达半个小时。这种场面在美国是少见的。我们是怎么被赶出来的呢?

谎言二:

我们"被法国驱逐"——此刻我们正幸福地生活在法国自己的房子里。

米耶科沃夫斯基先生又写到我的艺术,我的双腿在特罗卡德罗宫引起了公众的兴趣。

对此我的唯一回答是,我从来也没想讨好大众;我的希望是让他们感到我自己感到的东西。有时我成功了。但我的双腿是我最不重要的工具,因为我既不是杂技演员,也不是舞蹈家。我不过是借用艺术家的名义,所以,即使没有腿,我也可以创造艺术。

谎言三:

米耶科沃夫斯基先生竟敢说"年轻的丈夫"打我。幸运的是米耶科沃夫斯基先生上了年纪，不然，叶赛宁非让他把这些话吃进去不可。叶赛宁说："他老了，老了。不然的话，我要让他对中伤负责。"

谎言四：

米耶科沃夫斯基先生说，在特罗卡德罗宫演出时，我把列宁称为天使。事实是，我说叶赛宁是天使，因为他是我爱的人。我没提到列宁。要是我提到的话，我会说"他是天才"，但我永远不会说他是天使。

此外，我与政治无关。

战争期间，我跳了《马赛曲》，因为我感到，那是通向自由的路。

今天我为《国际歌》伴舞，因为我感到，那是未来和人类的圣歌。

我之所以前往莫斯科，因为一个梦想吸引了我，我希望建设一所拥有1000名学生的学校。工作一年之后，我感到在自己的身边播种了快乐和善良。怀着这种记忆，我只想提到一个诗人和饥饿的孩子们。

在1923年5月15日的《新评论》上，布莱恩·查尼诺夫[①]先生写道："现在，自从1921年亚历山大·布洛克[②]去世后，叶赛宁是无可争

---

① 布莱恩·查尼诺夫，即 Brian Chaninov。
② 亚历山大·布洛克（Alexander Blok，1880—1921），20世纪早期俄罗斯诗人、戏曲家。

爱德加·爱伦·坡（Edgar Allan Poe，1809—1849），美国作家、诗人、编辑与文学评论家，被尊崇是美国浪漫主义运动要角之一，以悬疑及惊悚小说最负盛名。

波德莱尔（Charles Pierre Baudelaire，1821—1867），法国诗人，象征派诗歌之先驱，现代派之奠基者，散文诗的鼻祖。代表作包括诗集《恶之花》及散文诗集《巴黎的忧郁》。

穆索尔斯基（Moussorgsky, 1839—1881），俄罗斯作曲家。他以歌剧《鲍里斯·戈东诺夫》和钢琴组曲《展览会之画》著名。他与鲍罗丁、林姆斯基·高沙可夫、库宜以及巴拉基列夫组成"强力集团"或称"俄国五人组"，被认为是19世纪典型的俄罗斯本土作曲家。

辩的、最著名的俄罗斯诗人，即使他还不是最伟大的。这个年轻人是一股自然的力量。"米耶科沃夫斯基先生却把这个诗人污蔑为"酒鬼"。

爱德加·爱伦·坡是美国诗歌的光荣，他也好喝酒。保罗·魏尔伦、波德莱尔、穆索尔斯基、陀思妥耶夫斯基和死在精神病院的果戈理，对他们又要作何评价？他们身后都留下了天才的不朽的作品。

米耶科沃夫斯基先生无法生活在这些人身边，所以才总是被天才震撼，对此我相当理解。无论如何，我也希望米耶科沃夫斯基先生能够在布尔乔亚的宅邸里安度晚年，能够有一个被人尊敬的葬礼，送葬的人头上插了黑羽毛，手上戴着黑手套。

至于我，我选择在莫斯科的烈焰中浴火重生，身边数千名学生身着红上衣，翩翩起舞，高唱《国际歌》。

米耶科沃夫斯基先生说"俄罗斯将再生"。难道他不知道，俄罗斯已经重生了，是耶稣基督以来的第一个奇迹吗？

那不仅仅是俄罗斯的复兴，也是整个地球、全人类和未来的重生。

伊萨多拉·邓肯

伊萨多拉6月3日的第二场演出不如第一

场成功。之后,她以为该收场了,不如变卖家具,出租房子,与叶赛宁一起返回俄罗斯,此时他已经离开精神病院。家具一件件卖掉,他们也没有考虑家具的艺术价值和固有的价值。一同卖掉的还有她的朋友波烈专门为她设计的长袍和套装,这批服装是她准备在俄罗斯穿的。变卖服装也是为了还债。原来她在美国巡演之前,请一个裁缝做过服装,欠下3000法郎,此时对方成天要债。房子也打扫干净,租给了一个不知底细的俄罗斯人。诸事办妥之后,伊萨多拉与丈夫途经柏林返回莫斯科。

波烈(Paul Poiret, 1879—1944),法国时尚设计师。波烈的设计代表了20世纪初这一时期的独特风貌,他开创了一个五彩缤纷的服装新世纪。波烈是时装界的幻想主义者。

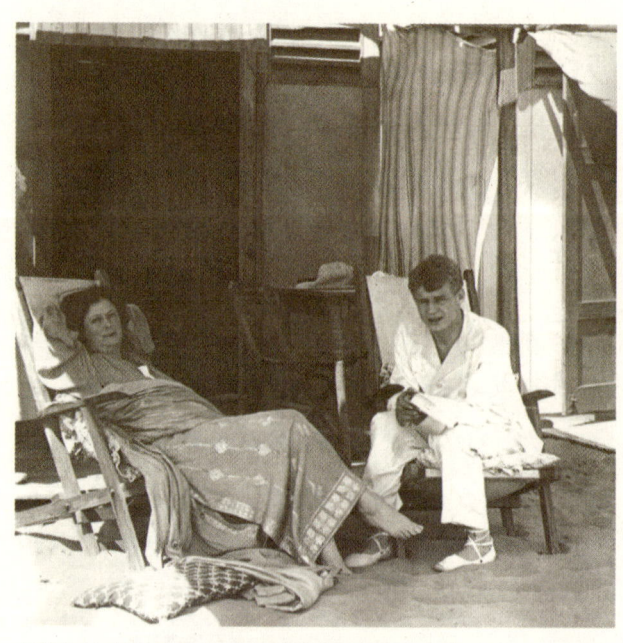

邓肯与叶赛宁在意大利威尼斯科多岛度假,1922年8月14日

1923—1924
重返苏俄

第 24 章

1923年8月初,确切地说是5号,伊萨多拉·邓肯和谢尔盖·叶赛宁抵达莫斯科。他们离开已有15个月。她走下列车时,脸色凝重,忧心忡忡。漫长的旅程相当无聊,他们终于抵达目的地,按说她该高兴才是。她把诗人又送回属于他的地方。那是此前她对自己的承诺。

她悉心照料的对象磕磕绊绊地走下车来。他已经醉了。其原因可能是重返俄罗斯后的一时激动,也可能是他回到祖国之后,连续痛饮伏特加,烈酒从他爱国的喉咙里流进去后引发的反应。他还一时兴起,打破了车厢里的全部玻璃。

艾尔玛和学校秘书伊利亚·伊里奇·施耐德①赶过来接站。

伊利亚·伊里奇·施耐德讲道:

当搬运工的白色围裙像一排白色的斑点顺着站台一字排开时,接站的人们像接到命令一样在站台上涌动起来:火车要进站了。

我们一下子看见了他们。叶赛宁和邓肯高高兴兴,面带微笑地站

---

① 伊利亚·伊里奇·施耐德(Ilya Ilyich Schneider,1891—1980),苏联教育工作者,曾是伊萨多拉·邓肯在苏联期间的经理人。著有《伊萨多拉·邓肯在苏联的岁月》。

在车厢的通过台上。从台阶上走下站台后，伊萨多拉轻轻抓住叶赛宁的手腕，把他带到我跟前，对我鞠了一躬，用德语认真地说："我把这个孩子送回了他的祖国，但从此以后，我和他再也没有任何共同的东西了……"

在他们的陪同下，众人驱车离开车站。他们身后还有一辆马车。车上装了不少大大小小的行李：崭新的衣柜、铜锁铜扣的旅行箱和沉重的皮包。这批行李的大多数，也是最新的，都是同一个青年的财产。此前不久他还动不动就从普雷奇斯坦卡20号出走，身上带的不过是两件汗衫和裹在一张《真理报》里的全部洗漱用品。

他们抵达学校。此时孩子们已回乡度夏，所以校园内还看不到他们的身影。叶赛宁一头倒在沙发上醒酒。在他呼呼大睡时，伊萨多拉以其独有的、必然闪现的机智，为众人讲述发生的种种插曲：埃利斯岛、波士顿、印第安纳波利斯、潮湿的美国和巴黎酒店高额的物品赔偿。

她讲完故事之后，或者说，她小憩结束，精神振作之后，众人开始想午饭了。但房子里什么吃的都没有。厨师也和孩子们在乡下。没有办法，他们只好去饭店。他们决定前往野猪饭店。那里有一处小花园，他们可以在其中呼吸一下可能从莫斯科吹过来的清风，因为当时的莫斯科还在仲夏，灰尘飘浮，让人喘不过气来。

大家落座后，一个青年走过来与叶赛宁打招呼，他生了一张粉红色的圆脸。他被正式介绍给大家，名字是"布鲁姆金[①]同志"。他一度是伟大的托洛茨基的秘书。叶赛宁与其相遇，也是在托洛茨基身边。

[①] 布鲁姆金（Yakov Blumkin, 1900—1929），苏联政治家、布尔什维克，曾任契卡领导人。

邓肯舞蹈学校的学生,1923 年,莫斯科

新来的客人也坐了下来,与周围的人亲切地聊了起来。这时叶赛宁问妻子:

"你知道他是谁吗?"

"不知道。"她以为对方不过又是一满脸红光的犹太青年。

"他可不一般。1918 年刺杀德国大使米尔巴赫伯爵①的正是此人!"

午饭过后,伊萨多拉提出到乡下去,到度夏的学校看望孩子们。她希望看看她们在她不在期间,在艾尔玛的教育下,有没有取得进步。不过是两个小时的车程,他们还不如租一辆汽车。租车在当时的莫斯科可不多见,因为价钱不菲。不过,莫斯科以外的公路高低不平,开车更难走。几个人足足用了四个小时才赶到乡间学校。等他们

---

① 米尔巴赫伯爵(Wilhelm von Mirbach,1871—1918),德国外交官,1918 年 4 月担任驻俄国大使。1918 年 7 月 6 日,暗杀主使者俄国左派社会革命党契卡成员布鲁姆金和尼古拉·安德烈耶夫在大使馆刺杀了他。

终于来到校舍外面的场地时，外面几乎黑了下来。孩子们大半天都守在外面，等待他们的到来。此前，孩子们接到通知，说伊萨多拉回到苏联，抵达莫斯科。他们派出手提灯笼的哨兵，为她的到来传送信号。当她从车上下来时，孩子们又蹦又跳地把老师迎进校舍……

但她在幸福的孩子中间停留的时间并不长。次日，使人感到压抑的夏雨泼了下来。叶赛宁希望回到城里，她必然也得一同回去。叶赛宁返回普雷奇斯坦卡大街之后独自外出，一连三天音信全无。

每天早上起来后，伊萨多拉就说："他一定发生什么了。他被伤害了。他出事了。他在什么地方病了。"经过白天焦急的等待和希望之后，晚上她又说："这么下去可不行。该结束了！"

经过三天的等待之后，她决定去一个远离莫斯科的地方消夏。她出去买了两张当天夜里驶往高加索的火车票。既然叶赛宁在她生活中的存在已经结束，她感到如释重负。她开始收拾自己的行李。珍妮留在巴黎，所以伊萨多拉身边也没有用人帮助她。她找来艾尔玛，请她陪自己外出旅行，同时提供帮助。艾尔玛在清理旅行必用品时才惊讶地发现伊萨多拉有多穷：在她的行李里，连睡衣都没有。至于她的衣箱，里面几乎没有衣物，几件旧衣服还是她原来从俄罗斯带出去的。艾尔玛问伊萨多拉原因，她苦笑一下，说：

"我一无所有。我在纽约和巴黎买的那些新东西，买完之后不久就消失了。我还以为是珍妮。后来有一天，我偶然发现才买的一件黑色长袍，刚送到庞贝大街没几天就进了叶赛宁的新箱子。一件一件地，所有的贴身内衣都从我的箱子里飞走了。至于我的钱嘛。"她做出一个不言自明的手势，下面的话也不必说了。艾尔玛建议，如此说来，最好的办法是打开他的箱子，取出伊萨多拉的物品。

"哦，不行！"她叫了起来，脸上现出伤心的、恐惧的神情。"我们千万不能打开箱子。谁碰他的箱子他就发疯。他多次威胁我，说要是我敢把他的箱子打开，他就开枪。我知道他箱子里有一把上了膛的手枪。不行，不行，我们不能碰他的箱子。"

但是伊萨多拉的朋友们很快找来一把钥匙，可以打开最大的手提箱。片刻之后箱子被打开，露出了其中奇怪的物品。但其他钥匙或工具打不开其他箱子和手提包。有人出去找专业锁匠。艾尔玛在工作室的地板上设计睡衣的款式。面料来自箱子最上层的一大批丝绸。箱子里不仅有丝绸，还有理发店的用品，足够一个旅行推销员用的了：香皂、防晒露、润发露、牙膏、剃须香皂、各种香水、剃须刀片，应有尽有。毫无疑问，这些物品将来都将变成礼物，送到叶赛宁亲人和朋友手上。

作家马里安霍夫说到叶赛宁回来后，在其频频光顾的咖啡店和饭店撒出去一把一把的俄罗斯金币（一个相当于五美元），要是此话可以当真的话，我们可以想象，至少在没打开的一个箱子里，还有成堆的美元，都是他在美国和法国期间，从伊萨多拉那里顺手取走的。马里安霍夫还说，叶赛宁后来把这批箱子送到一个朋友家里。他用手指头挡在嘴上，逢人就说：

"我那些箱子！谁也不能碰。不能让他们碰。我知道他们。他们过来时口袋里都放了（开箱子的）钉子。"

这种狂想达到了一定程度，哪怕在街上他碰到自己的朋友，也要演上一遍。在他与朋友打招呼之前，他先要闻一闻对方身上有没有他瓶内香水或洗发露的气味。然后他还要检查他们的脖子和脚踝，生怕他们动了他的围巾和值钱的真丝袜子！

其他箱子里到底装了多少东西，永远没人知道，因为就在锁匠要施展其技能打开箱锁时，叶赛宁闯了进来。伊萨多拉全然不顾自己已

经决定与他断绝来往,匆匆走到门口,张开双臂,喊道:

"谢尔盖!谢尔盖!你到哪去了?伊萨多拉伤心!伤心呀。"艾尔玛赶紧把不知所以然的锁匠从后面推了出去,还在他身后喊道:"不,我们不想把箱子放到地下室去。"

叶赛宁的目光在室内扫了一圈,然后推开伊萨多拉,扑向他的财产。他像疯子一般喊道:

"我的箱子!谁动我的箱子了?你们谁敢动我的箱子。我要杀了动我箱子的人!我的箱子!哈,我的箱子!"

他们赶紧解释说,他们不过是要把箱子搬出去,因为他们以为他不回来了。之后叶赛宁才多少平静下来。然后他来到一个箱子旁,从口袋里取出装钥匙的钱包。他选出一把钥匙,打开服装箱。他从箱子里取出想要的物品,伊萨多拉借此机会赶紧往外拽东西。

她喊道:"看!伊萨多拉的衣服!"

叶赛宁跳了起来,要把衣服从她手里夺回去。二人如孩子似的拉扯起来。最后叶赛宁松开手,伊萨多拉把衣服扔给艾尔玛。然后她以更大的灵活性扑向箱子,从中取出其他衣物。然后二人又开始扯来扯去。他大声叫喊:

"是我的!是送给我妹妹的。你在巴黎送给我的。是我的了!"

伊萨多拉也喊了起来:"不,不,是送艾尔玛的。可怜的艾尔玛。我们从巴黎回来,还没送她礼物。这是送她的礼物。"

叶赛宁松开手里的衣服,顺手关上箱子,生怕对方从里面取走更多的东西。然后他做了大纸口袋,把他的衬衣和洗漱用品都装了进去,之后他要走出房间。伊萨多拉挡在前面,用此前从来没有过的坚定的目光注视叶赛宁。她用断断续续的俄语对他说,要是他出去,不告诉她去的地方,不告诉她在外面多长时间,他们从此分手。她可不

喀山火车站（Kazansky Station），1894年前称梁赞站，是莫斯科的一个铁路总站，位于共青团广场。1864年启用。开往俄国南部、乌拉尔山东南坡、伏尔加河中游地区，以及莫斯科州东南部的列车从本站开出。

想再为他担心三天。无论如何，她夜里也要离开莫斯科。

他笑着走出房间，那种笑声让人难以相信。然而，当天晚上在南方快车即将驶出喀山火车站时，叶赛宁出现在月台上。他相当平静，面露微笑。不知他通过什么渠道，在众多莫斯科火车站找到了他妻子的那一列，他特地赶过来与她道别。伊萨多拉被他的形象打动了。她反复劝他一起上车。他需要休息。回到俄罗斯之后，他的情绪难免要波动，所以休息对他大有好处。

但他没接受建议。他答应将来再过去，也许是去克里米亚。在最后一次铃声响起之前，他们以最温柔的方式相互告别，仿佛那是他们的初次分离。叶赛宁从视线里消失后，伊萨多拉还在挥动手里的围巾。

第 25 章

伊萨多拉前往高加索,她要去的地方是基斯洛沃茨克,此地是俄罗斯著名的疗养胜地,名气之大如同法国的维希,因为此地有闪光的纳尔赞泉水。那些含电的泉水装瓶之后被运往苏维埃共和国的各个地方。

在经历了两天半不太舒服的车程之后,她们在 8 月一个清晨的 6 点钟抵达小镇。她们走下车来,外面熙熙攘攘。她们惊讶的眼睛看到的第一个人竟是来自纽约的一个老朋友。他叫马克斯·伊士曼①,是诗人和作家。他回答了她们的第一个问题。为什么这么早来车站?他说是来买牛奶的。她们再三追问,他才说是和托洛茨基过来的。他是托洛茨基的客人。他要为这位著名的领袖写一部传记。

伊士曼为两位新来的客人到处引路,找宾馆,然后又请她们吃午

---

① 马克斯·伊士曼(Max Eastman,1883—1969),美国作家、诗人、知名政治活动家,写作内容涉及文学、哲学和社会。最初,他支持社会主义并成为哈莱姆文艺复兴运动的重要赞助人。20 世纪 20 年代,伊士曼前往苏联居住了一年九个月的时间,其间目睹了托洛茨基和斯大林的权力斗争,并在离开苏联的时候将《列宁遗嘱》的副本带出苏联。1927 年一回到美国之后,他改变了观点,开始激烈批判社会主义和共产主义及斯大林体制。

饭，帮助之大自不待言。午饭后他起身离开，此后再也没有出现。无论是远是近，她们在泉水圣地再也没看到他。

来到泉水圣地，伊萨多拉可谓如鱼得水。她的日程安排得张弛有度。她每天上午洗泉水澡，然后在泉水馆吃午饭，饭后驱车到美丽的乡间观光。傍晚，她们又回到泉水馆吃晚饭。饭后她们看剧或听交响乐团的音乐会。这种安排持续一周左右，后来伊萨多拉感到无聊，因为她自己也想有所作为。

她此时萌发了一个想法，希望在高加索地区来一次巡演，第一场演出就安排在基斯洛沃茨克。为此，她给身在莫斯科的秘书发去电报，请他过来安排演出。秘书赶到之后，她说出自己的计划。她的第一场演出安排在基斯洛沃茨克，演出柴可夫斯基的曲目，请管弦乐队伴奏。管弦乐队的人大多数都是彼得格勒交响乐团的，他们熟悉《悲怆交响曲》。但他们不熟悉《斯拉夫进行曲》，因为他们好多年都没演

照片从左至右：伊萨多拉·邓肯、经纪人和艾尔玛·邓肯，1923年8月，基斯洛沃茨克

基斯洛沃茨克（Kislovodsk），俄罗斯斯塔夫罗波尔边疆区的一个城市，位于库马河畔。该市亦是仅次于索契的俄罗斯第二个浴疗和度假胜地，也是高加索矿泉保健度假村数量最多的城市。高加索有超过三分之一的疗养胜地位于基斯洛沃茨克。

过，所以演出之前先要彩排。

  演出当天上午，管弦乐队被安排在帷幕后面半圆形的音乐台上，演练《斯拉夫进行曲》。演奏沙皇圣歌的小号声划破上午的寂静。几位一大早没去洗澡、出来散步的人几乎不敢相信他们的耳朵。他们面面相觑，然后三三两两地聚在帷幔前面，挡在后面的是管弦乐队。不知情的乐队负责人安排乐手进行第三次彩排，一个气呼呼的契卡官员却走了过来。对方要求他解释为什么排练沙皇的圣歌。

  此前，负责人一定喜欢小号奏出的圣歌从斯拉夫刺绣的帷幔上飘散出去。但此时的他不禁颤抖了起来。他对人民肃反委员会的人解释说，根本不存在想象中的反革命示威。他是按照著名舞蹈家伊萨多

纳尔赞矿泉疗养地

拉·邓肯夫人的安排，才演练著名俄罗斯音乐家的乐曲。这支曲子她将在当晚上演。对方还不相信，负责人取出节目单和柴可夫斯基的乐谱。契卡走了，但他们命令乐队指挥不得继续彩排。他们等于向围在音乐台四周那些好奇的旁观者发出了禁止演出的信息。毫无疑问，这支沙皇圣歌一定引起了在场的部分人的情感波动，因为在革命期间和革命之后，此地曾经是反革命骚乱的大本营。

那天晚上的演出气氛热烈，座无虚席，因为此前已经传出消息，邓肯要跳《上帝保佑沙皇》。等伊萨多拉走到台上，两个持枪的契卡过来通知她，撤下《斯拉夫进行曲》，不然禁止演出。伊萨多拉用不熟练的俄语对他们解释，说她在革命四周年的集会上也演过，共产党的领导人当时也在场。卢那察尔斯基同志还专门为此写过热情的文章。她用革命的动作在全世界都跳过这支曲子，现在俄罗斯的小城是不能阻拦她的。那两个契卡官员既不感兴趣，也不能理解，他们回答说，绝对不能通融，必须撤下沙皇的圣歌。

伊萨多拉不想继续与他们纠缠。她从大幕旁边走出去，面对等在那里的观众。第一阵掌声过后，伊萨多拉问，现场有没有人可以把德语翻译成俄语。前排的一个男士站起来说他可以。其实这种翻译是不必要的，因为观众里大多数人都是城里的中产阶级。事实上他们也是唯一能出得起钱来看舞蹈的。他们都能听懂或会说德语，或至少也能驾驭在语系上与之同源的意地绪语。

伊萨多拉说："后台有警察。"（观众那边传来一阵骚动）"他们过来逮捕我！"（观众这才静下来听她开玩笑）"他们过来抓我，因为我今晚要为你们跳柴可夫斯基的《斯拉夫进行曲》。但我还是要跳，哪怕跳完之后被他们抓走。毕竟，监狱的生活也不比旅店差太多。"（观众哄堂大笑。他们中大多数人都领教过跳蚤横行的旅店）

此刻第一排始终没有说话的那位译者,大声说:

"邓肯同志你不必担心。你可以演出了。作为此地苏维埃委员会的负责人,我允许你跳柴可夫斯基的进行曲。"

兴奋的观众,对此报以热烈掌声。伊萨多拉用语言和微笑感谢这位负责人,然后她退到幕后。

伊萨多拉在台上说话时,艾尔玛已经把两个契卡官员从神圣的蓝绿色地毯上推了下去。秘书坐在轮椅里动不了,因为此前一天他从马上摔下来,扭伤了脚踝,不然的话,他也会出手相助的。那两个闯入者也知趣,悻悻地离开舞台。伊萨多拉再次出场,继续演出。她对柴可夫斯基的乐曲和《国际歌》推陈出新,深深地打动了现场的观众,他们一次次送上热烈的掌声和欢呼。

但契卡官员以为自己丢了面子。次日晚上,伊萨多拉和艾尔玛正在泉水馆吃饭,一个送信的人来到她们身边,此人一脸惊恐,说警察正在秘书的房间。等两个女子返回酒店走进房间之后,她们发现昨天夜里的那两个契卡官员正和他们的上司说话。他们全部身着制服,皮带上插了手枪。一脸苍白的秘书倒在床上发抖,因为扭伤的脚踝而动弹不得。他心里明白,如果自己离开房间的话,他永远也不可能再回来,甚至连人间的任何地方也回不去了。

当伊萨多拉听说他们过来抓一动没动的秘书,却不敢碰她和艾尔玛,后者才是挑战他们尊严的人,她转向来人中最大的官员。一怒之下,她想到俄语里最下作的字眼,对着他使劲喊了出去:

"猪!"

对方的手下意识地碰到手枪。

伊萨多拉喊道:"是的,是猪!猪!"然后又一股脑地把愤怒的语言泼向他剃光的脸上。

可怜的秘书躺在床上，尽其所能来安抚被羞辱的官员，说那个字眼在英语里的意思是完全不同的。

他们命令两个士兵过来看好床上的秘书。这时伊萨多拉才想起大权在握的托洛茨基应该还在此地。她匆匆离开房间，告诉艾尔玛她要去找托洛茨基。士兵要拦下她，但她还是设法回到自己的房间，在一张纸上匆匆写下几行字。然后她三步并作两步下楼来到外面，找到一个脚夫，好不容易才让对方明白，她马上要赶到托洛茨基居住的别墅。

似懂非懂的脚夫手提灯笼在前面引路，伊萨多拉他们深一脚浅一脚地在夜色下四处寻找战争部长的宅邸。二人大约找了15分钟，才来到一座大别墅前。别墅的大门外站着两个肃反委员会的人员。他们不让这位陌生又激动的女人进去。他们喊来自己的上司，后者问明缘由，说谁也不允许见托洛茨基。最后伊萨多拉把写在纸上的话递给对方，请他转送进去。片刻之后，对方回来告诉伊萨多拉，问题得到解决，可以回酒店了。

他们又沿崎岖不平的小路折回，好不容易才回到酒店。她发现密室的房间一片狼藉，每个箱子、每个袋子都被搜查了一遍。那些士兵此前接到托洛茨基助手传达的命令，此时已经撤离酒店，但其他人员并没走，他们要向伊萨多拉传个话——其方式如戏里不那么坏的恶棍——他们要为那天晚上的羞辱报复她。伊萨多拉的答复是，以更大的力度和鄙视重复她说过的："猪！"

第 26 章

与肃反委员会的人发生不愉快的插曲之后,伊萨多拉预感到,她和自己的朋友应该往乡间转移,因为继续留在此地显然不安全。这次契卡没能得到猎物,但他们都是不可信赖的人。伊萨多拉她们要是不走的话,难免发生意外。因此她决定赶往巴库,即里海边上那座著名

巴库(Baku),阿塞拜疆的首都、经济文化中心。巴库同时也是里海最大港口、外高加索最大城市。它的海拔低于海平面 28 米,使它成为世界上海拔最低的首都以及低于海平面的最大城市。

的石油城。巴库离她们现在即将离开的泉水圣地，坐火车要两天一夜。

抵达巴库之后，她们住进欧罗巴酒店。当她走进酒店大堂时，酒店的所有者和他的妻子走过来用德语与她打招呼，对她的到来表示欢迎。他们二人说，很多很多年以前，他们二人在德国都看过她的演出。漂亮的美国姑娘是他们最珍惜的记忆之一。此后，酒店为这位稀客提供了无微不至的照顾，凡是她有需要的地方，无不尽力一一满足。

酒店在楼顶有一个花园，每当饭口，一小型管弦乐队都要出来表演。伊萨多拉每晚都要上来吃饭。饭后她站在上面眺望这座陌生的石油城及其周围的乡村景色：尖塔、钻塔和潮汐全无的里海上方升起的月亮。

一到下午，伊萨多拉和艾尔玛就驱车来到城外。有时她们驶向内陆，驶向美丽的乡村；有时她们顺着海边崖壁上的公路朝前疾驶。一次她们行驶在海边公路上，碰巧在路边遇到一个与众不同的村庄。四周寂静，似乎没有窗户的房子房门敞开，外面是安静的庭院，丝丝花香从里面飘了出来。年深日久的无花果树投下阴影。泉水经过庭院发出的声音好似音乐。她们看到，在泉水边上默默地坐着几个头戴围巾的女人。她们离开村庄时经过一处光秃秃的坟场。又有一些女子坐在倾斜的石碑旁。此外，她们还遇到一座不大的清真寺。一个宣礼员正呼喊出虔诚祈祷。此地可谓一个没有无产阶级意识的巴库！司机告诉她们，此地的居民都是穆斯林。

她们离开那个被人遗忘的村落之后，经过一处可爱的湾角，湾角两边是一大片白色的沙滩。神情闲适的车夫坐在地上，大口大口地吃着从村子里买来的西瓜，她们把他的敞篷马车当成更衣室，然后走进不冷不热的里海游了一圈。

伊萨多拉在巴库度过两周。她先后和管弦乐队一起演出了几次。

然而她发现，一如过去，大多数的收入都被音乐家分走了。她却不想和钢琴师同台演出，要可能的话。一次她在巴库彩排，按计划要与当地一位著名的钢琴师合作。然而，等到演出那天，她却提出请管弦乐队过来助兴。即使是她为油田的工人义演，她也要请来一支管弦乐队的全部人马。

那次难忘的义演安排在叫作"黑镇"的工人俱乐部。建筑是长方形的，天棚压得很低，2000多男人女人拥挤在里面。他们是2000多半生辛苦的人，他们的脸上还能看到劳动后残存的油污。他们从来也没有亲耳听过交响乐队的演出。如此多的观众拥挤在不大的空间里，又是高加索地区8月的夜晚，现场的氛围是可以想象的。在演出的过程中，几位女子甚至昏了过去，因为她们周围的人实在太多了。

现场有一台子，大小不过演说者的讲台。室内也没有剧场那种灯光设施。现场仅有一盏大瓦度、刺眼的白灯挂在台子的上方。也没有帷幕。观众和台子之间更没有空间。前排的观众被后面的人拥到原木搭起来的台子下面。至于管弦乐队，此刻已经被推到台子左侧的角落里。即使在这种条件下，伊萨多拉也全然不顾阵阵热浪和恶心的气味、四处乱飞的苍蝇和不值一提的灯光效果，乃至必要的帷幕，以上种种都是她平时演出绝对不能马虎的东西，但她还是为那些痴迷的、一脸惊讶的工人跳起舞来。她用力的程度，与更大的场面和更有钱的观众相比，也毫不逊色。她还记得马修·阿诺德的诗句：

青春的伊甸园吹来的风
把他们的灵魂拨动；
昔日复现——他们感到
自己的存在，唉！是过去的存在。

不是大自然,是他们发生了改变。
是的,我知道他们的感受!
嘘,因为恐惧开始爬入他们的眼睛!
嘘,因为果实来自他们的那种伤痛!

伊萨多拉使出浑身解数,把她拥有的英雄般的雕塑感传递给劳工大众。那也是意志力和注意力全部集中起来才能达到的高度。当她演到《悲怆》交响曲最伤感的部分时,一个嗡嗡叫的大青蝇落在她的鼻子上,一动不动地落在那里。后来艾尔玛帮她更衣时,伊萨多拉说:

马修·阿诺德(Matthew Arnold, 1822—1888),英国近代诗人、评论家、教育家。最著名的诗作是《多佛海滩》,主要表现维多利亚时代的信仰危机。著作有《文化与无序》《文学和教条》等。

我演出时要集中注意力,不承想一个苍蝇非要落在我的鼻子上,就是不想飞走。我动动鼻子,又动动脑袋,但苍蝇又回来了。我不再理它。心想,也许耶稣基督在十字架上也是这么被折磨的。

演出结束后当天,伊萨多拉又免费为工人的孩子们演了一场,地点是贝尔查尼的俱乐部。演出开始前,她喊了几个孩子上台,为她们上了第一堂舞蹈课。然后她为孩子跳了舒伯特的华尔兹《音乐时刻》和肖邦的夜曲。她眼前的那些小观众如痴如醉,全神贯注。她们的掌声是那么自然,那么快乐。伊萨多拉大为

陶友白(Witter Bynner, 1881—1968),美国诗人、翻译家、汉学家。

感动，当即决定为莫斯科的学校招收几个最有天分的孩子。她想教她们几年舞蹈，然后把她们送回巴库，教其他儿童如何张开双臂拥抱阳光。支持这项计划的钱款来自政府的石油公司。但是经过多次毫无意义的讨论之后，该计划付诸东流。当地的官员既没有足够的能力，也没有远大的目光来实施这项计划。

然而，伊萨多拉依然兴致勃勃，为孩子们安排了一次特殊的聚会。在酒店那位德国朋友的帮助下，她请来酒店花园的小乐队。在乐队的伴奏下，艾尔玛彩排了不少可爱的舞蹈。那些舞几乎都是伊萨多拉 20 年前自编自演的，是关于爱和少年快乐的舞蹈，是关于欢乐和幸福的舞蹈。聚会那天，艾尔玛生病不能出场，伊萨多拉不想让那些充满希望的孩子们失望，亲自把舞蹈跳了一遍。其实，那些才跳过的舞蹈，她自己也好长时间没跳了。

赤褐色的头发上插了鲜花，身披飘动的粉红色外衣，她把自己跳回到金色的土地。如诗人陶友白此前对她的描述，她是"一个玫瑰姑娘，站在爱的雨中"。

在格鲁克、舒伯特、勃拉姆斯、肖邦等人的音乐伴奏下，她以朴素的快乐和轻松的典雅，跳出了姑娘们的全部幻想和痴迷。她通过巨大的意志力和神奇的天才，跳出了转瞬即逝的青春并使其驻足一个下午。

第 27 章

伊萨多拉继续她们的旅程,又从巴库来到第比利斯。此前她来俄罗斯巡演,曾经访问过这座美丽的格鲁吉亚古城。该城是格鲁吉亚的首都,坐落在流动不息的库那河边。对这座城市,她还拥有很多幸福而有趣的记忆。那些漂亮的黑眼睛居民、一流的葡萄酒、硫黄水浴以及乡间大山中的徒步跋涉。

第比利斯

伊萨多拉抵达该城数小时后，这座高加索共和国的负责人伊利亚瓦①同志亲自过来拜访。他之所以亲自登门，其中还有一个原因，他听说了不少有关伊萨多拉的故事。伊利亚瓦不仅是战斗的革命者，还是一个土生土长的格鲁吉亚人，所以他希望光顾第比利斯的伊萨多拉，对苏维埃治下的共和国的印象要好过沙皇治下的格鲁吉亚。他对伊萨多拉说，他要驾车领她四处转转。次日，他驾驶政府的大轿车来到宾馆。他身后还有其他车辆和政府的下级官员。伊萨多拉为这次外出精心准备了一番，系上一条红色的围巾。一阵风吹来，红围巾在她身后飘动起来。众人的汽车开始朝弗拉季高加索的方向疾驰。他们驶上著名的战备公路。公路越过大山伸向第比利斯的远方。

午饭是在一个有趣的小酒馆里吃的。店主是当地人，他身子发胖，性格温顺。他在堆起的酒桶之间走来走去，活像格鲁吉亚的酒神巴克斯。他从一张餐桌来到另一个餐桌，在贵客中间来回走动，用一杯杯烈酒祝福他们。同时，他还要照看烤全羊。外面一个长方形的大坑里生着明火，火焰上方是烤制的全羊。来客酒足饭饱之后，开始呷饮香气扑鼻的东方咖啡，也有人抽起香烟。此时，胖乎乎的老店主跳起舞来。他的嘴里叼了一把短刀，脑袋上放了一个空酒瓶子。这是一支当地的舞蹈。他跳得快乐、高雅、自如，伊萨多拉为此大为惊讶，大声请他再跳一次。

伊萨多拉早年来过第比利斯，她对当年的硫黄水浴还有深刻的印象。现在她每天上午都要洗浴，仿佛要经历一次真正的仪式：各种复杂的动作、声音和拍击，更不用说浴池的侍者还要站在浴者的腰背上跳来跳去。一次洗浴要经过连垂带拍，搓洗按摩，腰背踩踏，在此过

---

① 伊利亚瓦，即 Eleava。

程之中，侍者的口里还念念有词，仿佛在诵经。等全身洗干净之后，洗浴的人已是精疲力竭。仪式结束后，客人被送入一个凉爽的房间恢复元气。这时侍者又端来馅饼和烈酒。伊萨多拉对此评价说，在专业人士的照料下，洗浴者可以减去她的不少脂肪，但那些馅饼又使她胃口大开，减去的脂肪又增了回来，不能不说这是硫黄水浴的一大遗憾。

入夜之后，伊萨多拉在官员的陪同下，喜欢到一个小饭店里吃饭。饭店坐落在湍急的库那河上方。一瓶酒喝光之后，她们坐在那里观看当地管弦乐队的演出。乐队平时演奏的是舞曲和流行歌曲。乐队还专门为伊萨多拉演奏了几乎被人遗忘的歌曲和民乐。她怎么也听不够。乐队的演出不仅魅力十足，而且技巧娴熟，曲目繁多。乐队的演员面对专业人士的欣赏，自始至终热情饱满，不知疲倦。此时此刻，伊萨多拉感到这片幸福的大地应该是人类文明的一个发源地，所以音乐和舞蹈也一定最先在这里发生。

伊萨多拉在第比利斯上演的各种演出，哪怕天气炎热，大多数也是成功的。每次演出过后，在围观的众人里，总能出现一位女士的身影。后来她对伊萨多拉的秘书说，她创建了一所蒸蒸日上的舞蹈模仿学校。她希望伟大的伊萨多拉能抽时间过去看一眼，那对她来说将是无上的荣幸。艾尔玛和秘书反复对一再坚持的女士说，邓肯夫人最讨厌孩子们跳那种节奏感明显的舞蹈。这种芭蕾舞学校主张严格的体操动作，邓肯确实光顾过，但不感兴趣。她喜欢舞步简单，毫不做作的民间舞蹈。跳舞的姑娘们身披宽大的希腊棉布长袍，追逐阳光，以少女特有的方式来"模仿"自然。这种舞蹈才能激发邓肯女士的兴趣。

邓肯在希腊雅典,1921年

那位舞蹈教师研究过韵律舞蹈和达克罗士教学法①，还从一位与邓肯齐名的舞蹈家那里学习了"希腊"舞蹈，她把伊萨多拉·邓肯视为全部知识与典雅的源泉，所以，艾尔玛要拒绝她可不容易。她一定要请自己的偶像过去看看学生们跳舞。但是艾尔玛和秘书无论如何也不同意。对方出自女性的本能，派来她英俊的丈夫，请他到酒店拜访伊萨多拉。

他被领进房间，毕恭毕敬地说，他在外面准备了一辆汽车，可以马上接邓肯夫人去学校。她的到来必将使大家感到荣幸，哪怕她过去几分钟也可以。英俊青年闪烁的黑眼睛征服了伊萨多拉。几分钟之后，伊萨多拉穿戴完毕，准备前往第比利斯的舞蹈模仿学校。

在音乐学校的大厅内，学生们自豪的家长已经聚在那里。学校通知他们，著名的伊萨多拉·邓肯女士将专程赶来为他们的孩子喝彩。要是邓肯女士对孩子们感到满意的话，她可能还要从中选出几位，送到莫斯科的舞蹈学校。当大舞蹈家面带孩子般、迷人的笑容走进大厅时，家长们全部起立欢迎她。先前那位激动不安的丈夫引领伊萨多拉来到舞台前面。一个身着白色外衣的孩子送上一束黄白相间的玫瑰花。伊萨多拉还以微笑，以"嘉宾"应有的高雅方式，吻了吻孩子那张激动的面颊。然后她在第一排预留的座位上坐了下来。

先前那位女校长有些紧张，但兴奋得脸上露出红光，因为她终于请来了舞蹈界的顶级专家。"我们马上开始。请各位先看一下，学生们的简单动作。"

---

① 达克罗士教学法（Dalcroze），指瑞士音乐教育家达克罗士通过运动教学音乐的概念。学习一种音乐概念使用一组模拟运动，从而培养孩子对音乐表达的综合的自然的感受。达克罗士感觉到将身体变成一种乐器是产生对音乐的稳固而生动的印象的最好的方法。达克罗士法包括3个同样重要的要素：体态律动、视唱练耳和即兴音乐活动。

她拍拍手，帷幕拉开。一队格鲁吉亚少女出现在台上。她们神情庄重，身披她们所谓的希腊外衣。前排的一个教师发出信号，钢琴师开始演奏西贝柳斯的《忧郁圆舞曲》。音乐响起，台上的姑娘们扭动手臂。等音乐的声音持续增大后，她们把身体扭成奇怪的、灵活的造型。

舞蹈结束后，家长们都站了起来，热烈鼓掌。伊萨多拉也站了起来，走到台前。那些汗津津的少女们正期待舞蹈女神的表扬。伊萨多拉放下手里的鲜花，说："我把这些花放在掩埋我的希望的坟墓前！"

惊愕的女教师嘴里嘟哝说，不该请客人仅仅观看简单的动作。伊萨多拉对还在辩解的女教师说："你做得太糟了，太糟了！你没有发明出简单、美丽的动作。相反，你让这些姑娘跳出后宫低俗的舞蹈。哦，太可怕了。不，不！我不想看了。"后者说她们还有其他舞蹈，可能适合这位严厉批评者的标准。

伊萨多拉走了出去，不顾发出嘘声的家长，也不顾此刻满脸通红、大声反驳的女教师。那位英俊的丈夫又开车把伊萨多拉送回酒店。

在伊萨多拉离开迷人的格鲁吉亚首都之前，她专程来到一个大营地。营地里面生活着无家可归的亚美尼亚儿童。此处离第比利斯约有几英里的路程。营地内数千名不幸的孩子得到美国近东救助协会成员的悉心照料。让孩子们感到开心的是，伊萨多拉为她们跳了简单的舞蹈。之后她通过翻译为她们上了第一堂舞蹈课。离开营地之前，她答应为这里的儿童送来红色的舞蹈服。款式如同莫斯科儿童身上的舞蹈服。等伊萨多拉离开后，她们的教师将把衣服送与跳得最好的那些女孩。

第 28 章

高加索地区的巡演在小镇巴图姆①结束。8月最后几天炙热的阳光照射在巴图姆。伊萨多拉抵达城内,她发现政府已经为她安排出一座漂亮的别墅。这栋别墅建在岩石上,可以俯瞰下面的黑海。此前托洛茨基在别墅内生活过。在革命爆发之前,别墅是一位法国富人的私产。他在建筑物周围种出了几个小花园,花园里长满了从欧洲和热带移植过来的花草。此处堪称巨石上的伊甸园,但离镇上太远。雨季来临之后,一连数日的大雨把别墅变得荒凉起来。

大雨一连下了48小时,无论是从天空还是从温度计都看不出晴天的预兆。伊萨多拉变得越来越压抑。她真希望自己没有离开小镇。她大概是过度利用了政府的款待。等到第三天,大雨依然在属于她的阿勒山下个不停。别墅的临时主人却不见了。她逃出了里面没有书籍,又使人感到压抑的建筑。因为她在里面就是坐在原地,什么也干不了。于是她带上自己的小手包,沿着崎岖不平的山路又回到城里。她在半路搭上一辆车,好不容易才找到镇上的剧场。

大雨越下越小,别墅里的其他客人发现伊萨多拉不见了。他们开

---

① 巴图姆,即 Batoum。

始寻找逃走的客人。他们在巴图姆的一间公寓内找到她,发现她正和一个青年聊得火热,后者是诗人,他的哥哥是肃反委员会的负责人。此前伊萨多拉走进剧场时,浑身都湿透了,但她庆幸自己逃出了诺亚方舟。此刻那个小伙子碰巧也在剧场。尽管他一时还弄不明白伊萨多拉那种俄语和德语的混合语,但伊萨多拉还是设法让对方明白,她是从诺亚方舟逃出来的,再也不想回去了。

与大名鼎鼎的女士意外相见,小青年心里乐滋滋的。他领她下饭店,还把她介绍给其他目光有神的格鲁吉亚青年诗人。不久众人就把她当成缪斯,将其从饭店护送到青年诗人的公寓。她也在此安顿下来。小伙子们在外面的楼梯上坐了一夜,守护他们新来的缪斯。在接下来的几天里,伊萨多拉始终没离开年轻诗人,等到要启程的那天,她才走出公寓。

伊萨多拉在巴图姆期间,黑海舰队的一部分——一艘驱逐舰和一艘潜艇——停泊在港口里。一天,几个官员拜访伊萨多拉,问她可不可以为舰上的官兵义演一场。她高兴地答应下来。演出马上付诸实施。她为官兵演的还是柴可夫斯基的节目,结尾时依然是雄壮的《国际歌》。在场的革命水兵熟悉这支歌曲,一起高声唱了起来。

晚上,格鲁吉亚共和国负责人特钦切维力① 同志设宴款待伊萨多拉。同时应邀到场的还有人民肃反委员会负责人、各人民委员、黑海舰队各舰艇指挥员及当地所有重要的官员。聚会时全场仅有两位女性:伊萨多拉和她的学生艾尔玛,此外清一色的男士,他们身着军装或便装。众人依次祝酒完毕,伊萨多拉被请上去发表讲话。伊萨多拉身上那个专唱反调的魔鬼又出来了,她面带最甜蜜的微笑说:

---

① 特钦切维力,即 Tchichivelli。

"今晚我看到各位全到场了。但我没看到你们的妻子。你们有妻子吧？她们都到哪去了？"

要是他们有足够的勇气的话。他们可以按照大多数东方人的习惯回答："她们在她们应该出现的地方，在家里。"但他们是共产主义者，必须顾及自己的颜面。于是有人找借口说："现在是夏天，她们都在乡下。"此时宴会上那位黑眼睛的青年诗人会意地笑了……

在巴图姆青年诗人选择的缪斯眼里，几个小伙子是英俊的、专注的、迷人的，虽然如此，他们没法把另一个诗人从伊萨多拉的心上赶走。叶赛宁仿佛始终在场。自从上次在喀山火车站告别之后，伊萨多拉给他写过很多信，还拍了几十封电报，但叶赛宁一个字也没回复。此后伊萨多拉告别了当地那几个青年诗人，搭轮船前往克里米亚半岛的雅尔塔。她感觉叶赛宁对那里可能更感兴趣，不像对待高加索地区。任凭伊萨多拉怎么劝诱，对方也不过来。此外，叶赛宁还可以从莫斯科坐火车赶到塞瓦斯托波尔与伊萨多拉会合。她给不定性的诗人丈夫拍去一封电报，请他来雅尔塔。不久，回复送到：

> 莫斯科
> 1923 年 9 月

不要再写信或发电报。叶赛宁和我在一起。你要准备好，他不回你的身边了。

> 加琳娜·别尼斯拉夫斯卡娅

伊萨多拉读完电文后大为光火。她恨不得马上赶回莫斯科。不过她的朋友们把她拦了下来，劝她在黑海的岸边安静地休息。伊萨多拉又发去一封电报：

你的仆人告诉我，你已经离开过去的住所。马上把新地址发过来。

　　　　　伊萨多拉

但是，要是她知道实情的话，她也不会发出这封电报。所谓加琳娜发的电报，并不是她发的，而是叶赛宁自己写的电文，然后落上女子的名字。到底为什么来此一招，也只有叶赛宁自己清楚。此刻那个女子并不在叶赛宁身边！

伊萨多拉在雅尔塔度过几天之后，返回莫斯科。她想方设法要找到叛逆的诗人，但她怎么也找不着。过去的驻地没有，过去喝咖啡的地方也没有。他的朋友们似乎对他也不知情，或者即使知情也不想告诉伊萨多拉。不知过了多少天之后，叶赛宁才出现在普雷奇斯坦卡大街20号。叶赛宁的情绪依然不稳定，引发了不小的丑闻。他的朋友、舞蹈学校的秘书把他轰了出去，后来又写信谴责他的所作所为，部分原信如下：

……你在伊萨多拉的房间里，当着众人的面，大声说你爱其他女人，还把

加琳娜·别尼斯拉夫斯卡娅（Galina Benislavskaya, 1897—1926），俄国记者、作家。叶赛宁的朋友与文学秘书。加利亚是她的爱称。

其他两个女子也睡了,你不认为自己太下作了吗?周围的人将怎么看你?伊萨多拉唯一的错是对你太好了。你的行为与一头猪差不多。你亲口对我说过多少次,说你爱伊萨多拉?但你返回莫斯科之后就发表了一首送给另一个女人的爱情诗,以此来伤害伊萨多拉……

你到处嚷嚷伊萨多拉把你送进了精神病院。我亲眼看到账单,账单可以证明那不是一家普通的精神病院。那是一流的疗养院。你以为一家精神病院你想出来就能出来吗?那家疗养院让伊萨多拉花了不少钱。你要是不住进去的话,警察要找你,要把你驱逐出境。

你在歌剧广场打警察。如果不是伊萨多拉站出来用她的关系保护你,你必然被关上几个月。伊萨多拉到处保护你。我读过她为你辩护写的文章。她为了你丢了美国护照。付出那么大的牺牲,面对那么可怕的困难,她还是把你带到了法兰西、意大利和美国。可你在自己的国家,却用下流的行为来回报她。我亲眼看到伊萨多拉为你做了什么,但我没看到你所谓的"爱"为她做了什么。我从你那里看到的不过是丢人现眼和满嘴谎言。在昨晚的丑闻之后,我要告诉你的是,我再也不想看见你了……

此后的一天下午,伊萨多拉和几个来客正坐在房间里。叶赛宁过来要他自己的半身像。他说话的声音很大,马上就要。最后他是闯进来的。那尊半身像是科年科夫从大原木上砍出来的,现在安放在墙角下高高的橱柜上。伊萨多拉拒绝他取走,让他醒酒以后再过来。叶赛宁拽过一把椅子,用颤抖的双腿站了上去。他用抖动的手够到雕像。但那东西对他来说实在太重了。他在椅子上左右动了几下之后,大头朝下摔在地板上,但半身像依然被搂在怀里。他气呼呼地颤抖着站了起来,然后,跟跟跄跄地走出房间,不知走进莫斯科的哪条巷子。一路上半身像碍手碍脚的，被他丢在排水沟里。这是伊萨多拉·邓肯最后一次看见自己的诗人丈夫，谢尔盖·亚历山大洛维奇·叶赛宁。

1923年11月，第一个10月洗礼日如期而至。为了把这次民间的革命的洗礼仪式办得引人注目，组织者决定把仪式安排在剧院。他们已经请来两位最著名的女性在集会上发言——德国的革命者克拉拉·蔡特金和亚历山德拉·柯伦泰，后者是颇具文采的小说家和女大使——但他们以为还不够。因为如此庄重的仪式，还需要语言以外的东西使其永远留在人们的记忆里。

组织者之一来自第比利斯。他还记得，一次伊萨多拉·邓肯和他们讨论到接管大教堂，将其变成革命的俱乐部。她说："你不能把教堂从人民手里取走，又不还一件东西。把教堂给我吧，不要把教堂变成俱乐部。我能设计出一系列音乐节。用可爱的音乐和高尚的动作，我能创造出生命降临的仪式、结婚的仪式、人生逝去的仪式。要是你们一定要取消宗教仪式的话，那么我可以用音乐和舞蹈填补，

克拉拉·蔡特金（Clara Zetkin, 1857—1933），德国人，国际妇女运动的先驱人物。是"第二国际"的创始人之一。

亚历山德拉·柯伦泰（Alexandra Kollantai, 1872—1952），俄罗斯共产主义革命家，原为孟什维克成员，后于1914年加入布尔什维克。自1923年起担任苏联驻挪威大使，成为世界第一位女性驻外大使，1926年她被指派做苏联的驻墨西哥大使。

其魅力应该不在古希腊的仪式之下。"

于是，伊萨多拉·邓肯被他们请去，用她的艺术来烘托初次革命洗礼的历史性时刻。她对这个想法大为欣赏，连想也没想就安排了舒伯特的《圣母颂》，其实，共产党是排斥上帝的，也不提倡宗教哑剧。

这次仪式大获成功。蔡特金和克朗台夫人发表了热烈的、长时间的讲话。伊萨多拉在来自学校的红色天使的簇拥下，演出圣母可爱的诗歌，为她伴奏的音乐是舒伯特的圣歌。稍显遗憾的是，近七十高龄的蔡特金夫人昏了过去。不过伊萨多拉的一杯香槟又马上使她苏醒过来。

一个女孩把酒杯递给蔡特金夫人，后者喝了一口里面的香槟酒。女孩说："是邓肯同志送过来的。"

"哎呀！你一定要过去为这杯神水谢谢她！我一下子好多了。"

第 29 章

叶赛宁从伊萨多拉的生活里全部消失之后,她得以把注意力转向学校,开始了一段时间的平静生活。她亲自为孩子们上课,闲下来则读书读报,甚至还产生了为自己写一部传记的念头。学校至今仍然存有她当年的几页手稿,显然那是她一次写完的。我们在下文予以引用,其中几个标点有所改动,其他与原文无二。

如同阿特柔斯家族①,其他家庭的生活似乎连续不断地裹挟在悲剧里。

众神的礼物要价太高。每次快乐都要付出相应的痛苦。他们赐予名声、财富、爱情,索要的却是鲜血、泪水和无尽的悲痛。我的四周全是火焰。

我最初的记忆——是清晰的、感性的,记得我自己被人从燃烧的窗户抛了出去,一名警察的手臂接住了我,这时我听到母亲的喊叫声:"还有我的儿子们,我的儿子们,让我回去找他们吧。"夜里我经常能

---

① 阿特柔斯家族(the Atrides),希腊神话中珀罗普斯和希波达弥亚的儿子,堤厄斯忒斯的哥哥,迈锡尼国王。阿特柔斯家族的故事特点是复杂且异常堕落的,他与弟弟堤厄斯忒斯的世仇有多种版本。

听到父亲叫喊的声音："勇气！他们能过来救我们。"法尔茅茨礁石外面波涛汹涌，一艘小船翻了过去。父亲拽着船上的椅子，与死神相遇。四处都是火焰、大水和从天而降的、可怕的死亡。

在我童年的全部记忆里，上述记忆格外生动；其他记忆则被黑暗掩盖下去。

母亲教授音乐，职业收入并不稳定，她养活我们四个孩子。她脸上挂着烦恼和焦急，我们对她的神情太熟悉了：我们无时无刻不是生活在恐惧之中，生怕不高兴的房东过来砰砰砰地敲门，讨要房租。我们被迫不停地改变住所，从一个住处或小屋搬到下一个。

在我全部童年的记忆里，时刻都能感觉到生活得大煞风景。走在上学的路上，脚下的鞋却是漏水的；饥肠辘辘，书也读不下去。

我记得大约是8岁吧，一次，老师让每个孩子讲一个生活中发生的故事。其他孩子讲的都是花园、玩具、宠物狗，等等。我讲的故事大致如下：

"我们最初住在东奥克兰23街。那个男人成天要房租，后来我们搬到17街一栋更小的房子里。但是在那里也不允许我们常住下去。三个月之后，我们又搬到日光街的两间小房间里。因为妈妈搬不走家具，所以我们全家人仅有一张床。但刻薄的房东又不高兴了，然后，我们搬到……这状态还在持续，两年之内我们搬了15次家。"

老师以为我开了一个不好的玩笑。于是叫妈妈过去面对学校的几个董事。我妈妈读到我写的"生活"之后，流下眼泪，说我的作文是真实的。我记得妈妈的眼睛一连红了好几天。我对此还不能理解。我们的生活状态还在持续，对我来说那种状态好像是正常的。我想，这就是为什么我要为政府照顾儿童的利益，让他们有饭吃，有学上。

妈妈不仅教音乐，还为商店织帽子，织上衣。我记得，不知多少次黎明时看到妈妈还在织。她过的是什么生活啊！她最高兴的时刻是她手上有一架钢琴，一连弹上几个小时——贝多芬、舒伯特、莫扎特、舒曼；要不就是她为我们大声朗读，雪莱、彭斯、济慈，那么多诗歌，她教我们记在心上。她叫我们这些孩子蜷在她脚下的地毯上，听她朗读。

当时妈妈还年轻漂亮，但狭隘的中产阶级原则束缚了她，所以她不知道利用自己的青春或美丽或压不倒的智慧或力量。她还被关在妇女解放之前的牢房里。妈妈感情充沛，注重美德，所以她只能受罪，流泪。我们当时年龄还小，但我们也在以各自的方式承受苦难。我们的枕头动不动就湿了，那是吃不饱饭上床睡觉的孩子们才流出的泪水。

基督教教育并不教儿童尼采那句名言："要坚强！"要等到我稍稍长大之后，一种精神才在我耳边小声说"要坚强"。

我记得一天回家发现母亲倒在床上不停地抽泣。她身边堆放的是那一个礼拜她编织出来的东西，但她没能把东西卖给商店。一种反抗的精神在我身上升腾起来。我要为妈妈把东西卖出去，卖出个好价钱。我带上她编织的红斗篷和红帽子。其他的织物都被我装进篮子。然后我挨家挨户地推销。有些人态度好，有些人态度恶劣。总的来说我成功了。那也是我童年时代第一次觉醒，发现魔鬼般的世界是不公平的。妈妈亲手编织的那顶小红帽，就是少年布尔什维克头上的帽子。

1924 年年初，一个名字叫季诺维也夫的音乐家来到学校。他恨不得马上为伊萨多拉安排一次巡演。冬季那几个月闲在家里，伊萨多拉也感到了压力，所以她马上接受了那个音乐家的建议。条件谈完之后，对方马上赶往乌克兰，联系各个城镇，为巡演做初步安排。他已经为巡演规划了线路。在绝大多数他走过的地方已经开始预订门票。

季诺维也夫（Vassily Zinoviev, 1874—1925），俄罗斯作曲家、钢琴家。

不巧的是，列宁逝世了。政府命令为列宁哀悼两周。巡演也被迫推迟。

伊萨多拉虽然与这位伟大的领袖人物没发生过实际接触，但他的死还是深深触动了她。她在一位朋友的陪同下，一连几个小时与农民和工人一同站在联盟大厦外面的雪地里，然后她们才进入停放列宁遗体的大厅。外面的天气实在太冷，与她同去的朋友被冻掉一只耳朵。外面寒风刺骨，漫长的等待过后，伊萨多拉几乎被冻成了雪人。成千上万的人民排成一队，不分昼夜，从列宁的遗体边走过，眼前的景象在伊萨多拉心里留下深刻的印象。她的情感也升华起来，她要为列宁创作两支葬礼进行曲。她是按照两支著名的歌曲创作的。第一支歌是列宁喜欢的革命的圣歌；第二支歌是《革命英雄葬礼之歌》，当初红色水兵在彼得格勒为她高声唱过。在她此后的所有演出中，她每次出场都有这两支曲子伴舞，每次也都能感染观众。

哀悼期结束后，伊萨多拉和季诺维也夫开始了她的乌克兰巡演。第一站是哈尔科夫。开场的两个舞蹈就是为列宁创作的葬礼进行曲。伊萨多拉大获成功，也拉开了乌克兰巡演的序幕，此后各场演出都以成功收场。的确如此，无论她在哪个城镇出现，热爱音乐的乌克兰人都对她的演出报以热烈的回应，她也马上收获了持久的成功。

基辅是乌克兰的古都，也是俄罗斯最古老的城市之一。她在此地的成功是前所未有的。在这座拥有50万人口的大都市里，她连续演出 18 场，场场爆满。即使在巴黎，她连续演出的场次也不如基辅。她走在街上，人民对她发出欢呼。连乞丐都跟在她后面叫喊：邓肯，邓肯，美丽的女士。送给我们面包吧。伊萨多拉仿佛是女王，把钱币撒向他们。她的生活原则是，一定不要故意引起乞丐的诅咒。所以她每次外出手袋里总要装上足够的钱币。一天，众多乞丐围住了她吃饭的酒店。她命令侍者把钱币端出去，抛向流鼻涕的、发牢骚的乞丐。此后，乞丐与她如影随形。数月之后，她又如约在基辅露面，城内的乞丐和他们所有的亲戚竟一同赶往火车站欢迎她的到来：邓肯，邓肯，美丽的夫人。

基辅国立乌克兰歌剧院

第 30 章

1924年4月,伊萨多拉·邓肯回到莫斯科。此刻的她要比她初来俄罗斯时更加美丽动人。新鲜的鱼子酱、炖鸡和烤鸡、香槟酒,几乎每晚一场的演出,凡此种种都是她减重30磅的原因。她的巡演大获成功,哪怕收入并不理想也无所谓,伊萨多拉如是说。有钱也好,没钱

欧洲大酒店(Grand Hotel Europe),位于俄罗斯圣彼得堡的一座酒店。欧洲大酒店和阿斯托里亚酒店并列为圣彼得堡最高级的五星级酒店。1991年之前,欧洲大酒店曾名为叶夫罗佩斯卡酒店。欧洲大酒店开业于1875年1月28日,内部装饰极为豪华,是19世纪欧洲最高级的酒店之一。包括柴可夫斯基、德彪西等众多名流都曾下榻欧洲大酒店。

托尔斯泰伯爵（Aleksey Nikolayevich Tolstoy，1883—1945），俄罗斯著名作家，以创作历史小说和科幻小说出名。托尔斯泰曾加入特别状态委员会，参与二战期间德国纳粹罪行的调查。代表作:《苦难的历程》三部曲、《彼得大帝》等。

也罢，反正她不能闲下来。此刻的她正在状态上。要是不运动，每顿都吃马铃薯的话，减去的那30磅可能马上还要回来的。

于是她反复劝说秘书。后者最终同意前往列宁格勒安排演出。伊萨多拉也不等对方安排就绪，几天之后便赶往列宁格勒，在著名的欧洲大酒店的大套房里住了下来。1922年，她和叶赛宁就是在这里度的蜜月，革命发生之前她也是在这里被待为上宾的。在苏维埃政权的治理下，酒店并没遭到破坏，下面的酒窖也完好如初，不少当年的服务员也没发生变化。一个上了年纪的领班还记得当年入住酒店的舞蹈家，他为伊萨多拉忙前忙后，百般殷勤。在革命之后的年代，伊萨多拉这种稀客真如凤毛麟角。

一如既往，伊萨多拉对物品的价钱还是不闻不问；一如既往，她对周围的人还是那么大方。她在套间的客厅里款待新老朋友，一个也不落。托尔斯泰伯爵与斯捷尔格洛夫[1]来了，他们二人合作，在写一部尼古拉二世和拉斯普京[2]的戏。著名的音乐会钢琴师阿图尔·施纳贝尔

---

[1] 斯捷尔格洛夫，即 Schelgelov。
[2] 拉斯普京（Rasputin，1869—1916），俄罗斯萨拉托夫省人，尼古拉二世时代的神秘主义者，被认为是东正教中的圣愚，在俄国末年有显著的影响力。

和列宁格勒交响乐团的指挥马尔科①也是伊萨多拉的座上宾,此外还有诗人、叶赛宁的引路人克留耶夫。莫斯科室内剧院的导演及众多演员、诗人、画家和音乐家,也是伊萨多拉的常客。她的客厅里没有一个晚上没有客人。她左右的人都围坐在一张干净发光的大桌子旁。桌子旁边还有一个银质的香槟酒冷却器——人们仿佛又回到了革命前的时光。

5月,他们安排了一场与列宁格勒交响乐团的演出,接下来的一周又预订了一场。不过,在两次演出之间,经纪人设法把伊萨多拉"租"给了外省的一个小城,那里距莫斯科700公里。

为了赶到不在铁路干线上的维捷布斯克,她得搭乘夜车,途中每个小站都得停下。车上还有其他不利因素:座位全部是木质的,车厢内时时弥漫出各种气味。

要赶到遥远的外省小城,必然遭遇各种不利因素。按计划伊萨多拉要在当地上演两场。等她听到各种细节后,她拒绝离开舒适的大酒店,更不想登上三等列车。经纪人反复陈述一个事实:两场演出的第一场,门票已经售出,但伊萨多拉不为所动。经纪人不知如何是好。

尼古拉二世(Nicholas II of Russia, 1868—1918),俄国末代皇帝,兼任芬兰大公和波兰国王,在位时间1894至1917年。其生涯早期经历了俄国经济大崛起的时代,可惜其经济成果因第一次世界大战的爆发而毁于一旦。一战结束后,尼古拉二世被布尔什维克的革命军软禁,随后其居所被苏联红军闯入,他和他的家人被全数枪杀,俄罗斯最后的皇帝和整个罗曼诺夫王朝就此灭亡。

---

① 马尔科(Nikolai Malko, 1883—1961),乌克兰指挥家。

维捷布斯克（Vitebsk），位于白俄罗斯东北方边境，维捷布斯克州首府。

阿图尔·施纳贝尔（Artur Schnabel，1882—1951），奥地利钢琴家、作曲家和音乐教育家，20世纪最重要的钢琴家之一。施纳贝尔对德奥作曲家作品的演绎被视为范本，尤其以贝多芬钢琴奏鸣曲为代表。

他此前收到的门票钱，差不多都花光了。对他眼含泪水地一再请求，伊萨多拉的答复是："那种木板坐我不习惯。找一辆汽车过来。我重新考虑去还是不去！"

俄罗斯的铁路当然不是最好的，也不是最现代的，但俄罗斯乡间坑坑洼洼的公路又有什么可以称道的地方？在这种公路上驾驶小汽车，如同在现代城市的大街上赶一辆四轮双座马车。因为经纪人此前已经把钱收上来了，此时的他已经近乎歇斯底里的状态，最后终于找来一辆"私人的小汽车"，车主在得到公平的价钱之后，同意把舞蹈家及其伴奏者送到维捷布斯克。他对自己的汽车颇为骄傲，因为他才用40卢布把车维修一遍，还喷上了新漆。

司机和小汽车等在欧洲大酒店外面。不少

人围过来参观这辆战前的古董。毫无疑问,这辆车在十年前也曾有过自己的高光时刻,但战争和革命毕竟在车身上留下了痕迹。此前车身上的修修补补,把车变得更滑稽了。至于这辆垃圾汽车的所有人,此刻他正战战兢兢地坐在方向盘后面,仿佛故意为这辆老爷车喝了不少烈酒。

伊萨多拉仿佛是乘坐镀金马车外出走访的女王,她神色庄重,姿态高雅,健步登上汽车。在她身后上车的是钢琴师和各种行李。这辆破车咔嚓咔嚓地驶向维捷布斯克。不知过了多少个小时,小汽车上维修过的线路和零件,一个故障也没发生,伊萨多拉一行人顺利抵达小城目的地。无论是从经济上,还是从艺术上说,这两场演出都可谓大获成功。至于那辆小汽车,如伊萨多拉后来所说,"也大获成功"。

不过,在回来的路上,还是发生了意外。伊萨多拉在维捷布斯克度过了清闲的几天,后来才想起已经在列宁格勒安排的演出。等汽车上路之后,伊萨多拉并没考虑车龄和车况,多次敦促司机快开。公路并不平坦,好在车辆不多。伊萨多拉恨不能马上回到列宁格勒。那位司机生怕众人嗔怪他的汽车,于是越开越快,发动机也越开越热。在全速行驶几十公里之后,汽车裂成两半。车前部和司机一连翻了好几个筋斗。车后部和乘客被甩到沟渠里,人被压在行李下面,吓得半死。

伊萨多拉返回列宁格勒后聊起这次事故:

起初我的脑袋被震得一片空白,唯一的想法是,这次必然死了!此前我总有预感,必然死在车祸上。我躺在那里,四周一片死寂。后来我感到身边有东西在移动,这才发现我还没死。

没人受伤,连司机也没伤着。他好像翻了几圈。最后我好不容易才把压在身上的行李推开,从沟里爬了出来。我当时考虑的还不是受伤没有,而是下一步该怎么办。我们周围都是没有人烟的大地,离任何地方或火车站都要走不知多少公里。我气呼呼地转向司机,以为是他喝酒造成的事故。但这个可怜的家伙相当清醒——可能是被吓醒的——也不能怨他。他身上划得青一块紫一块的,坐在路边哭得像个孩子,心疼自己的玩具汽车。他一次次抽泣说:"我的40卢布呀!哦,我的40卢布!"

一时间我们无助地站在原地,众人面面相觑,不知如何是好。最后我一手提起从沟里拾起来的箱子,一手拉上不知所措的钢琴师,顺着公路走下去,找人帮忙。我们身后的司机还坐在原地,为那堆破烂伤心不已。我们走了几英里,遇到一个赶着破车的农夫。他正朝我们

普斯科夫(Pskov),俄罗斯西北部的一个古城,位于圣彼得堡西南约250公里处。

过来。我们朝他招手。等他来到面前时，我们把发生的事故对他说了一遍。我们请他拉上我们和司机，还有行李，把我们送到距离最近的普斯科夫火车站。我在站上发出一封电报，因为半夜之前没有火车。那个好客的农夫是真正的俄罗斯人。他请我们去他的小木屋。我们围坐在他的茶壶旁，等到驶往列宁格勒的列车进站……

列宁格勒的演出自然取消了。门票钱退还给赶来的观众。此前他们坐在剧场里左等右等，眼前的大幕就是拉不起来。

数日之后，浑身青肿的伊萨多拉离开列宁格勒，她的伤情比来之前变得更糟。她临走时为欧洲大酒店留下一张不可撤回的支票，以此来表示她在酒店得到的款待。这张支票在她朋友们的眼里，几乎抵得上一个小国的战争赔款。

第 31 章

伊萨多拉再次回到莫斯科,时间已经进入 6 月。学校的孩子们正准备放暑假。她在列宁格勒没有成功,希望能找到什么办法来充实学校的财政,同时改变自己拮据的钱袋。她想到此前在乌克兰收入不菲的巡回演出,于是她决定选出十几个最有才华的学生,先到基辅演出,然后再到上次没去过的乌克兰小镇巡演。

这次巡演的第一场安排在基辅大剧院。伊萨多拉用德语发表讲话,然后找人翻译,与此同时,孩子们用各种动作来诠释她的讲话。演出的最后一部分是艾尔玛和孩子们共同完成的,她扮演领舞的角色。把讲话和舞蹈结合在一起,对此基辅那些爱上剧院的人并不大感兴趣。他们已经看过伊萨多拉跳的独舞,她的动作不仅美丽,还充满了青春的活力,她的学生合在一起也跳不过她一个人。其他几场演出是在户外进行的。管弦乐队的演员悉数出场。伊萨多拉独自完成第一部分——大多是她的瓦格纳曲目——艾尔玛和学生出演第二场,她们选的是勃拉姆斯和舒伯特的华尔兹。在基辅演过两周之后,她们发现学校的收入并未发生好转,赚来的钱大部分要支付管弦乐队和酒店的账单。

基辅大剧院（Grand Theatre of Kiev），现为国立乌克兰歌剧院，建于 1867 年，是乌克兰第三个剧场，仅次于国立敖德萨戏剧和芭蕾舞学院剧场和利沃夫歌剧芭蕾舞剧院。1896 年，歌剧院遭大火烧毁，此后得到了重建。现在的建筑修建于 1901 年，为新文艺复兴式建筑，是基辅的地标建筑之一。1911 年 9 月 14 日，时任俄国总理大臣斯托雷平与沙皇尼古拉二世和沙皇的两个女儿在此欣赏尼古拉·安德烈耶维奇·里姆斯基－科萨科夫的歌剧《萨坦王的故事》时，遭遇枪手德米特里·博格罗夫连续枪击两次，四日后斯托雷平逝世，枪手亦于 24 日被处以绞刑。上图为 20 世纪的基辅大剧院，下图为今天的基辅大剧院。

伊萨多拉从国家政治保卫局[1]借来车票钱，让艾尔玛把孩子们送回莫斯科，然后与经纪人季诺维也夫继续安排她独自巡演，希望能从演出中赚些钱。他们计划带上一名音乐会钢琴师，赶往伏尔加地区、土耳其斯坦、乌拉尔地区，或许还可能前往西伯利亚和中国。从设计上看，如此安排是再好不过的。因为他们不必请管弦乐队，也不必支付15个孩子的食宿，如此安排，可以节省开支。他们要去演出的地方，之前都没去过，伊萨多拉的大名必然先已传到那里，赚钱应该不成问题，无论是私人钱袋，还是学校财政都将发生变化。

与艾尔玛一同返回莫斯科的孩子们，找不到度暑假的乡村，所以城里的孩子还要继续演练。她们以麻雀山上的大体育馆为场地，此处是伊萨多拉的朋友波德沃伊斯基同志协助修建的。同学们身穿红色的短上衣，练习邓肯编排的舞蹈或其他简单的动作。她们在阳光下嬉戏，合唱革命歌曲，经过一个暑假的锤炼，从城里大街上那种白黄色的少女，变成了黑黝黝的、健康的小姑娘。

与此同时，伊萨多拉继续与钢琴师马克·米奇克[2]和经纪人季诺维也夫四处巡演。三人从不幸到陷入灾难。至于这次不幸之旅，我们最好还是听听舞蹈家自己的讲述，以下是她写给艾尔玛的信，此时后者身在莫斯科：

---

[1] 国家政治保卫局（G.P.U.），苏俄在1922—1934年间的秘密警察机构，第一位主任即契卡原主席捷尔任斯基。
[2] 马克·米奇克，即 Mark Metchick。

萨马拉[①]

1924年6月20日

亲爱的艾尔玛：

土星在哪里？下面有更大的灾难。我们没办法从一个城市赶到另一个城市。帷幕还没送到。在灰色的布景和白光下，我完成了三场可怕的演出。我们连一戈比的钱也没有。我们要离开这个伏尔加，我更希望从遥远的地方回望她。没有大众——没有理解。船上挤满了叫喊的孩子和闲聊的女人。每个客舱三个人，二等舱。凡是角落都被抢走。我在甲板

奥伦堡（Orenburg），俄罗斯奥伦堡州首府，位于乌拉尔河畔。

[①] 萨马拉（Samara），是俄罗斯萨马拉州首府、伏尔加河上的港口。萨马拉建于1586年，1935年为纪念苏联领导人瓦列里安·古比雪夫，改名为"古比雪夫"，1991年改回原名。1941年至1943年间是苏联的战时陪都。

上守了一夜，欣赏月光下的美，相当清闲。至于其他方面——噩梦！！

我们今夜赶往奥伦堡。帷幕还没有消息。已经发报询问。然后前往塔斯干。把书籍和报纸邮过来。把消息写信告诉我。神圣的波德沃伊斯基同志还好吗？

此次巡演如同受难。炎热无比，几乎死了。把我的爱送给哈马尔①大夫和他的太太。诸事有无进展？更多的爱送给你和孩子们。

你白白殉难中的
可怜的伊萨多拉

地狱般的生活，没办法。

撒马尔罕（Samarkand），中亚地区的历史名城，也是伊斯兰学术中心，现在是乌兹别克斯坦的旧都兼第二大城市、撒马尔罕州的首府。

---

① 哈马尔，即 Hammar。

塔什干（Tashkent），乌兹别克斯坦首都，是全国的政治、经济、文化和科研中心，也是塔什干州的首府。上图为20世纪20年代的塔什干，下图为今天的塔什干。

奥伦堡

1924 年 6 月 24 日

最亲爱的艾尔玛：

我们给你发去几封信和三封电报，但没得到回复。才收到消息说，帷幕今天抵达喀山！！！太晚了，在塔什干用不上！！！我们明早6点出发。目的并不明确，但还要继续希望。口袋里有50个钱币。请往塔什干给我发电报或写信。仿佛与世隔绝，那些城镇太小了，几近废墟，上帝也不光顾。我几乎奄奄一息了。在白光下跳舞，没有布景。观众什么也看不明白。

今天我来到儿童营地，给她们上了一堂舞蹈课。她们的生活和热情让人感动——都是孤儿。

季诺维也夫真是天使，不管遇到多大的困难也不发脾气，一脸微笑，哪怕口袋里一文不名。在剧场找不到女人，也没人过来帮忙。不说了，我爱你。有消息一定要拍电报。

把我全部的良好希望和关爱送给孩子们。

伊萨多拉

撒马尔罕

6 月末

最亲爱的艾尔玛：

我们从一个灾难跌入另一个灾难。我们抵达塔什干，身无分文。发现剧院到处都是戈尔泽，酒店里也是戈尔泽，全城都被占了。我们被迫来到一个糟糕的宾馆，他们向我们要"订金"，没有，他们连茶壶也不给我们。我们在城里走来走去，从早到晚连杯茶水也没喝上。晚上我们到一个拥挤的场地观看戈尔泽跳舞。又饿了一天，亲爱的季诺维也夫把他的手提箱和两件衣服当了出去，所以我们才能来到此地。你猜他把东西当给谁了？卡洛夫斯基呗，他现在是戈尔泽的正式丈夫了。

我们来到这里，还是身无分文。行李送错地方，送到另一个火车站了。还好，这里没有戈尔泽。希望更大了。我礼拜四在此地演出，不过，此地虽然美丽，也还是个大村庄。结果究竟如何，还难预料。能不能离开此地，也未可知！！！

我要散架子了。钢琴师垂头丧气。即使亲爱的季诺维也夫也没了笑容。

此地乡间堪称神圣，水果和树木如同花园。天气炎热，但可爱。不过，身上没钱四处行走，那种感觉太可怕了。相比之下，基辅确实繁荣。送来支票的同志救了我们一命，他把自己的房间借给我们，还让我们在他的汽车上睡觉。所以一定要好好待他。

在7月15日之前，电报发来的消息和邮件都送到塔什干。存转。

此地物产丰富，但口袋里没钱。大地堪称天堂——对当地人来说是如此。白种人不知道在这里如何生活。

我们希望好运到来。到目前为止，这次巡演是场悲剧。我们为什么13号礼拜五要离开？

可能的话，请发来消息和报纸。我不知道接下来还能发生什么。反正我瘦下来了。想想我们在基辅吃的盛宴！！！

把更多的爱送给你。形势确实糟透了。亚申卡（Yashenka）还在塔什干吗？要是他还在的话，用电报把他的地址发给我。我们找不到他。要是有钱转过来的话，用电报发给我。从此地到莫斯科要走5天。我们几个人的费用是40元，加上行李50元。我们可能永远从这里出不去了。接信后请电报回复。为孩子们和所有的朋友送上爱。

伊萨多拉

塔什干

1924 年 7 月 10 日

最亲爱的艾尔玛：

感谢你写来那么漂亮的信。我能理解你的感受。炎热的太阳和众多参赛者，还不如把《第九交响曲》在充满知识的金光下跳上一场，这才是我憧憬的。不过，你很可能是在撼动未来的基石。不管怎样，哪怕仅仅是为孩子们脱去那些可怕的衣服，然后送给她们新世界的红外衣，其本身就是伟大的工作。继续做吧。政府迟早能发现，新舞是对劳动人民的同情，那么，政府必然帮助学校。至于波德沃伊斯基对舞蹈的建议——我们的舞蹈将把他的建议一扫而光，一如扫光路上所有的障碍。

这次巡演是连续的灾难。我们又从撒马尔罕赶到这里，身上还是没钱。还是没有宾馆。我们在街上走了两天，饿得很。奇诺和米奇克睡在剧场里。我在旁边的小房子里过了一夜，没有水，也没有洗漱设施。我们在一家可怕的宾馆里找到房间，破旧的宾馆到处都是虫子。我们已疲惫不堪，好像要病倒了。

昨天奇诺按百分比为学生安排了一个晚上，她们先预支十卢布，我们来到一家饭店，三天来才吃上第一顿饭。剧场已经被人预订。第一场演出被迫安排在下礼拜三。怎样才能过到下周三，我们也不知道。我唯一的希望是赚到火车票钱。

乡间是奇妙的地方。我从来没看到过这么多的鲜花和水果。在萨马尔罕，我们遇到一座古老的寺庙，其中有中国的、波斯的和阿拉伯的文化。五颜六色的马赛克。我还走访了帖木儿墓地和古老的萨迪斯城。要是手里有钱该多好，这边有色彩鲜艳的围巾和丝绸，可惜！

因为此前的困难和担忧，我们都病了。可怜的米奇克，看上去要死了。我们是早上赶到的，在公园的椅子上坐了一天，一口饭也没吃

帖木儿墓地

上。那是一种可怕的感觉。但这是个原始的、不开化的地方,难免发生意外。要来这种地方,非得有圣杯骑士和众多勇士在身边不可。太像埃及了。即使在阴凉下,气温也能达到40摄氏度。苍蝇、虫子、蚊子到处乱飞,我们苦不堪言。

那些小照片太有趣了。如可能的话,把你和孩子们的照片多邮来几张。

勇气。路是漫长的,但光就在前面。我的艺术是时代之花,但那个时代死了,欧洲已经成为过去。这些红衣少女才是未来,所以为她们劳动是值得的。耕地、播种、为下一代做准备,因为她们才能表达新的世界。不然还有什么可做的?把我的爱转给I、神圣的波德沃伊斯基及其他所有朋友……

我的爱送给孩子们。我所有的爱都送给你。你是我唯一的信徒,我在你身上看到了未来。就在此地——我们要跳《第九交响曲》。

> 爱你的
>
> 伊萨多拉

> 塔什干
>
> 1924年7月19日，礼拜一

亲爱的艾尔玛：

50摄氏度的热浪，在破房子里，一半的时间没饭吃。这家旅店的名字是特兹卡，应该改成虫之家。我以为最后的时刻即将来临。米奇克与现在的他相比，当初还是个浪荡公子。他步行十公里赶到邮件中转站，接收他妻子发来的求助电报，她已经没饭吃了。你能不能送给可怜的人一些面包？季诺维也夫也收到了不少饥饿的电报，此刻已经陷入可怕的绝望。我夜里到处抓虫子，听狗叫。倒是有趣。

礼拜三是第一场演出——但门票还在手里。季诺维也夫说，那是因为我头上可怕的帽子。但我以为当地人不出来是天气太热。我们怎么回去，我也不知道。到叶卡捷琳堡的火车，二等车厢和行李，要50卢布！

今天接到你发来的电报，才发现亚申科竟然在莫斯科！看在上帝的分上，找到他，让他用电报给我们汇来回去的钱。我们来此地，因为奇诺身边有个白痴的先遣员。他给我们发报说这里前景"一片光明"。他一定是芭蕾舞团雇来的，目的是让我们破产。如果你有什么灵感可以救我们，马上实施，因为最后时刻到了。

请找到所有相关文件，司法送达员的文件等，然后送给雷蒙德。一想到文件我夜里没法入睡。但这批文件并没在我手上。

我说过不少不合适的玩笑，但那是爱尔兰人的性格。

好了,再见了。

这可能是我最后的一口气。

把我全部的爱送给每个人。

可怜的伊萨多拉

叶卡捷林堡
1924年7月28日

亲爱的艾尔玛:

在火车上度过五个夜晚,中途两次换车,在村子里等了一天,也没有旅店。我们抵达时几乎要死了。最后一天一宿是三等车厢,因为我们没钱。最后一刻,我们从政府借了钱才登上火车。我们没等到 I 说的来自巴黎的钱。

这次巡演遇到一个个灾难。因为我为共产主义者和劳动人民跳舞,话是这么说,但他们没钱买门票。他们不是新兴的资产阶级。他们也确实不喜欢我。等我们有了几个小钱,米奇克又找借口全部要走,说得不到钱就不演了。钱到手之后,他光坐在那里,眼看我们吃不上饭。他是好"同志",应该遣送西伯利亚。

我没有书报。我先前希望你给我邮过来。你为什么不把消息告诉我们呢?我们从报上得知,现在苏联政府要全力帮助我们的学校,是真的吗?

好了,我们希望西伯利亚变得更好。伏尔加和土耳其斯坦,还是不去的好。

把爱送给大家。匆匆。

伊萨多拉

我写的信你都收到了吗?这是第五封或第六封。才收到你的来信。明天回复。

叶卡捷林堡

1924 年 8 月 4 日

最亲爱的艾尔玛:

　　我收到你来信的那一刻,我给你发出 40 个字的电报,以此来表达我希望马上签字的心情。从此地出去,到任何地方也在所不惜!我仍然急切地等待回复。在看到这座城之前,你想象不到什么是活生生的噩梦。或许,在地下室里把一家人杀死,可能为此地投下埃德加·艾伦·坡的阴影。或者,也许此地就是如此。忧郁的教堂大钟每小时敲

叶卡捷林堡(Ekaterinburg),俄罗斯乌拉尔联邦区中心城市、斯维尔德洛夫斯克州首府,在俄罗斯各大城市中仅次于莫斯科、圣彼得堡和新西伯利亚。

响一次，那钟声敲得你心里害怕。你走在大街上，有人对你又喊又叫，用手枪指你。这边的人似乎毫无幽默感可言。

共产党的负责人说，米奇克怎么把琴弹得这么糟，还赶不上李斯特或瓦格纳！又一位负责人说，我理解不了《国际歌》！

我们的两场演出都没成功。如同以往，我们陷在此地，不知下一站在哪里。这里也没有饭店，仅有"公共食堂"，也没有女理发师。那个称谓唯一的继承人对我说，连个妓女也没有，都被枪毙了。她一边说一边用颤抖的手指为我梳理头发。

我们看到了那栋房子和地下室，他们把里面的一家人都杀了。精神错乱的气氛到处弥漫。你想象不到还有什么比这更可怕的。

米奇克一小时服用一盒安眠药，此刻永远睡过去了。季诺维也夫从一个部门跑到另一个部门，希望能收到预付款，最后得知他们不喜欢我，也不同意我的主张。事实上，与我见过的其他地方相比，此地更像地狱。

你在信上写得太好了，我生怕不是真的。给我们发点预付款过来，我马上到莫斯科，然后签字、签字、签字。我手上一分钱也没有了。我们不知道下一站往哪里去。

爱你的

伊萨多拉

维亚特卡

1924年8月12日

最亲爱的艾尔玛：

我们在可怕的叶卡捷琳堡度过12天。齐诺从第一场演出取出40卢布，交给一个男人，请他去安排西伯利亚的演出。他带走40卢布，发回电报说西伯利亚是一片废墟，没有季节，没有大众，等等。后来他回来了，身上却一个钱也没了！那40卢布哪去了？他说送给妻子了，因为她要用钱。我为他人的妻子白演了一场。太好了！

那10个卢布，我们用其中的8个付了旅店，另外2个卢布把我们送到了彼尔姆。我们在彼尔姆没花钱。我们来到此地，又是身无分文。这是一个小村落。客栈太可怕了。虫子、耗子，什么都有。相比之下，萨沃里的第一个夜晚，如同睡在天堂里。这里太可怕了。一个月以来，我手上没有香水，没有香皂，没有牙膏。床是木板做的，要睡好几个人。镜子上都是污迹和手枪打出的洞。倒是有趣儿。因为没有洗发露，我的头发白了不少。我感到自己要过时了。

我们反复发电报，希望得到合同的消息，但并没有得到回复。先前提到的红色帷布，因为装箱时弄湿了，如今已发霉变灰，裂成几片，不堪使用。

爱孩子们和爱你的
奄奄一息的伊萨多拉

第 32 章

8月中旬,伊萨多拉返回莫斯科,即将签订前往德国巡演的合同。此前在她外出巡演期间,艾尔玛和她的朋友已经为伊萨多拉准备好赴德演出的合同。学校的孩子暑假期间在体育馆练了一夏天。她们得到

莫斯科邓肯舞蹈学校学生们的演出,美国摄影家爱德华·施泰兴摄

通知，知道伊萨多拉就要回来，于是全部聚集到她的宅邸外。伊萨多拉从火车站驱车回来后，被人送上大客厅的阳台，她朝下一看，外面站了500多名清一色红上衣的学生。孩子们朝她欢呼，她朝她们挥舞手里的红纱巾。乐队奏起《国际歌》，孩子们全部以舞蹈动作从阳台下走过，后面的学生高高擎起前面学生的手臂。

伊萨多拉看到眼前的场景热泪盈眶。她对身边的人说："500多学生在户外又唱又跳，动作自由高雅，为了她们，我经受的全部艰辛又算得了什么？"

之后孩子们列队返回麻雀山，继续演练。伊萨多拉也闲不下来，她亲临现场。孩子们再次为她列队行进，边走边跳，此后，在8月剩下的日子里，她每天都要赶到体育场，亲自指导那些幸福的孩子。她们取得的进步，也让她大为惊喜。一天晚上她返回住所，坐下来写文章。她希望英国或美国的报纸能发表出来。

红色体育场内的舞蹈

在最艰苦的环境下，我们学校的学生生活、学习三年了。她们高高兴兴地面对艰难困苦。她们在物质上一无所有，但她们在集会时发现自己是富有的。她们太富有了，所以她们认为，应该把财富送予他人。

她们决定要为100名劳动者的子弟召开一次大会，把艺术传送给她们。此前，这种艺术已经使她们自己获得了新生和美。大会安排在红色体育馆的场地上，站在她们前面的正是波德沃伊斯基同志。在他的帮助下，各个班级已经组建起来。在今年夏季的后三个月里，我们40名学生的小班同学，以勇敢的姿态，把舞蹈艺术传授给上百名儿童。

那些孩子才来时面色苍白，浑身乏力。她们开始时几乎走不起来,跳不起来,连胳膊也抬不起来。在空气、阳光、音乐和快乐氛围的影响下,在少先队员的教育下,她们已经发生了变化。

她们的服装是简单的红外衣,长及双膝,没有衣袖。有时她们模仿田地里被大风吹动的红色花朵。有时你能看到她们朝前面奔跑过来,如一队年轻的勇士和古希腊的女战士,准备为新世界的理想投入战斗。但最值得一提的还是,这些孩子们自己的热情和幸福。她们多么渴望把自己的心灵投入到这种美丽的运动当中。她们跳舞时又唱起歌曲,仿佛她们从上到下都在快乐的青春节奏里升华起来。

运动是一种语言,每个动作都像词汇,具有强大的表现力。我没法用语言对这些孩子解释每个动作,但是我可以通过动作的语言对她们说话。她们通过动作来回应我,告诉我她们明白了。

"孩子们,把手放在这里,照我做的,放在胸前,感觉你们内在的生命吧。这种动作象征的是人类。"孩子们齐声回应:"人。""现在把手臂慢慢抬起,伸向天空。这个动作象征的是宇宙。"孩子们齐声回应:"宇宙。""现在把手慢慢放下,指向大地。"孩子们齐声回应:"大地。""现在怀着爱把手臂伸向我。这个动作是同志。"她们齐声说:"同志。"

在她写给巴黎的朋友道吉的一封信里,她也提到体育馆内的孩子们。

莫斯科
1924 年 9 月 2 日

亲爱的道吉:

太感谢你的来信了。没人给我写信,我也很少写信,因为我从来也没钱买邮票!

我在庞贝大街103号的房客，从来也不付租金。在这边赚一分钱几乎不可能。

我才从三个月的巡演返回莫斯科，行程从萨马尔罕、土耳其斯坦到叶卡捷林堡。剧场里坐满了人，但大家都想白看，说我是共产主义者，我应该为所有的同志跳舞——我高兴照办。但结果是，我们几乎被困在每个去过的城镇，连赶往下一站的车费也没有。

我们有40名学生。她们跳得相当漂亮，但她们几乎都吃不饱饭。然而，她们有伟大的精神。她们吃定额，吃黑面包。但是她们一跳起舞来，就说自己吃到了神赐的食物。

今年夏天，她们来到体育馆，教托洛茨基照顾的500名儿童在户外跳舞——她们全部身穿红色上衣，扎红色围巾，一边跳一边高唱《国际歌》，那是一副动人的景象。

谁都可以指手画脚，想说什么都可以，但新世界的理想已经在这里诞生，没有什么能扼杀她，尽管还有灾难和磨难。

如果我与欧洲签订的演出合同实施的话，我不久就能看到你。9月末我将抵达柏林。

请为我转达对所有朋友的爱。我在此也向你转达来自你的朋友和同志的爱。

伊萨多拉

我有一年没看到情绪波动的叶赛宁了，为此你一定感到高兴。

伊萨多拉来运动场时发现，孩子们如同比她们年长的战士，在列队走过操场时，总要高声齐唱革命歌曲。她的脑海里出现一个想法：可以根据歌曲编排舞蹈，然后教孩子跳，如她们现在跳的《国际歌》，把她们用动作表达的歌词大意大声唱出来。

一天下午,伊萨多拉来了灵感,当即按照士兵和孩子们每天唱的革命歌曲,一连创作七支舞蹈。

(1)《勇敢的同志们齐步走》
(2)《一,二,三,我们是先锋》
(3)《年轻的卫兵》
(4)《铁匠》(或称为铸就自由的钥匙)
(5)《杜比努什卡》(写劳动的歌曲)
(6)《华沙曲》(纪念1905年)
(7)《少先队员》

莫斯科邓肯舞蹈学校学生们的演出,美国摄影家爱德华·施泰兴摄

邓肯

以上七支舞蹈，连同为怀念列宁编排的那两支葬礼舞蹈，被莫斯科邓肯舞蹈学校的姑娘们反复搬上舞台。她们在俄罗斯各地演出，也把舞蹈送到那里。她们到过西伯利亚和中国的大城市。舞蹈对观众产生的作用是神奇的。舞蹈不仅具有革命意义，还充满了真正的、具有张力的美。《铁匠》《杜比努什卡》和《华沙曲》已经成为经典之作，与她为舒伯特和勃拉姆斯的华尔兹创作的舞蹈相比，毫不逊色，即使与她为格鲁克的《俄耳甫斯》和《伊菲琴尼亚》编排的各种合唱舞蹈相比，也毫不逊色。

遗憾的是，伊萨多拉的家人和朋友1928年在巴黎举行追思节，没人提到她在莫斯科创办了学校。上文提到的几支经典舞蹈，明明是伊萨多拉生命中最后的作品，是可以为她巴黎的崇拜者演出的，却没有得到应有的对待，仿佛从来没发生过。

第33章

　　1924年9月初,此时伊萨多拉一边与德国的经纪人派出的代表讨论巡演细节,一边安排一系列告别演出。演出将安排在莫斯科室内剧院,剧院自己的演出公司正在德国和法国巡演。她希望推出几个新节目,其中重要的如斯克里亚宾、李斯特的音乐,伴奏者是斯克里亚宾著名的弟子马克·米奇克;一支肖邦的曲子;及晚上的革命舞蹈。

　　伊萨多拉为后一个节目安排了一系列舞蹈,其灵感来自世界各国人民为争取自由所作的斗争。节目一开始,她亲自跳一支爱尔兰歌曲《绿衣在身》①,艾尔玛在后台伴唱,伴舞的是学校的小姑娘们,她们的舞蹈以高扬的姿态跳出了爱尔兰的吉格舞和里尔舞。之后的插曲是法国大革命,伊萨多拉以扣人心弦的动作跳出《马赛曲》,有人在后台演唱,演唱者来自莫斯科歌剧院。然后伊萨多拉与姑娘们一同跳法兰西

---

① 《绿衣在身》(Wearing of the Green),爱尔兰民谣,纪念1798年爆发反抗英国殖民者的爱尔兰起义。因组织不力与英国的残酷镇压,起义最终失败,有1万至3万人在起义中丧生。联合爱尔兰人协会(Society of United Irishmen)是组织这次起义的主力军,协会成员一般穿戴绿色的衣服、绶带和帽徽。

斯克里亚宾墓地，莫斯科新圣女公墓

歌曲《卡马尼奥拉》[1]，接下来是激动人心的《拉科齐进行曲》[2]，这是一支歌颂匈牙利人民起义的曲子。

　　节目的第二部分全是伊萨多拉创作的俄罗斯革命舞蹈。小姑娘们一边唱一边跳，这是她们第一次为观众送上自己的演出，自然引起了连续不断的喝彩声。最后，伊萨多拉的弟子们在他们教了整个夏天的500名儿童的陪伴下，边跳边唱《国际歌》，然后走下台去，从观众中间走过，此时全场观众也一起唱了起来，歌声在剧院里回荡，这种唱法也只有俄罗斯人才知道。

---

① 《卡马尼奥拉》（*La Carmagnole*），诞生于1792年的法国革命歌曲。
② 《拉科齐进行曲》（*Rakowsky March*），有时也被称为匈牙利进行曲，是《赞美歌》之前匈牙利的非官方国歌。

次日晚上安排伊萨多拉的独舞，曲子选自斯克里亚宾和李斯特的音乐，钢琴伴奏是米奇克。伊萨多拉为此写下不少笔记，学校秘书据此还做了讲解。

我们在下文引用部分笔记。其中多少能说明伊萨多拉对音乐的看法，凡是对此感兴趣的读者不妨一读：

李斯特－斯克里亚宾节目演出前的讲话笔记

1924年9月21日，莫斯科室内剧院。

艺术的两个来源：阿波罗和狄俄尼索斯。

自从巴赫以来，音乐即受到阿波罗的影响。

李斯特的音乐是阿波罗风格的。他的音乐总是在寻找从外部进入人们心灵的美。对人类来说，这种美不如狄俄尼索斯激发的美那么热烈。

斯克里亚宾是狄俄尼索斯一派的。

在他的音乐里，你马上就能发现其创造力来自内部。

李斯特的《葬礼》写一个人向往幸福，但每次都落下来，摔到地上。

《阿西西的圣方济各传奇》。这个人的灵魂是美好的，他在世间万物里发现了友情。

在贝多芬的《安魂曲》和瓦格纳的《帕西法尔》里，人类在命运面前表现出无奈和谦卑。

斯克里亚宾开启了一个新的纪元，人类开始挑战命运。

斯克里亚宾的《第四奏鸣曲》第一乐章。人类躺在大地的中心，被大地束缚。

第二乐章。人跳起舞来，表达人世的欢乐，但是他的目光投向宇宙。

第三乐章。人类发现对宇宙的理解之后，得到了至高无上的喜悦。

斯克里亚宾是革命的先驱之一，他也是革命的预言家——用的是音乐，而非语言。

斯克里亚宾是新旧世界之间的桥梁。他自己并没积极参与建设和征服新世界，但他打破了那堵横在两个世界之间的大墙。

如同斯克里亚宾，我也要努力再次打破那堵墙。

我相信我的学校能创造出一种崭新的艺术，或者指明通向那里的道路。唯有新的一代才能表达新的世界，发现新的天才和新的想法。

凡此种种，我是教不了的。你们要靠自己才是。因为凡是存在的都属于旧世界。我自己也来自旧世界，所以才拥抱于此诞生的新世界。

第三天晚上上演的都是肖邦的音乐，那也是伊萨多拉在法国和美国经常跳的。第四天晚上，在孩子们演绎舒伯特、格鲁克和施特劳斯的曲子之前，伊萨多拉对观众发表了长篇演讲，下面是根据速记整理的演讲译文：

很遗憾我不能说俄语。我是美国人，用英语和你们说话确实对我更容易。不过我要用德语讲。因为我相信大多数在场的观众都能听懂德语，还因为施尼德先生能把德语翻译成俄语，让大家知道对我的艺术、我的生活和我的学校，我都说了什么。如果我好像太自我专注的话，请你们一定要原谅我，因为下面我要讲我自己，但我的生活又与我的艺术息息相关。我的生活和艺术几乎融合在一起，所以我不得不挂在嘴边上。

我出生在美国的旧金山。我出生那天城里发生了一场革命。当然这场革命是"金色的"。那也是旧金山"金色的"日子，所有的银行都破产了。愤怒的人群涌上街头。在灾难发生的那天，我妈妈恨不能把我马上生下来。她日后对我说，她相信期待中的孩子将来一定不同一般。我父亲也在关注这次银行灾难。我们家四周都是大喊大叫的人。我母亲以为，所有的恐惧或激动一定会在孩子身上造成影响。所以她相信我将来必定不同一般。

暴风雨般的日子过去以后，命运在我母亲手上留下四个孩子。她受过教育，虽然如此，但她也只能通过教音乐为自己和她的孩子赚到一口面包。她的收入当然很少，没法养活自己的孩子。自从我童年记事起，我的眼前就是一栋空房子。我妈妈教音乐，我们这些孩子坐在一边，吃不上饱饭。一到冬天，冻得不得了。虽然我们的母亲不能给我们物质食物，但她给了我们足够的精神食粮。她为我们演奏舒伯特和贝多芬，或者读莎士比亚、雪莱、勃朗宁，于是我们忘记了饥饿和寒冷。

我小时候没有玩具或孩子那种乐趣。我经常独自跑进林子，或来到海边的沙滩上。我在那里跳舞。我当时感到我的鞋子和衣服妨碍我。我脚上的鞋仿佛是锁链。我的衣服仿佛是牢房。于是我把它们都脱掉。四周也没人看我，我在海边跳舞，身上几乎没穿衣服。在我眼里，仿佛大海和周围的树也在陪我一起跳……

因为母亲太穷了，我们连大多数的生活必需品也没钱买。我们的邻居发现我能跳舞，就建议母亲让我跳舞赚钱。于是，为了生活，当年四岁的我被迫为人跳舞。这也是我不喜欢让孩子为了赚钱而跳舞的原因，因为我亲身经历过为一片面包跳舞的滋味。没有吃的，也没有钱支付水电账单。

为了支持我们的学校，我们被迫演出。但我请求你们，当你们看到孩子时，不要把她们当成身后有背景的小演员。我希望你们把她们身后的背景看成大自然。她们可以在草坪上、在树林间自由自在地起舞。你们现在看到的不过是部分孩子。因为办学场所没有足够大的排练厅。校内的房间装不下二十几个人。但那是不够的。我希望把数千名幸福、健康的孩子交给未来。

（伊萨多拉讲到这里，学校的孩子们跳起了舒伯特的《安魂进行曲》。）

她们是多么高雅、多么漂亮的孩子呀，不是吗？但我希望俄罗斯所有儿童都能像她们。在读书和学习之外，我想对所有的孩子们说，过来吧，孩子们。我们一起跳舞吧。我希望俄罗斯所有的儿童都能这么自然，这么快乐，这么美丽。以上种种都应该属于他们。

你们读过卢梭的《爱弥儿》吗？他说孩子们每天度过的都是紧张、美丽的生活，他还说，我们一定要让孩子承担起利用这种生活的责任。我不"教"孩子，我也没有特殊的体系或方法。我不对孩子说："这么抬手，或这么投足。"你们都亲眼看到了，孩子们以自然的方式跳舞。你们看到，她们的动作不是教出来的。那些动作如同树木，是自然长出来的。如同鲜花，要自然开放。

儿童没法理解语言教学。对孩子来说，语言还不够生动。小孩通过动作来学习。十岁到十二岁的孩子，更多的是通过灵魂来学习。但是现在已经没人相信灵魂了。所以我说他们是通过精神来学习的，通过直觉。我注意到年龄最小的孩子能理解贝多芬和舒伯特，但是通过语言永远也理解不了，所以只有通过动作才能理解。孩子如同小树，要自然而然地成长起来，生长出他们的情感。孩子的生活与时俱进，不停地变化。凡是想要教育孩子的人，应该选择适应孩子，因为孩子如同树木，从来都不是一成不变的，他们在不停地成长。教育者每天都应该为孩子提供新东西。

今天都看到了，每个孩子用不同的舞姿跳同一支舞。我们应该以不同的方式接近每一个孩子，因为每一个孩子都是独一无二的。

我讨厌肌肉、胳膊、双腿。我从来也不对孩子说，抬起胳膊，这么做。我不喜欢身体文化，不喜欢体育。我不喜欢达克罗士体系。我发现那都是罪恶。那是对儿童本性犯下的罪过。孩子需要不同的东西。孩子需要自然，没有外部的压力和影响。没必要把孩子的天性束缚在规范当中。孩子应该像植物，朝着光线成长，朝着阳光成长。

我们的大脑里有知识、思想；我们的胸膛里有发动机，可以为我们最奇妙的情感提供动力。我对孩子说，把手放在胸口上，然后高高举起，指向星宿，指向行星。用双臂拥抱全世界。把双臂伸向宇宙。你不过是个孩子，但你站在大地上。宇宙中有你的立足之地。

一些共产党人对我说，"星星"是神秘的。但我教育孩子往星星上看，往星星周围看，发现整个宇宙……这是神秘主义吗？不是，我没有神秘主义。我对孩子说，看看我们的世界，整个宇宙都在和你一起跳舞，和人类一起跳舞。人与其他动物都不同，人能抬起头来，但他的双脚还在大地上。

孩子们马上就要走到你们的眼前，跳出简单的动作。你们一定要想象，此时是夜晚，她们正在眺望星星。我对孩子们说，当你跑进林子、跑进花园时，一定要放松下来，自由自在，与自然和谐起来。去找乐子吧，跳起来，玩起来，笑起来，喊起来。但我又不同意你们一些教育家的看法，让孩子放任自流，大喊大叫，互相打斗，好像是印第安人。不是的，孩子们必须学会自我约束，学会以和谐的方式表达他们的情感。以这种方式成长起来的孩子，要比放任自流的孩子更强大，因为后者胡乱生长，不知道如何自我管理。让孩子通过动态的舞蹈成长起来，这么说并不容易。要强迫孩子们在音乐上停顿下来，如她们在跳舒伯特的进行曲时所做的，那就更不容易。我后来注意到，孩子们通过停顿能得到更大的力量，比从动态舞蹈上得到的力量还大。

我很想知道你们对我的教育体系是怎么看的。(热烈的掌声)如果观众里的每一位母亲都说,我也希望自己的孩子这么跳舞,那就是对我这所学校最大的好评。我来俄罗斯想创立一所大规模的学校,宏伟的学校。我在欧洲听到了布尔什维克——这几个字的意思是"大的",我想,布尔什维克点燃了我。我想在这里可以创办一所招收千人的学校。我需要的不过是一个足够大的场地。现在三年过去了,我的等待是徒劳的。

当初我来俄罗斯,并没打算公演。三年来,我请那些当权者给我一个冬天能取暖的地方,一个夏天足够大的场地。我可以向一千名学生传授我的艺术。台上的那些你们才羡慕过的儿童,她们大多数都是工农子弟。她们不美丽吗?难道还没有证明她们可以拥有文化,拥有智慧吗?

我渴望把最大的快乐和最大的美送给劳动者的孩子。把她们教育好之后。百万富翁的孩子就会嫉妒她们。你们当然听说过科妮莉娅[①]的故事,故事里的珍珠和钻石被比作儿童的自然美。当工人们看到成千的孩子在伟大的民间节日上跳舞时,我希望从他们那里听到:她们是我们的珍宝!

我感到抱歉,今天晚上我的演讲折磨了你们。你当然更希望多看孩子跳舞。不过,我们的初衷就是向各位展示我们到目前为止取得的成绩,所以,微不足道的折磨也是必不可少的,或许也是学校未来的基础。你们俄罗斯人喜欢讨论,因此,我请求你们发表自己的意见。(场内一观众说:"你的学生里为什么没有男孩?")

原来我希望招收500名男孩和500名女孩。因为我的学校是生活的学校,而不是跳舞的学校。眼下流行的看法是,舞蹈是女孩的,所

---

① 科妮莉娅,即 Cornelia。

以来学校的才都是女孩。不过，就我个人而言，我更倾向男孩，因为他们能更好地表现我们这个时代亟须的英雄主义。

1924年9月28日，礼拜六，卡列尼娜夫人[①]观看了最后一场演出。那些革命的舞蹈深深打动了她。演出结束后，她又过来看望伊萨多拉，问："我能做点什么？"

伊萨多拉想了片刻。"我希望向党的领袖展示这些新的革命舞蹈。我相信，要是他们能亲眼看到这些孩子的出色演出，他们一定能对学校提供帮助，至少给我们一个跳舞的大厅、免费的灯光和足够的柴火，让孩子们继续下去。"

"我可以为你在莫斯科大剧院安排一场演出。请领导们过来观看你的作品。安排在下周可以吗？"

伊萨多拉说："我怕不行。要是想安排的话，就得安排在明天晚上。我周一上午要赶往柏林，履行一个演出合同。"

卡列尼娜夫人想了想，说："那就安排在明天晚上，礼拜天，莫斯科大剧院。我向你保证，把所有的领导人都请过来。"

全俄苏维埃负责人的妻子可以调动好多办事人员四处打电话，所以他们要比平时在莫斯科办事的流程快得多。还不到一天的时间，卡列尼娜夫人就在莫斯科大剧院为邓肯学校安排了演出。共产党的领袖们和4000名少先队员应邀到场。毫无疑问，他们是伊萨多拉和她的学生此前在俄罗斯演出从未遇到的、最热烈的观众。教育与艺术委员卢那察尔斯基演出前发表长篇讲话，其中他反复强调伊萨多拉·邓肯培养年轻人具有格外重要的意义。

[①] 卡列尼娜夫人，即 Madame Kalenina。

哥尼斯堡（Königsberg），即如今俄罗斯加里宁格勒州首府加里宁格勒，位于桑比亚半岛南部，由条顿骑士团北方十字军于1255年建立，先后被条顿骑士团国、普鲁士公国和东普鲁士定为首都或首府。哥尼斯堡曾是德国文化中心之一。第二次世界大战期间，1945年哥尼斯堡战役后，苏联红军占领城市。战后，根据《波茨坦协定》，柯尼斯堡成为苏联领土。1946年，为纪念刚逝世的苏联共产党和苏维埃国家领导人米哈伊尔·加里宁，哥尼斯堡更名为加里宁格勒。上图为第二次世界大战前的哥尼斯堡。

演出结束后，经过夏季培训的那500名学生簇拥在伊萨多拉身边。她们在最后演出《国际歌》时在人数上充实了原来的阵容。伊萨多拉又一时高兴，打开手提袋，把她在莫斯科室内剧院演出赚来的所有钱币都抛给学生。

当天晚上大家都没入睡，因为驶往柏林的飞机将在黎明时分起飞。伊萨多拉、艾尔玛和其他朋友都坐在普雷奇斯坦卡20号的餐桌旁，他们回忆过去，畅想学校的未来。负责人的夫人亲自干预，重要的时刻即将到来。她要是不走该多好。为领导人演出后，必然会有结果的。无论如何，学校也不该改变方向。他们一定要把最后的结果通知身在柏林的她。如果政府确实想帮助学校的话，无论是大是小，她马上回来。

黎明将至，众人驱车来到托洛茨基飞机场。飞往哥尼斯堡的飞机正在等候自己的乘客。伊萨多拉拥抱她的学生和朋友，再次请他们一定要注意，不能错过卡列尼娜夫人的帮助。片刻之后，大飞机起飞，螺旋桨发出的声音渐渐消失。

然而数小时后，因为发动机出现故障，飞机被迫在一个机场降落。机械师告诉伊萨多拉，排除故障可能需要不少时间。没过多久飞机被一群农民的孩子围了起来。他们此前看到一只大鸟从天空落了下来。伊萨多拉取出便携式留声机，现场为孩子们上了第一堂舞蹈课。当初，她在驶向俄罗斯的火车上，半路火车出了问题，她也为当地的孩子上了一次不正式的舞蹈课。如今在机场，她即将离开俄罗斯，也可能是最后一次，她乘坐的飞机又发生机械故障，她又用便携式留声机教学生们跳舞。等飞机再次起飞后，她不禁问自己，这次意外是不是预示了一个从开始到终结的过程，是不是一个循环的终结？她还能重回俄罗斯吗？学校能解散吗？她的漂泊和失望没有尽头吗？

只身柏林,筹资办学

第 34 章

1924年9月进入尾声,伊萨多拉·邓肯在俄罗斯生活的篇章已经结束。之后与她相伴的是新的失望和不幸,此时她的朋友们和亲人并没有伸出援手。那几年她从一个地方迁徙到另一个地方,她的住所也从装修考究的工作室,变成不舒服的宾馆房间,甚至到了吃不上饭的程度。下面的通信讲述了伊萨多拉那几年的故事,通信是从柏林开始的:

布兰斯勒剧院(Bluthner Saal),德国柏林的一家剧院。

柏林，伊甸园酒店

1924年9月末

亲爱的艾尔玛：

发电报之前，我还在等待好消息告诉你，但是没有。合同是假的。斯潘①和弗兰克斯②显然是骗子。他们没付钱。我又陷在此地！我和几个骗子签订了合同，对此，都是——先生的责任。我给你发电报，请你问问马尔霍姆③能不能在维也纳给我签订一个演出合同。我等待你的回复。我在柏林一个朋友也没有。伊丽莎白身无分文。布兰斯勒剧院座无虚席，观众相当热烈，但评论家们的文章相当刻薄。不知什么原因，斯潘和弗兰克斯都没露面。我现在住在高档酒店里，价钱高得吓人，但我又身无分文。我在哥尼斯堡遇到一个叫穆勒④的男人，他每天过来看我，答应送钱过来，但钱并没送来。他与这件事有没有关系，我不知道。我今天下午要见俄罗斯大使馆派来的律师。当然了，我可以把骗子都送进监狱，但这么做对我也没多大好处……

把莫斯科的消息发电报告诉我，还有你对我的建议。我完全不知道如何是好——开始几场音乐会安排得一塌糊涂，将来得到合同就更困难。他们有一支40人的管弦乐队，太糟糕了，连调门和时间都找不准。此刻我坐在这里，如我们当初坐在列宁格勒，仿佛是囚犯，连打出租车的钱也没有！

发电报告诉我你的建议。我已经到了自杀的边缘。伊丽莎白无能为力，她自己忙来忙去，一分钱也没有！我唯一的希望是马尔霍姆可

---

① 斯潘，即Span。
② 弗兰克斯，即Francose。
③ 马尔霍姆，即Marholm。
④ 穆勒，即Mueller。

能在维也纳和捷克斯洛伐克为我安排演出。当地的报纸自然对我充满敌意,好像我得到了钱才过来为布尔什维克做宣传。考虑到现在的真相,那才是蹩脚的笑话。

伊丽莎白说我此前从没跳得这么好,她对我的艺术和"成长"痴迷。也算是些许的慰藉吧。

我感到孤独,还想再回到普雷奇斯坦卡大街"糟糕的房间"。

爱你和孩子们。

伊萨多拉

柏林,伊甸园酒店
10月初

亲爱的艾尔玛:

我不幸陷在此地,似乎这是我1924年的命。我永远在等待……上帝知道我在等什么……柏林太可怕了,还不如在莫斯科大街上卖火柴。这里没有精神,到处都充斥着爱国主义和祖国。太糟糕了。

伊丽莎白倒是可爱,但手里没钱!我接到了你发来的电报,同时致电马尔霍姆,请他在维也纳为我找份演出合同。我正等他的回信。一定要把……送给卡尔姆斯基·克里姆[①]。他没权利为我推荐像……这种人,后者是骗子。他(……)说我违反合同,因为我八天之前没有赶到,还想打官司告我,全然不顾我跳了两个晚上还分文未取。我必须同时拿到合同和电报,以此来反驳他的指控。总的说来就是地狱!我此刻在想哪种毒药喝下去不痛苦。我不想喝那种吓人的毒药。

---

① 卡尔姆斯基·克里姆,即 Narimsky Kriem。

我已经给葛吉夫①发电报，希望他能给我送点钱来。我真希望我们都去了第比利斯。现在的欧洲真是不可想象。我想念士兵的歌声、孩子的歌声和劳动人民的进行曲！这个旧世界已经死了，死透了。与俄罗斯儿童相比，这里的孩子如同英国松饼。也许，我还不足以解释那边发生的事情，但这边什么也没发生。人民不过是原地踏步。在他们复活之前必定要发生什么。此刻这边死气沉沉的。

把发生的事都告诉我。如果你能安排去西伯利亚巡演的合同，我也过去。爱你和所有的孩子。爱……

伊萨多拉。可怜的人。爱你们所有人。也许我今晚就死了。

伊萨多拉

柏林，伊甸园酒店
1924 年 10 月 13 日

亲爱的艾尔玛：

韩默太太才留下我的箱子，但忘了钥匙！不过她来电话说马上回来。我收到马尔霍姆的一封信，希望讨论合同条款。我已经回信，正等待他的回复。我回电报说，可以马上动身，如果他能支付订金让我离开。与此同时，艺术基金也在为我安排演出。我今天能知道消息。

没有照片，我为学校什么也做不了。一定要把孩子们拍得好的照片马上给我邮过来。我可以把照片和文章发到全世界，但要是没有照片的话，我什么也办不成。但我要艺术照，不是普通的生活照。我的"秘书"为什么不给我写信，她在忙什么？你从卡列尼娜同志那里没

---

① 葛吉夫（George Ivanovich Gurdjieff, 1866—1949），20 世纪初颇具影响力的俄罗斯神秘主义者、哲学家、灵性导师、亚美尼亚作曲家、作家、舞蹈家，希腊后裔。

得到消息吗？你应该给她写封信，用三言五语告诉她，学校的孩子需要免费的灯光、取暖、水、教员的工资，以及定额的食物和服装的布料。他们提供大房间了吗？凡事好像都在原地不动——为什么？我倒像一架"发生故障的"飞机。

X出现在三级歌厅，打着我的旗号在电台发表讲话，说自己是伊萨多拉·邓肯的学生。如果她想进这种污秽的地方，她至少也该用自己的名字。她知道我之所以吃苦，是我不想让我的名字进那种音乐厅，可她还是把我拖进去了。

凡是学校的消息，请随时来信。也不知有没有机会得到"大房间"。I.应该过去找找卡曼尼耶夫同志，问问对方学校在莫斯科还有没有未来。

最重要的是把照片邮过来。

爱你的
伊萨多拉

1924年11月27日
柏林，中央酒店

亲爱的艾尔玛：

你到底为什么不来信呢？一连四周我都没收到你的消息了。我陷在这座可怕的城市出不去。我签了三份合同，被人骗了三次。最后一次是汉诺威的。等出发时间到了，经纪人却没钱购买火车票。他们是一群骗子。

我从这里出不去。四周以后酒店就不再提供食物。一个美国朋友每天送我一片烤牛肉，但他也没有钱。我给葛吉夫拍了电报，但没得到回复。伊丽莎白不管我了，她前往维也纳拜访一位有钱的朋友。她

在波茨坦的学校都不让我进大门。我患上支气管炎已经两周了，现在一颗牙又坏了，更是雪上加霜。

我已经给雷蒙德发报，但他人在尼斯，显然不能或者不想帮忙。德国是大限，太可怕了。我不知道接下来能发生什么。

请告诉我你们的消息。孩子们怎么样了？

维也纳的人好像都在挨饿，马尔霍姆也是如此。

爱你和孩子们。

你濒临死亡的
伊萨多拉

柏林，中央酒店
1924 年 12 月 16 日

亲爱的艾尔玛：

你为什么不回我的电报和信？我连续发出航空信和电报，六个星期了，你一个字儿也没回复我。我要急死了。你生病了吗？学校还存在吗？我从这边的俄罗斯大使馆得不到护照。请你尽一切办法为我弄到护照并办理与谢尔盖·亚历山大洛维奇的离婚手续——上帝保佑他，但他做不了丈夫。

我可能返回莫斯科，因为我在这边的居留权已经超过一个星期。因为我的"政治关系"，各国都拒绝发我签证。我有什么政治关系？我想知道，我的政治关系在哪里？

我已经陷入并迷失在一座充满敌意的城市里。我一个朋友也没有。如果我回去，能不能弄一份到西伯利亚巡演的合同？

他们连我到维也纳的演出签证也拒绝。也许 I. 最好能坐飞机过来救我，不然你很快要为我的葬礼送花环了。但是，一连六个星期，你

柏林中央酒店

为什么连一封信和一份电报也不回复?

如果孩子们还在的话,把爱传达给她们,还有你以及所有朋友。

你们奄奄一息的
伊萨多拉

不幸的伊萨多拉被困在柏林,为数不多的朋友对她施以援手,其中两位是来自美国的读音乐的学生,一个是叫马丁的年轻歌手,一个是叫艾兰·科的钢琴师。他们自己的生活也勉强维持,他们却把最后一分钱也送给了伊萨多拉。他们陪伴她,逗她开心。后来希望渺茫,伊萨多拉从亲人或挚友那里也得不到回音,艾兰·科给巴黎的朋友写了下面的信。

柏林，中央酒店

道吉：

我们小伙子送出了最后一分钱。我们三人都破产了——陷在这里！对上帝说真话！

请亲自找找伊萨多拉的朋友们（不要写信），想方设法弄几个钱。用电报发过来。

绝望的
艾兰
止笔

信的背面用铅笔写了几行字，字迹潦草，仿佛写字的人已经到了死亡的边缘。那是伊萨多拉亲手写的短笺：

雷蒙德在哪里？

我给他和阿雅徒劳地写信发报——

或许你可以找找瓦尔特，他可能帮上忙，或者找找他亲爱的兄弟弗兰克，他确实是我的朋友——

看在上帝的分上救救我吧。

爱
伊萨多拉

道吉求助巴黎的朋友，但他的所有请求和伊萨多拉伤心的求助信都没有引起注意。一个美国朋友凑来几百美元汇给舞蹈家。伊萨多拉用这笔钱来到布鲁塞尔，她在布鲁塞尔得到瑟希·索雷尔的帮助。在后者的安排下，伊萨多拉得到签证，之后她前往巴黎。

1925—1927
西行巴黎，玉殒尼斯

邓肯的三位优秀学生，左为马戈特（Margot Duncan，1900—1925）

第 35 章

从柏林传出消息说,伊萨多拉·邓肯即将把一生中收到的全部求爱信结集出版。她才抵达巴黎,美国和英国的花边小报就派出记者过来骚扰。她明确告诉他们,这种事她从来没想过。她在考虑撰写回忆录,讲述与其艺术相关的故事。她的艺术要比她的爱情更重要。此后,不少出版社希望高价出版她手里的情书,但她都没理睬。

她发现,1月的巴黎也不让人感到舒服。为数不多的朋友来旅馆看望她。此时艾尔玛还在莫斯科。伊萨多拉从艾尔玛的来信中得知,她过去的一个学生马戈特生病了。在伊萨多拉前往俄罗斯之前,她就没见过马戈特。于是她给艾尔玛写了下面这封信。

巴黎

1925 年 2 月 1 日

最亲爱的艾尔玛:

我没勇气写信。我遭遇了伤心、可怕的经历。我终于抵达此地,几乎是半死不活的,不住地喘息。现在我多少看到了地平线上的希望,但什么也确定不下来。

有出版社提出,为我的"回忆录"支付一笔钱,但之后出版社的提议又变成了讹诈。他们刊发可怕的文章来报复我。

　　三个月来他们拒绝为我签发来巴黎的签证。但我终于到巴黎了。请你赶紧给我写信吧。如果你能把学校的好照片邮过来，我确信能为你募集资金。给我写信吧。告诉我学校还有什么希望？校舍还能存在吗？有什么事是稳定的，或者什么事如同流沙？此刻来钱的唯一希望是回忆录。眼下我遇到一个好朋友，他将专门负责我的回忆录，但我需要莫斯科箱子里所有的通信和文件。等到有人找你，说是艾萨克·多恩·列文①派来的，就把文件和通信交给对方，好吗？

　　如果我能收到他们承诺的2万美元，我或是春天携款返回莫斯科，或是，你以为莫斯科毫无希望的话，你可以和16名学生来伦敦找我，但要想好哪个选择更适合。

　　我很担心马戈特，我才从电话里知道她病得不轻，住进医院了。我明天过去看她，但克里斯汀②早该告诉我才是……

　　亲爱的艾尔玛：上面的信才写到一半，他们来电话说马戈特要死了。我坐出租车赶到医院，但是太晚了。她多么不幸，多么痛苦。我生病了，但不久还要给你写信。爱。

伊萨多拉

　　伊萨多拉的哥哥雷蒙德多年来都在经营一个收入不菲的生意，即他的"徒弟们"手工绘制的地毯和服装及窗帘的面料。他在巴黎开了两家经销店。此外，他在尼斯还有一栋房子和工作室。他经常亲自驾驶一辆旧福特轿车，往返于尼斯和巴黎之间。他身披飘动的希腊长

---

① 艾萨克·多恩·列文（Isaac Don Levine, 1892—1981），美籍俄裔记者、作家。
② 克里斯汀，即 Christine。

袍,行驶在法兰西的公路上。因为他3月要赶往尼斯,所以他才大方地邀请不幸的妹妹离开潮湿的巴黎,南下气候更适合的里维埃拉。他还答应在商店上的小公寓为妹妹收拾出来一个房间。

伊萨多拉与乔·戴维森通话时开玩笑说,驾驶福特轿车的哥哥像"身披希腊长袍的

雷蒙德

商务部官员",后来尼斯的朋友又拿这句话开玩笑,她回答说:"哦,不!确实没什么可笑的。小哥雷蒙德驾驶福特轿车,农夫看到后一定感兴趣。哦,不!他们从来也没笑。他们很严肃,很礼貌!"

下面的信是伊萨多拉在雷蒙德·邓肯工作室写给艾尔玛的:

最亲爱的艾尔玛:

我长时间神经紧张,没法写字。过去一年所有的艰难困苦,对我来说压力实在太大了。然而,我在这里休息,和雷蒙德在一起,希望不久又能投入战斗。

请把消息和照片邮过来,照片大小没关系。我可以把学校的钱汇给你,如果我有宣传材料的话。但我手里什么也没有。我通过朋友找人为学校拍照,但还没有回音。至于那些信件,要通过绝对安全的途径直接邮给我。或是通过巴黎的俄罗斯大使馆,或是通过可靠的朋友。

X在这边的餐厅跳舞,观众坐在桌子旁吃喝闲聊。他们说她的所作所为是可怜的。她来看过我,但智慧的或艺术的接触已经无从谈

起。她说要去俄罗斯,但我以为对孩子来说,她是太坏的榜样。因为她心里想的是如何利用我来实现其无足轻重想法。伤心,但又没有办法。

等我好起来之后,马上给你写信,如果可能的话,通知你我将来的计划。太阳和大海都在复苏。希望你能在这边休息一下。我的信和电报发到劳埃德银行。

向所有的孩子转达我的爱,也把爱送给你。努力即是希望。我的座右铭是:"无边无垠"。

伊萨多拉

雷蒙德·邓肯崇尚质朴,伊萨多拉在这种环境下生活没过多久,希望得到一张更有弹性的沙发,她现在的沙发是木质的,上面垫了好几层手工编织的毯子,因为哥哥喜欢俭朴的生活。她对自己的朋友乔治斯·毛雷沃特吐露了自己的想法。乔治斯对盎格鲁街上时尚的内格雷斯科酒店的经理多少可以施加影响,于是他劝说经理为伊萨多拉提供一间小公寓,浴室的费用也减去大半。

此后不久,伊萨多拉发现,在尼斯的加利福尼亚区,距离盎格鲁街

盎格鲁街（Promenade des Anglais），意为"英国人步行道"，法国东南部城市尼斯一条沿着地中海蔚蓝海岸的著名的海滨步行道。

不远处有一座小剧院。她劝朋友帮她租了下来。她想，要是能在剧院挂上蓝色的帷布，经过一番布置，等里维埃拉季节来到时，她可以在里面演出，或许还能再办一所学校。办学和教育儿童是她念念不忘的想法。

3月末，她在内格雷斯科酒店给莫斯科写了下面的信：

尼斯
1925年3月30日

最亲爱的艾尔玛：

我才接到你的来信。亲爱的，你好可怜，实在太糟了。此刻你应该收到我的上一封信。你知道，要是我没写的话，那是因为我经历了地狱般的生活。我不想一次次把泪水送给你，我会无地自容的。

谁也没意识到，但可怜的小马戈特的死，却是最后的一击。我几乎要全部放弃。我才从严酷的现实和恐怖中恢复过来。我坦白——我不明白——命运的种种安排，确实叫人无法承受。

凡是写我反对苏联政府的新闻，都是绝对的假新闻，毫无依据。相反，正是因为我说了不少苏联政府的好话，我才遭到来自四面八方的迫害。我在柏林为 6000 名无产者跳《国际歌》,此后世界各地的报纸就开始围攻我。我要状告,但官司没有进展,因为我手里没有钱。这种事诉讼似乎要用一大笔钱。

一个朋友为我租下一间工作室,一颗完美的珍珠。小剧院的面积是庞贝大街住宅的二倍。工作室里有舞台、灯光等。如果我们能安排你送过来 16 名最具天分的学生,我们就能把她们救下来。原来我希望通过俄罗斯驻巴黎的大使馆把学校迁到俄罗斯装饰艺术博览会,但没有成功。你是否拜访过卡列尼娜同志?什么也办不了吗?

这个世界是个叫人恶心的地方。我现在勉强糊口。我那些朋友们都不理我了。更好笑的是,现在有人传言说,我从苏维埃政府得到一

内格雷斯科酒店(Negresco Hotel),位于法国南部城市尼斯的盎格鲁街,面向地中海天使湾。这座富丽堂皇的酒店于 1912 年建成。

大笔钱。那该多好呀？我现在要仰仗葛吉夫的钱来支付工作室的房租。我以为在最危难的时刻，工作室至少是个避难所。如果其他都失败了，你到这边来，未必不是个好主意。或许你我二人能找到出路。不过，除非苏联政府提供帮助，不然莫斯科的学校就没有希望。但你知道，说句迷信的话，我上次在那边就已经猜到了。

卢森堡博士[①]为耶路撒冷制定了一项宏伟的计划，你看到他了吗？也许我们该到那边去！！！请转告 I. 写信回答下面的问题：他有什么建议？今年夏天他能从波德沃伊斯基和其他人那里得到什么希望？我回去之后，事情能变得更好还是更糟？

请你明白，我在欧洲被彻底抵制，因为我为苏维埃说话，此外没有其他原因。你应该在总部明确地指出这一事实。我在柏林跳完《国际歌》之后，就没有经纪人和剧院再和我打交道了。如果我们要死的话，最好安排一次见面，死在一起。最关键时刻到这边来。你可以睡在工作室里，到大海里洗澡。好歹我们也能吃上一顿饭。我全部的爱都送给你和那些可怜的孩子。

爱
伊萨多拉

伊萨多拉身在尼斯，哪怕手上没钱，日子过得也还有滋有味。她把尼斯称为"坎德利的花园"。她偶尔与弗兰克·哈里斯[②]一同吃饭。后者在尼斯以北的西米埃兹区[③]有一间公寓。她一般是和老朋友作家乔

[①] 卢森堡博士，即 Dr. Rosenberg。
[②] 弗兰克·哈里斯（Frank Harris，1856—1931），爱尔兰裔美国作家、记者、编辑、出版家。
[③] 西米埃兹区（Cimiez），法国尼斯高档住宅区，以夏加尔博物馆（Musée National Marc Chagall）和马蒂斯博物馆（Musée Matisse）的艺术品闻名。

治斯一同度过傍晚。4月的一天,伊萨多拉坐在内格雷斯科酒店不远处的浴场,不巧她被虫子叮了一下。等到次日她才发现,当时她的右手臂已经肿了起来,病得不轻。

肿起的部分不得不手术。此后她在床上又躺了不少日子。她生病以后不能写字,于是她想请人把她讨论舞蹈的文章找出来。她找来一位速记员,用法语给巴黎的道吉口述了下面的信:

尼斯
1925年4月29日

亲爱的朋友:

我在尼斯病了。我被毒虫子叮了一下,结果被迫手术。

有关舞蹈我写了不少文章和手稿,均未发表过。你能不能帮我找一个法国或美国的报纸发表出来。

我将对你感激不尽。

你上次来这里的海边,我没能看到你,对此我深表遗憾。

赶紧把与你有关的消息告诉我。我把最有情感的纪念品送给你。

伊萨多拉·邓肯

但他的朋友对这批写舞蹈的文章无能为力。最伟大的舞蹈家讨论艺术的文章,似乎没有哪个编辑以任何形式表现出应有的兴趣。要是她改写布尔什维克的内部消息,那么她的文章一定能发表出去。

她对朋友说,此前她确实想写一本书《我在布尔什维克俄国的岁月》。但在此之前她必须先写完来俄罗斯之前的那些回忆。她之所以一时还没有动手,其借口是自己不是作家。要是她能劝说弗兰克·哈里斯或布拉斯科·伊巴涅斯①帮她梳理材料,因为二人的艺术高度,她以为一定能写出一部轰动的读物。但他们二人都忙得分身乏术。他们提出了相同的建议:找速记员口述。

乔治斯讲到在此前后他如何与伊萨多拉和伊巴涅斯一起吃午饭。

5月2日礼拜六,我有幸把光彩夺目的美国艺术家介绍给最著名的西班牙小说家。在其幸福的、高雅的妻子的陪伴下,布拉斯科·伊巴涅斯请我们一同吃午饭。一如平时,他请客人吃饭,无论是酒还是菜,都要点最好的来招待客人。他同时还释放出没人能比的吸引力。他一边吃一边闲聊,用他的故事吸引我们,打动我们,我们几乎要笑死了。他的存在足以说明生活的乐趣。他知道如何用语言提振我们的士气,送予我们希望和允诺,如必要的话,还有他的帮助。

我记得伊萨多拉·邓肯遇到不少困难。要想摆脱困难,唯一的办是出版她的回忆录。出版商答应支付她一大笔钱。但伊萨多拉是初次动手写书,如同她处在事业的巅峰,她变得懒惰起来,对什么也不感兴趣。自从她的两个可爱的孩子去世后,她像丢了魂似的。她没法动手写回忆录,哪怕出版社要给她一大笔财富……布拉斯科如兄弟般指点她:"如果你写不下来,就说出来……并不困难。有些美国作家在专门写这种东西。如果你希望的话……我找一个经纪人过来。你告诉他你的全部故事,就像你对朋友说话似的。他写呀,写呀……然后你阅读,修改……最后签字。你看,并不困难嘛……你能得好几百万法郎!像你这么大的名气,印一百版也不成问题……"

---

① 布拉斯科·伊巴涅斯(Vicente Blasco Ibáñez, 1867—1928),巴伦西亚出身的西班牙现实主义作家,西班牙民主共和运动领导人。

邓肯

第 36 章

    1925年秋，伊萨多拉忍痛离开坎德利花园，回到巴黎，住进奥赛宫酒店。她在大酒店后面租了一个光线不太好的小房间，但不久之后，费用对她来说就困难了。她的一个崇拜者塔利娅[①]小姐在帕西的萨布隆大街为她提供了一个装修过的工作室。伊萨多拉把为数不多的物

奥赛宫酒店，即 Hôtel d'Orsay。

---

① 塔利娅，即 Mademoiselle Thalia Rosales。

邓肯在海滩休息

品搬了进去：做工考究的佛祖石雕像、她自己与恩斯特·海克尔的照片、女演员艾丽奥诺拉·杜斯的照片、戈登·克雷格的照片、一个盛满了信件和手稿的柳条篮子和几本书。

这间工作室也不太舒适，因为里面没有洗澡间，也没有暖气，热量全部来自一个燃气炉。房间内也不安静，因为对面是一家汽车修理厂。伊萨多拉在那里度过一天又一天，她似乎在等待什么出现。不少日子，她都身无分文。一天结束之后，她连一口东西也吃不上。偶尔道吉过来看她，送来一罐花生或豆角，要不就用电炉子煮咖啡，而选的都是当时最贵的拉普尔梅耶①牌子的咖啡豆！巴黎潮湿的冬季即将来临，伊萨多拉也一天比一天消沉，她决定搬进米埃特区②弗兰魁维尔大街③一间装修过的小公寓。

新住所至少有一间浴室、一间小卧室和一个小客厅。公寓还有一个阳台，站在上面可以看到巴黎的风景，偶尔也可以把一瓶香槟酒放在阳台上冻一冻。她请朋友、小说家安德烈·阿尼维尔德④过来做客，也在这间小公寓。安德烈曾经当过伊萨多拉的秘书。她找他商量，在法国共产党的支持下，在巴黎创办一所学校，将来招收1000名无产阶级的子弟过来学舞蹈。按照亨丽特·索雷的速记，伊萨多拉对安德烈说：

让他们送过来500、1000名儿童。我教她们做奇妙的事情！孩子都有和谐的直觉，是全新的材料，是没经过触碰的陶泥，可以在上面

---

① 拉普尔梅耶，即 Rumpelmayer。
② 米埃特区，即 Muette。
③ 弗兰魁维尔大街，即 Rue de Franqueville。
④ 安德烈·阿尼维尔德（Andre Arnyvelde, 1881—1942），法国记者、戏剧家和小说家。

塑造欢乐、生命和大自然。如果我们懂得如何引导孩子，让她们理解跳舞的宗旨，那么所有的孩子都能跳起来。但身体是无所谓的。我们必须先从塑造灵魂开始。要是他们能送过来1000名学生，我可以把莫斯科最好的学生接过来。她们可以做学校的班长。她们和我一起生活。我为她们提供食物和服装。她们生活在图书和艺术品的氛围里，就能耳濡目染，接受我的原则……但你一定要说动党的领袖，让他们知道所有的投入都是必要的。

从索雷夫人的记录来看，安德烈被这个想法吸引了，之后接触了共产党的负责人。

他们对建议相当感兴趣，指派一名成员过来讨论物质方面的细节。务虚会不知开了多少次。伊萨多拉坚持自己的想法，不想在细节上把自己纠缠进去。她觉得党应该对此负责：大厅的通风和采暖、巴黎儿童的入学、俄罗斯小学生来巴黎的费用，等等。共产主义者们还拿不定主意。事情一拖再拖。伊萨多拉的处境却严峻起来。公寓的租期即将结束，下一个租期又没钱支付。于是她想再搬回尼斯的工作室。不过，她对建校仍然抱有一线希望，所以她才做出最后一次努力，邀请共产党派来的代表G博士

亨丽特·索雷

和安德烈来自己的公寓吃午饭。她亲手准备了鱼子酱三明治、黄油饼干、橄榄、腌制的扁桃仁等，调好了鸡尾酒，酒上还撒了冰露樱桃。

他们讨论了办学的方方面面。伊萨多拉提出办学所需必要的资金以及如何使用这些资金。G博士相当热情。他答应亲自推动办学计划，敦促负责人们尽快作出决定。他离开时伊萨多拉对他说：

"决定出来后马上通知我。我等你的消息。"

客人身后的门关上之后，伊萨多拉转身对安德烈笑着说：

"午饭还好吗？现在我口袋里就剩15法郎了……"

之后她取出一个蝴蝶形的小胸针，上面嵌了一颗黑色的珍珠。她是从自己的物品里找出来的，想请安德烈找个买家。她希望再坚持几天，或者至少能支付赶往尼斯的费用。

安德烈在巴黎的珠宝商那里一连转了几天，希望把胸针卖出个好价钱。但对方提出的价钱少之又少……安德烈过意不去，要打电话把消息告诉伊萨多拉，但她没有接到。后来他从共同的朋友那里得知，伊萨多拉已经坐上四轮敞篷车赶往尼斯。不叫人省心的伊萨多拉！

安德烈马上给她写信表达自己的惊讶，并询问对方的消息。他得到如下回复：

尼斯，内格雷斯科酒店
1925年12月11日

亲爱的朋友：

我绝望地来到这里。在巴黎一事无成。G博士没回消息。我的租期到了，连可怜的脑袋都没地方安放。你能看到G博士吗？但我以

为他们不是认真的,不过是莫斯科经历的翻版,怎么办?自杀、等待,或其他选择。我在这边有一间工作室。我想收拾一下,在里面生活工作。但没钱也不容易。这家酒店还很好,租金要比巴黎低了不少。

感谢你的来信。你的善良和友谊,我领情了。我在心里收下一份珍贵的礼物。让我们希望好时光的到来。

亲切地拥抱。

伊萨多拉·邓肯

但安德烈不想就此放弃一个无论从哪个角度来说伊萨多拉都感兴趣的项目,所以在她离开之后,安德烈继续去找共产党的负责人,把他们讨论的情况随时通知她。把莫斯科的孩子们接过来在新学校当班长,负责人对这个提议倒是感兴趣。他们中甚至有人提出把整所学校迁到巴黎来,同时在共产党分支机构的支持下,推出一系列演出。这个建议吸引了伊萨多拉,下面是她给安德烈写的回信:

亲爱的朋友:

衷心感谢你的来信。你能想到我,我十分感动。你知道我来此地的原因,因为我在这边有一个工作室,可以工作。我在巴黎却办不成。因为我工作,哪怕不多的工作,我就有可能接到演出合同,赚一点钱。眼下我是靠借钱度日的。至于这家酒店,他们向我收取的是艺术家的租金,低得很,比我在巴黎的那间小公寓低得多。目前我还得在此地继续住下去。我所有的工作都卡在苏联了,因为我没有必要的钱。我不好意思在巴黎再重复一遍过去的经历。我现在的唯一想法是,一定要接受党的建议。如果他们能把莫斯科的孩子接过来,莫斯科的学校就得救了。等苏维埃发现孩子们取得了成功,他们一定能为学校提供帮助。

不必提我个人的事,我们反正能处理好。如果他们给我提供必要的钱,我可以亲自过去接莫斯科的孩子,我一定过去。要是不行的话,就等孩子从苏联来到巴黎后我再过去。但是我不能像此前两个月那样在巴黎生活,在等待中失去我的时间。

卢那察尔斯基同志还在法兰西吗?要是他还在的话,他可以处理所有的事情。我可以明确地说,我不为自己要任何东西。但如此一来,我将被迫离开学校不停地巡演,去赚一些钱。

另一方面,我还希望全身心地投入进去,创办一个有影响的社会中心,而不是小剧团,因为环境的关系,小剧团难免堕落成演戏地,如此前在莫斯科。但重要的是一定要做点什么,先起个头。哪怕莫斯科的学校没办成,但也比没办好。

因此,请继续在会上代表我,为拯救莫斯科学校的那些孩子,提出你以为最好的建议,做点什么,一次开始。如果学校可以在巴黎办起来的话,对那些劳动者的孩子,我还是抱有极大的希望。我已经准备好付出可能的和不可能的牺牲,如此前我在莫斯科所做的。

接受我真诚的感激。我拥抱你并希望不久见到你。

伊萨多拉·邓肯

不过,尽管安德烈表现出了足够的热情,但春天过去后依然没有任何实质性进展。问题依然在"考虑之中"。共产主义者们以为,应该把舞蹈学校放在"体育项目"之下,以此来证明其存在的合理性。他们不停地讨论。伊萨多拉为了提升他们的精神,亲自来到巴黎与G博士晤面。他们之间的对话双方都感到满意,但不过是对话而已。此后

不久伊萨多拉返回尼斯,她给安德烈写了下面的信:

尼斯

1926 年 8 月 24 日

亲爱的朋友:

我和 M. G. 进行了长时间的交谈。他以最迷人的方式接待了我。他对我的主意很热情。我不禁希望今年冬天学校就可以办成。他答应与其他同志商量后答复我,但因为答复还没有出来,我决定先回去,等待学校可能办成的那一刻。

我给 M. G. 留下了笔记本,上面写了我在莫斯科学校的工作及学校现状。

相信我,你挚爱的

伊萨多拉·邓肯

与 M. G. 的交谈是伊萨多拉为实现其宏大的想象力所做的最后一次努力……

邓肯与叶赛宁

第 37 章

1925年结束时,从俄罗斯传来叶赛宁的死讯。他在列宁格勒安格雷特里酒店房间内自杀,该房间正是他最初和伊萨多拉住过的。他用从左腕上流出的鲜血,写了下面的诗:

致一个朋友

再见了,我的朋友,再见吧!
你依然在我的心里,亲爱的。
这次注定的分离
是为我们安排将来的相遇。

再见了,我的朋友,没有握手或言语;
但不要伤心,也不要低下你的眼睛。
在此生死亡并不新鲜,
当然了,生存更不少见。

给无名朋友写完上面的诗歌后,诗人自缢身亡。次日上午,酒店人员发现他已经死了。伊萨多拉和叶赛宁第一次相遇并在此度蜜月的一天早晨，叶赛宁曾指着房角的一个大挂钩打趣地说："那是上吊的好地方。"如今真是宿命如此啊！

各地报纸自然而然地转载了他的死讯，又翻出了叶赛宁在巴黎酒店的历险及他与伊萨多拉·邓肯在俄罗斯和美国生活期间未必发生的几次事件，予以详细报道。

伊萨多拉给巴黎的报纸发去电报，以示抗议：

叶赛宁不幸逝世的消息使我深感沉痛。他年轻、英俊、才华横溢。他的果敢精神对上苍的这些恩赐并不满足，所以努力追求无比的完美，他希望非利士人①也臣服在他的脚下。

他毁掉了自己年轻、结实的身体，但他的灵魂将永远活在俄罗斯人民的灵魂里，活在所有爱他之人的心中。我强烈抗议驻巴黎的美国报纸刊发的轻浮、失真的文章。叶赛宁和我之间没有过任何争吵，我们也从未离婚。我怀着痛苦和绝望的心情为他的死哭泣。

伊萨多拉·邓肯

苏联给叶赛宁办了一个规模庞大的葬礼。他们把他的遗体运到莫斯科，放于敞开的棺椁里，带着他从一个诗人的纪念碑到另一个诗人的纪念碑，献上对他的无限尊敬。叶赛宁去世后，他的书随即成为畅销书，版税所得是一笔相当可观的数目。当发现伊萨多拉从未和叶赛

---

① 非利士人（Philistines），又译腓力斯丁人、菲力斯丁人，是居住在迦南南部海岸的古民族，其领土位于今日加沙地带及以北一带，并在后来的文献中被称为"非利士地"。非利士人的起源，现代考古学者认为与希腊之南爱琴海的迈锡尼文化的早期有文化联结。在非利士人留下任何文字资料之前，他们已采用迦南当地的文化和语言。非利士语的词汇中，有许多证据证明他们起源于印欧语系。

宁办过离婚手续，苏联法庭把这笔版税判给她，他们派人专程来到巴黎拜见了她，给她带去了30万法郎。此时伊萨多拉虽然手头拮据，连酒店费也支付不出，但她还是拒绝接受这笔钱，哪怕是其中的一部分也不要。她说："请你们把版税收入带给他的母亲和他的妹妹们。她们比我更需要它。"

此前艾尔玛从莫斯科为伊萨多拉传来叶赛宁死亡和葬礼的消息。作为回复，伊萨多拉给艾尔玛写了下面的长信。

叶赛宁纪念浮雕，悬挂于俄罗斯圣彼得堡安格雷特里酒店外墙上

尼斯

1926年1月27日

最亲爱的艾尔玛：

感谢你的来信，我今天才收到。我希望你多写信，哪怕就写一句。

谢尔盖的死让我感到可怕的震惊，一连几个小时我为他流泪，为他抽泣，他仿佛耗尽了人的精力，无法继续面对磨难。我自己也经历了连续的灾难，恨不能也像他一走了之。不过我可能要走进大海。现在因为我还不想那么做，下面是未来的计划。

我这边有一间奇妙的工作室，但现在我还不能使用。最初没有地毯，没有炉子，也没有钢琴。现在我有地毯，有炉子，有钢琴了。感谢亲爱的奥古斯丁，他一次次把钱送过来，才弄来了这些东西。工作室可以运转起来了。现在我在工作室旁边租下一间小公寓，其中有厨房和浴室。你尽快过来看看，如果你能离开的话。我们可以在这边开办一所伊丽莎白那种付费的学校，从美国招收寄宿生，等等。我找到一个称职的女子在厨房做饭。食物廉价，蔬菜很多。你可以带一两个年龄大一点的女孩过来教课。在这边过六个月，在莫斯科过六个月。我们可以把理想和物质结合起来。

我现在的工作室比庞贝大街的要大上三倍，还有舞台；公寓租到4月15日。但我身上没钱也没人帮我。如果你能过来研究一下形势，完全可能从生意的角度办一所更大的学校。

这边有理想的气候。工作室后面的山梁上到处都是鲜花。什么东西都用不了多少钱。昨天我吃了新鲜的芦笋和小洋蓟。我现在也变成了雷蒙德那种素食客，又穿上了格吕内瓦尔德那种朴素的服装，凉鞋，赤脚。我在巴黎度过那些日子后，发现75法郎一双长丝袜的日子已经结束。

把这间工作室变成赚钱的学校，把莫斯科变成理想和艺术的学校，我发现把两者结合起来大有可为。不过，我用了全部的力气建起这间工作室。要是在4月15日之前无所作为的话，我怕又要失去……

在神的大地上没人感兴趣，唯独有你和我，仅此而已。自从我回来后，我被当成"共产主义的同情者"，什么事也办不成。虽然如此，如果我们在这边创办一间大型的付费学校，我相信一定能成功。工作室里有一张深绿色的地毯。我还有足够大的、四方形的工作室，这在我一生还是头一回。公寓外面有个露台，可以眺望大海，16或20个人可以坐下来吃饭。无轨电车和有轨电车从门外经过驶向尼斯城里，5分钟能赶到马森纳和卡西诺。还有里维埃拉也变得越来越像度假胜地了。

亲爱的艾尔玛，请马上回复我的信。我在这里已经有所准备，看看我们能不能建立一所实用、赚钱的学校，因为我发现，此时此刻，或是建校或是死亡。我们不能继续身无分文地活下去。我建议奥古斯丁夏天也过来，在剧场演出，剧场里有真正的布景和灯光。夏季一到，这边能过来大批英国人。

我坚守这间工作室，希望你能理解我固执的任性；你坚守在莫斯科的学校，我也理解你的坚守。我们联起手来，一定能有所成就。不要忘了，你是唯一理解我的学生，知道我在这个世界上要有所作为。我自己或我们的工作是生是死，唯独你才在乎。一个人的理解可能拯救全部。

你能不能设法给我邮些孩子的照片过来？要是我手里有照片，我可能有机会宣传，得到帮助。一定要拍些照片。如果你拍不了，至少也要把手里的复制品发给我。如果你能把你们的巡演日期和节目告诉我，我会很高兴的。有人对我说，你们都在伏尔加，对此我一无所知。

亲爱的艾尔玛，如果你不改变初衷的话，我仍然以为我们还能起来，征服大地，把那些虚假的学校和虚假的原则全部打翻在地。但时间在消失。我现在如同困在孤岛上的水手，急需帮助。

我感到很孤独，很想家。我在这边相当孤独。只有俄罗斯小女人为我做做饭，等等。等读到这封信后，你一定设法过来。我确信我们能有所起色。我可以找到马赛的歌剧院和管弦乐队，安排一系列节日演出，但你要带过来12个年龄最大的学生（在法国12岁以下的儿童禁止上台演出）。

亲爱的艾尔玛，我把你拥在怀里。让我们为未来憧憬吧。

伊萨多拉

同一天，她给道吉也写了短信，告诉对方她感到忧郁。

1926年1月27日

亲爱的道吉：

你在哪里？

迷失在美国的荒野了。

我感到抑郁，比这张纸还抑郁。

给我写几个字吧。爱。

伊萨多拉

盎格鲁街349号。我在工作室旁边有间小公寓。

伊萨多拉有了工作室和公寓之后，又设法进行装修，之后她碰到一个四处漂泊的俄罗斯绅士，后者同意做她的秘书。她又发现一个钢琴师，也是没有出路的白人。于是她计划在工作室里演出。他们一共演了三场，门票有限，100张门票，每张100法郎。4月初，她在信中将此事告知艾尔玛：

尼斯，盎格鲁街349号，伊萨多拉·邓肯工作室
1926年4月1日

亲爱的艾尔玛：

我整个3月生病在床……医生说我得了什么炎。但我以为那不过是绝望在作祟。我又起来了，但身子弱。我在工作室内用神圣的音乐和舞蹈庆祝耶稣受难日。我找到一个聪明的秘书。事情又好了起来。现在的问题是，我们能不能在4月15日付上房租，那将是转折点。大家都对"付费学校"充满热情，但我是希望学生们能帮助我。你能送过来一两名学生吗？

马克·米奇克在干什么？他能过来吗，什么条件才能过来？请把

我亲切的记忆转达给他。他可以住在公寓里,让他在工作室里办演唱会。请他给我写信。问他要什么条件,等等。他可以过来找我。

4月15日是关键时刻,因为我必须付房租。欢迎你提供任何帮助。请写信告诉我你夏天的计划。我也可能在7月或8月过去看你,但我先要知道你的计划,那时你在哪里。你为什么5月份不过来看我呢?我们可能一起计划,搞一场世界范围内的大活动。

见没见到我们的朋友波德沃伊斯基?我给他写过两封信,但都没有回音。他对红色外衣的热情消失了吗?

1926年4月7日

耶稣受难日的演出大获成功。100张门票,每张100法郎,全部售罄。观众热情高涨。工作室装饰得也可爱,里面有雪花石台灯、香、成堆的荷花和丁香花,宛如天使长①下凡。当然。季节已经结束。我们要是有钱,早些动手,就能赚上一大笔。我希望一两年之内能在这边建一座剧院,即海边的拜罗伊特节日剧院②。

5月罗恩格林③要来他的别墅。

为什么不领12名孩子过来。我们能为她们提供住宿。想想吧,每天上午在可爱的蓝色的大海里游泳。请马上来信。我的爱都送给你。爱。

伊萨多拉

---

① 天使长(Archangel),在《圣经》原文里,译作"天使长"的词语,总是以单数而不是复数的形态出现。这表示天使长只有一位。
② 拜罗伊特节日剧院(Bayreuth),拜罗伊特是德国巴伐利亚州的一座城市,以每年一度在拜罗伊特节日剧院为瓦格纳的乐剧举行的拜罗伊特音乐节而闻名于世。
③ 罗恩格林(Lohengrin),邓肯对慈善家帕里斯·辛格的爱称,帕特里克为两人的儿子。

安娜（Anna Duncan，1894—1980），生于瑞士，舞蹈家、教师、编舞家，邓肯的得意门生及养女。1926年后在世界各地巡演，后定居美国，在卡内基音乐厅任表演总监和舞蹈教师。邓肯去世后，安娜在传承邓肯舞蹈艺术和表演上做出了巨大贡献。

工作室演出之后，里维埃拉季也结束了。伊萨多拉又在尼斯忙了起来。演出赚来的钱都付给了钢琴师、花店和租给她雪花石台灯的人。她想去巴黎，但是没钱付火车票。一天上午，她来到一家汽车修理厂，租来一辆车。两天后。她来到巴黎的卢滕西亚酒店①。汽车等在外边送她到城里，然后去博伊斯。

如同她在尼斯的内格里斯克，她在卢滕西亚酒店又雇了一名速记员，后者偶尔过来帮她写回忆录。不少朋友过来看她，也有经纪人和急切等待出版回忆录的出版商。但他们一致的看法似乎是，回忆录写得"太艺术"。他们指望书里能提到舞蹈家的丑闻，还有她恋爱的亲密细节，最好把全部情书都收进去。

但比回忆录更有趣的想法是，把莫斯科的学生迁到巴黎去。她为此专程赶到俄罗斯大使馆，找过拉科夫斯基②一两次。在写给艾尔玛的信里，伊萨多拉提到过这次经历。

巴黎，卢滕西亚酒店
1926 年 6 月 15 日

最亲爱的艾尔玛：

收到你的来信，我真是太高兴了。请你经常给我写信。我在找拉科夫斯基同志，希望能把一些孩子接到巴黎，在特罗卡德罗宫广场来

---

① 卢滕西亚酒店（Hôtel Lutetia），位于法国首都巴黎第六区的一座酒店。卢滕西亚酒店是巴黎左岸地区最知名的酒店之一。在二战期间，卢滕西亚酒店曾经容纳了众多难民，在法国二战史中扮演了重要角色。
② 拉科夫斯基（Christian Rakovsky, 1873—1941），保加利亚社会主义革命家、布尔什维克政治家、苏联外交官。他也是一位记者、医生和评论家。拉科夫斯基的政治生涯贯穿巴尔干半岛到法国和俄罗斯，他生涯的一部分也是一位罗马尼亚公民。

特丽莎（Maria-Theresa Duncan，1895—1987），德国舞蹈家、教师、编舞家，邓肯的得意门生及养女。

一次大型演出。他们对我的想法都很热情，但还是那句话："没钱。"梅耶荷德也在这边，还有他的妻子，对我很亲切。梅耶荷德的剧团也要来巴黎……

尼斯的工作室还在我手上，但7月15日之前交不上房租，可能就要失去了。

你收到节目单了吗，还有剪报，等等？我在尽力挣扎，但世上绝对没人帮我。每个人都从我的建议里取走一小部分，然后出去赚钱。我听说**安娜**和**特丽莎**在纽约的演出相当荒唐。特丽莎在这边也胡来。克莉丝汀和艾丽卡要和罗恩格林在棕榈滩度过冬天……这是个愚蠢的世界。

如果今年夏天我能设法和你在一起，一定要写信告诉我。我去哪找你，什么时间找你？我需要更多的节目单。我给拉科夫斯基同志留了一份。

罗莎莱斯小姐才送我一大篮子玫瑰花，红色的。她也要演出……

向所有孩子转达我最诚挚的爱。尽快给我写信。

爱。

伊萨多拉

邓肯

第 38 章

每天,从尼斯租来的那辆**马西斯小汽车**都停在卢滕西亚酒店正门的外面,等候夫人的差遣。每天,租金和司机的薪水都在上涨。最后,因为伊萨多拉发现其回忆录的撰写和把孩子从莫斯科接过来的计划都没有着落,所以她决定返回尼斯的工作室。

两个朋友陪她一同驱车返回尼斯:年轻的记者瓦尔特·萧及其朋友马赛尔·赫兰德[①]。伊萨多拉为人的特点是,哪怕自己身上没钱,也要款待客人。为了省钱,她先前是以退休者的身份入住卢滕西亚酒店的,她发现酒店提供的食物相当丰富,于是她请来身上没钱的作家和艺术家来分享她的午餐和晚餐。遇到这种场合,她要点上一瓶好葡萄酒,再额外要一道菜。一瓶酒和一道菜的费用往往要比普通客饭的费

马西斯小汽车(Mathis motor-car),法国汽车制造商艾米丽·马西斯旗下公司产品。

---

① 马赛尔·赫兰德(Marcel Herrand, 1897—1953),法国舞台和电影演员。因其在侠盗片、历史电影中的角色而被人们铭记在心。

朱安雷宾（Juan-les-Pins），法国时尚度假区，著名景点为绵长的沙滩、高级露天餐厅与时尚精品店林立的滨海步道。内陆区狭窄的街道上汇集了许多鸡尾酒吧与夜店。

用还高。

或是**朱安雷宾**的日光浴，或是盎格鲁街上那间公寓里的简朴生活，反正夏季是舒舒服服地过去了。但伊萨多拉短时间内也看不到钱——那辆小汽车和雇来的司机，用去了她不少钱。她又把目光转向工作室的剧场，希望推出更多的演出。

她又请来那个白人钢琴师。9月10日，上演的李斯特相当成功。4天之后又安排了一场演出。法国著名诗人让·谷克多[①]在赫兰德的协助下，现场朗读自己的名诗《埃菲尔铁塔上的新娘们》[②]。赫兰德也朗

[①] 让·谷克多（Jean Cocteau，1889—1963），法国诗人、小说家、剧作家、设计师、编剧、艺术家和导演。代表作品有小说《可怕的孩子们》，电影《诗人之血》《可怕的父母》《美女与野兽》和《奥菲斯》。
[②]《埃菲尔铁塔上的新娘们》，即 Mariees de la tour Eiffel。

读了谷克多的诗歌。伊萨多拉在一边跳舞，谷克多在另一边朗读他的《俄耳斯》。重要的是，谷克多为这场演出专门设计了手绘海报。

几场演出结束后，里维埃拉进入淡季，夏天的游客渐渐离去，而冬季的游客还未到来。闲下来之后伊萨多拉越来越感到不安。她又离开尼斯赶往巴黎。

邓肯在法国纳伊的房子

她抵达卢滕西亚酒店后，又发生一个把生活变得痛苦不堪的意外。她在纳伊①的房子将被拍卖，以此来偿还1922年欠下的3000法郎，但此时原来的欠款已经涨到1万法郎，因为其中还有执行官的费用。当初她千方百计要把房子卖出去，但抵押次数太多，此外一个香水经销商还住在里面，租期还有好几年。对伊萨多拉来说，与这处房

---

① 纳伊（Neuilly），法国中北部城市，位于塞纳河畔。

邓肯

子相关的记忆实在太过痛苦。她的两个可爱的孩子正是从这栋房子走出去，之后才被塞纳河的泥水吞没的。她还为房子打过一场漫长的官司，至今想起来还生气。原来，伊萨多拉把房子租给了一个著名的法国艺术家，可她的哥哥雷蒙德及其几个弟子竟然把房子里的洗浴设施拆卸走了。后来艺术家把她告上法庭。

房子是独立建筑，坐落在美国医院附近，价值不菲。但伊萨多拉和他的朋友们无论如何也卖不出去，哪怕打折也没人要。法院的拍卖日期定在1926年11月25日，这处值钱的房产却仅仅拍出了31万法郎。

拍卖的前一天，她从莫斯科法院得到通知，因为她是叶赛宁的遗孀，法院判定她是叶赛宁财产的合法继承人。叶赛宁的遗产大约40万法郎，其中大部分是他死后诗歌在苏联大销的版税。虽然此刻伊萨多拉自己身无分文，但她当即起草了一封电报，请朋友把电文翻成俄语，然后发给莫斯科法院的大法官。她在电报里放弃了对叶赛宁财产的所有主张，同时建议将叶赛宁遗产送予他的妹妹和母亲，因为她们在乡下生活比她更需要钱！

伊萨多拉以为在尼斯才能更好地工作，因为那边有一位可靠的速记员尼克松①小姐，所以她想离开巴黎的卢滕西亚酒店，南下尼斯，在那边度过冬天。然而她在宾馆欠下的账单成了她实现计划的障碍。她去不成尼斯，也付不起账单。那位助人为乐的大好人再度出现，她似乎总是站在伊萨多拉身后，以著名演员娅斯卡夫人②的身份伸出援手。娅斯卡夫人自己也没有多少钱财，但她想办法找来现金为伊萨多拉支付了卢滕西亚酒店的账单。心情轻松的伊萨多拉又回到坎德利花园，

---

① 尼克松，即 Nickson。
② 娅斯卡夫人，即 Madame Yorska。

与她同行的是一位年轻的俄罗斯钢琴师。

　　与此同时,她继续写自己的回忆录。此时她已经发现,唯有回忆录才能把她从拮据的困境中解脱出来。纽约的不少朋友,如奥古斯丁·邓肯、梅赛德斯·德·阿科斯塔[①]、玛丽·邓普斯[②]及其他人都在帮她在美国找合适的出版社。后来一家出版社经过巴黎的经纪人 W. A. 布拉德利[③]为回忆录签下出版合同。对方同意预支2000美元,如1927年5月底完成书稿,外加500美元。钱款转到布拉德利手上,他收到完成的书稿后负责转付。

　　1927年年初,布拉德利从美国带回合同,之后南下尼斯。伊萨多拉·邓肯在出版合同上写下名字。2月15日,道吉来尼斯探望伊萨多拉,后者取出合同,请他过目,说:不太好,对吧?但还是签了。我现在必须继续写完。凡是写上我名字的合同没有没完成的。但我怎么写呢?你一定要帮我。

　　朋友回答说:"伊萨多拉,你说到哪去了?谁也不会比你写得更好。我在巴黎读的第一部分,你在旧金山的童年和你在芝加哥和纽约的少年,写得太漂亮了。谁也不会比你自己写得更好。你的表达能力是天生的。你有个性化的语言。你还记不记得说过,作为舞蹈家,你是伟大的演讲家。"

　　伊萨多拉笑了:"记得!我心里有话就说出来,结果你和其他朋友

[①] 梅赛德斯·德·阿科斯塔(Mercedes de Acosta, 1893—1968),美国诗人、剧作家、服装设计师。阿考斯塔制作过四部戏剧,发表过一部小说和三本诗集。

[②] 玛丽·邓普斯(Mary Estelle Dempsey, 1871—1931),美国时尚品牌商,伊萨多拉·邓肯的挚友,著有《伊萨多拉·邓肯未尽的故事》。

[③] W. A. 布拉德利(William Aspenwall Bradley, 1878—1939),美国出版商、出版经纪人。

们对我表演的印象,都被我自己'破坏'了!现在你一定要来内格雷斯科,听我对尼克松小姐口述。"

但是,等到尼克松小姐终于来到内格雷斯科之后,伊萨多拉又感到浑身乏力,没法口述。迎接她的还有两个小伙子,一位是迷人的英国艺术家加布里埃尔·阿特金①,另一位是他的朋友、英国记者斯托克斯②。后者找伊萨多拉,目的是为其写里维埃拉名人传来收集资料的。其他过来探望的人还有弗兰克·哈里斯、莉莲·吉什③、艾玛·古德曼、雷克斯·英格拉姆④等。阿特金还准备为邓肯的书画插图。道奇和那两个年轻人正要说服不听劝的伊萨多拉至少口述几页回忆录,这时一个男子送来一个信封。

伊萨多拉从信封里取出一张印有编号的账单:9000法郎!信封里还有一封打印的公函,说如果当天晚上不支付账单的话,伊萨多拉·邓肯必须搬出房间。伊萨多拉气得大发雷霆。她还从没遇上以这种方式迫使她离开酒店的。几个人马上坐下来想办法。显然,付账的钱是没有的。但内格雷斯科酒店以这种粗暴的方式通知客人,其逐客令必然是要执行的。

他们派尼克松小姐找酒店的经理,希望酒店不要马上结账。尼克松小姐回来说,接待他的经理助理感到遗憾,但无能为力,因为这是酒店的新规定。伊萨多拉想了片刻。她往办公室打电话,请经理上来

---

① 加布里埃尔·阿特金(Gabriel Atkin,1897—1937),英国风景画家、插画家。
② 斯托克斯(Thomas Lunsford Stokes,1898—1958),美国记者,普利策奖获得者。
③ 莉莲·吉什(Lillian Gish,1893—1993),美国著名演员、编剧和导演。
④ 雷克斯·英格拉姆(Rex Ingram,1892—1950),爱尔兰电影导演、制片人、演员、作家。

一趟。几分钟后经理来到她的房间，毕恭毕敬地朝躺在床上的伊萨多拉鞠了一躬。伊萨多拉面带微笑，对经理说："我真是不明白了，不就是9000法郎嘛。你为什么用这么荒唐的账单来打扰我？毕竟你知道我是谁。你知道我是你最著名的固定的客人之一。按照我的特权，我在你们的酒店再多支出两倍、三倍，也是应该的。现在我手边没有钱。我在等纳伊房产出售的结果。"她顺手把从法国报纸上剪下的消息扔给经理，上面写了她打官司的消息。此前她还把剪报塞到一个商人手里，后者过来讨要租借雪花石台灯的租金。

经理客气地扫了一眼剪报。伊萨多拉继续说："我的钱都在巴黎，因为涉及这场官司，取不出来。要想把钱取回来，我必须到巴黎去。我计划明天动身。"道吉和室内的其他人坐了起来。他们这才知道伊萨多拉要到巴黎去。"如果你觉得这张荒唐的账单还要担保的话，我把一辆雷诺轿车押给你。车在库里。"

伊萨多拉·邓肯在盎格鲁街。1926年1月，尼斯，艾伦·罗斯·麦克道格尔摄

伊萨多拉有一辆雷诺轿车写在伊萨多拉·邓肯的名下。其实不是她的。一个美国的朋友发现伊萨多拉租车雇司机太费钱，就买了一辆汽车借给伊萨多拉用。所以汽车既不能卖也不能抵押，不过是写在她的名下。

经理鞠躬后起身往外走，希望没有打扰邓肯夫人，希望她在巴黎的官司顺利结束。她什么时候离开？明天坐中午的车。她可不可以在方便的时候去一趟酒店的办公室，为汽车签几份文件？多谢了！

态度恭顺的雇员走后，伊萨多拉轻轻把门关上，说："太烦人了！现在这张支票都没法在酒店变现了。我原计划请道吉出去吃饭。他明天上午要回土伦。好吧，那我们去巴黎饭店吧。店里的领班知道我。他能收下支票。"

巴黎饭店的领班走过来迎接这位名客。伊萨多拉落座后，从红色的手提袋里取出一张皱皱巴巴的美国支票，说："可不可以把这张支票变现50美元？"对方轻轻接过支票，仔细看了几眼。一张私人支票，来自一位不知名的美国崇拜者。

领班似乎犹豫起来，伊萨多拉对他说："支票上签的名字，好像是他们说的洛克菲勒或阿斯特。写支票的人身价好几百万。"

"夫人，签名的人倒没关系。支票是去年12月写的，今年年底前就不能用了。"

"这种美国支票永远能用！去收银台查查吧。"伊萨多拉一锤定音。

领班回来后说，为了特殊照顾"伟大的艺术家、一流的客户"，所以这张支票才可以变现。此时伊萨多拉已经在服务员那里点了鸡尾酒和葡萄酒，然后回头问吉和加布利尔·阿斯金晚饭够不够档次。

入夜之前，朋友们要离开这家阿尔萨斯人的酒店。伊萨多拉手里还有1000法郎。她提出请道吉坐四轮马车回土伦。但是从尼斯到土伦，所有的车夫开价至少2000法郎。后来几个人一边说笑，一边顺着盎格鲁街走向内格雷斯科酒店。

次日上午，伊萨多拉把几件物品装进手提箱，抵押了雷诺轿车，然后驱车离开酒店。她身后还有所有的箱子和那个柳条篮子，凡是与回忆录相关的重要信件和文档都在篮子里。她于次日抵达巴黎。

邓肯

第 39 章

2月6日,伊萨多拉抵达巴黎后,几个朋友建议她在新开的工作室酒店①找房间。这家酒店坐落在蒙帕纳斯区②的德兰勃大街③。她查看酒店内的房间,发现一个大工作室,其中有壁炉、卧室、阳台、洗澡间,价钱还没超过高档酒店的一个标准间。于是她自己和她的俄罗斯同伴在里面住了下来。

此刻的问题是纳伊的那栋房子。众人临时组建了一个委员会,希望筹集资金,等拍卖时再把房子买回来。委员会是在多罗西·爱尔兰小姐的公寓里成立的,参加者有负责财务的塞西尔·沙托里斯夫人、娅斯卡夫人、安德烈·阿尼维尔德、乔治斯·丹尼斯和阿尔弗雷多·赛兹先生等。在法国戏剧报纸《喜剧》和《纽约先驱报》巴黎版的帮助

---

① 工作室酒店(Studio-Hôtel),于1926年开的一家酒店,建筑师为亨利·艾斯塔克(Henri Astruc)。
② 蒙帕纳斯区(Quartier du Montparnasse),法国巴黎的一个区域,位于塞纳河左岸。蒙帕纳斯大道是该区的主要干道,蒙帕纳斯大部分都位于巴黎第十四区。该区以海明威等作家经常光顾的连锁店、法式煎饼屋和小酒馆而闻名。这里有方蒙帕纳斯公墓(Montparnasse Cemetery),埋葬着作家萨特、哲学家波伏娃等。
③ 德兰勃大街,即 Rue Delambre。

下,委员会发起公开募捐,同时接受艺术品捐赠,等艺术品拍卖后,收入一并汇入基金。

娅斯卡夫人写了一封动人的呼吁信,伊萨多拉忠实的朋友玛丽·范东·罗伯茨[①]将其刊登在她在美国的杂志上。下文引自该信,我们从中得知著名的女演员和手头拮据的舞蹈家于1925年的一次对话,此时伊萨多拉正被困在萨布隆大街[②]的小工作室里吃不上饭:

我听说她一个人在巴黎,手里没钱。她来巴黎的目的是讨要房租。但她听说对方也有麻烦,就没把他告上法庭。

我四处找她。一个朋友把工作室借给她。在她住进旅馆之前,可以住在里面。我发现她在读书。她看上去相当幸福。我当时想,报上写得也许过于夸张。因为我没法让她讲述自己的遭遇,索性就大胆地问她……

"伊萨多拉你身上还有多少钱?"

她笑了一下,把手袋里的钱都倒了出来,说:

"我们一起数数。5法郎35分。"

我哭了。

"太可怕了。必须马上做点什么。你怎么能坐在这里平静地读书?"

"我在度过美好的时光。我在读《所罗门之歌》。你知道漂亮的英语版吧,是茱莉娅·埃尔斯沃斯·福特[③]写的。亲爱的娅斯卡,给我朗读几句吧。"

---

① 玛丽·范东·罗伯茨(Mary Fanton Roberts,1864—1956),美国记者、作家。

② 萨布隆大街,即 Rue de Sablons。

③ 茱莉娅·埃尔斯沃斯·福特(Julia Ellsworth Ford,1859—1950),美国社会名流、慈善家、作家、艺术品收藏家和艺术评论家。

"现在吗？当然不能。我们必须先说说你的事。你能不能为眼前的需要做一次让步？香榭丽舍音乐厅两周付你5万法郎。他们马上签合同。"

"永远不行。有的艺术家为了拯救艺术而出卖身体，我永远不会批评他们，我也不相信用那种方式就可以拯救艺术，但我绝对不原谅任何出卖自己艺术的人。艺术是神圣的。在孩子之外，世上最神圣的就是艺术。如果当初不把艺术放在神圣的高度，那么，我的孩子死后，我就不会再跳舞了。一次我为布德尔①的浅浮雕设计造型，我当时就想，这座剧院将来是要变成神庙的。亲爱的，不用怕。总会有转机的……你送来百合和水果。我可以在百合花前跳舞，跳完之后我才可以吃水果。明天他们邀我吃饭。还有，我在等电报，拍电报的人不会拒绝借我1000美元。"

"伊萨多拉，你有没有明确的计划！"

"我当然有了。我多年来都有个计划。我把房子租出去10年。再过两年就能收回了。然后我要办一所学校。在我死前，我要教授成百的孩子，让灵魂将音乐和爱填入她们成长的身体。我从来也不教学生们舞步。我从来也不教自己技巧。我告诉她们要拥抱自己的精神。我也是这么做的。艺术仅此而已。"

"伊萨多拉，经营房子、学校、神庙，都离不开钱。"

"富人的子弟可以为穷人的子弟付钱。"

"然后呢？伊萨多拉，你才说过，两年能收回房子……"

---

① 布德尔（Antoine Bourdelle，1861—1929），法国雕塑家、画家、教育家，罗丹助手和学生，早年作品如《贝多芬像》等多模仿其师，后来研究古代东方和中世纪艺术，确立了属于自己的大气磅礴的装饰性风格。其代表作《阿维尔将军纪念碑》超过30米，在骑马将军像的台座下角还雕刻了四个象征性人物。其他作品还有《拉弓的赫拉克勒斯》《1870年战争纪念碑》《阿波罗头像》等。

"娅斯卡,不能太实用。艺术家永远不能考虑钱。他们唯一要考虑的是将自己的艺术奉献给大众,除此之外别无他法。那才是赚钱的唯一办法。"

因为我没看到箱子,所以我的目光在墙壁上寻找通向另一个房间的门,但没找到。

"你的个人用品呢?"

"都在包里。"

"包里不过有几张纸。我说你的衣服呢?"

"衣服都在身上。那个包里装着我的全部财富——这些财富。情书,写给我自己的,写给我的艺术的……还有怀念孩子的。你知道我每天夜里都能看到孩子,所以我才害怕夜晚。给我读几句《所罗门之歌》吧。"

我读完之后,她哭了。先前她对我说,她自己仅有5法郎,她却笑了。先前她对我说提包里装了一半的书信,她全部的财物都在包里,她却笑了。她哭了,因为她听到了《所罗门之歌》!

这个美国女子的确是用圣物做成的。她的名字应该永远存在下去。她是真正改变了世界的天才。

委员会继续实施其购回房子并将其变成伊萨多拉·邓肯纪念学校的设想。他们还计划请伊萨多拉永远住在房子里,之后房子和学校转交法国政府继续办学。他们以为,如此安排才是伊萨多拉的名字和理想永远存在下去的最可靠办法。但是,如同此前和此后的其他所有委员会,伊萨多拉·邓肯纪念学校委员会在意见上也存在分歧,最后耽误了他们实施自己提出的设想。

与此同时,从3月、4月到5月,伊萨多拉都在口述其回忆录。

她下定决心，非要在合同规定的时间内完成不可。巴黎当然也有一些所谓无所不知、说三道四的人，他们说伊萨多拉与其他公众眼里的名人没有两样，也是找人"捉刀代笔"。但如同在伊萨多拉生活里的其他方面，她撰写回忆录选取的方式，也与他人有所不同，即并非按照人们预想的方式撰写。她接受布拉斯科·伊巴涅斯的建议，口述自己的回忆录。最初的几章写她的早年生活，都是她亲笔写出来的。她默默地一边写一边流泪，亲自写完帕特里克和迪尔德丽遇难的几个部分。那些痛苦的时刻，她是没法对一个陌生人诉说的。

一般来说，她口述时希望有众多朋友围在周围。凡是遇到有趣的章节，她总要想，道吉在场是必要的。遇上这种轻松的章节或插曲，她安排速记员或身边的其他人在中午之前把道吉叫起来，请他来工作室酒店吃午饭。然后在下午口述时，她和道吉有说有笑，共同分享一瓶"助兴的东西"。

在此前后，与伊萨多拉来往频繁的还有著名的法国共产主义者沙耳列·拉波博尔[1]。伊萨多拉的朋友们问过她，在那个白胡子老头身上能看到什么？他们说他长得活像一个戴了眼镜的大猩猩，但伊萨多拉的回答却是："人生中有两种品质最重要：善良和智慧，但善良排在第一。"

拉波博尔是智者。毫无疑问，他在法兰西是最有智慧的共产主义者，至少也不比亨利·巴比塞[2]逊色。他外表丑陋，所以才成了法兰西漫画似的人物。在伊萨多拉眼里，他既不是共产主义者也不丑陋。他不过是好朋友，后来为数不多的好朋友之一。他们可以在智慧的层

---

[1] 沙耳列·拉波博尔（Charles Rappoport, 1865—1941），法国政治家、记者、作家，共产党员。

[2] 亨利·巴比塞（Henri Barbusse, 1873—1935），法国作家，共产党员。代表作：《火线：一个步兵班的日记》《光明》《泣妇》等。

邓肯,1921年,摄影家爱德华·施泰兴摄于雅典帕特农神庙

面上对话。一个朋友回忆说，一天傍晚，伊萨多拉感到有些压抑，身体不适，斜倚在工作室的沙发上。这时拉波博尔走了进来。双方打过招呼之后，来客说："我才从俄罗斯大使馆吃饭回来。我坐在拉科夫斯基夫人旁边。我希望引起她对你和学校的兴趣，但我不想把话说得太唐突。于是我引用了勒南①的《在卫城祈祷》，然后才把话题转移到你身上。"

拉波博尔的衣袋总是鼓鼓的，平时装的不是报纸就是小册子。他从中取出不知翻了多少遍的纳尔逊版的勒南。他从椅子上滑落到沙发前的地面上，然后瓮声瓮气地用法语读出了《在卫城祈祷》里最著名的句子：

哦。崇高！哦，美，简单的，真实的！（是你吗，伊萨多拉！）对女神的崇拜象征着智慧和理性。你的神庙是永恒、良知和真挚的讲堂，你那神秘的门槛，我来得太迟：我把沉重的悔恨送上你的祭坛。一次次地寻找之后，我才发现你……

1927年夏天，美国来了不少朋友，其中有玛丽·邓普斯，从1923年至今她们才见面；被伊萨多拉戏称为天使长的梅赛德斯·德·阿科斯塔；摄影家爱德华·施泰兴②，1920年他在希腊为伊萨多拉拍摄的照片成为最经典的艺术作品，据此，后人才能对这位美国最伟大的舞蹈家有了初步认识。艾尔玛·邓肯也从莫斯科赶过来看望伊萨多拉，并

---

① 勒南（Joseph Ernest Renan，1823—1892），法国研究中东古代语言文明的专家、哲学家、作家。他以有关早期基督教及其政治理论的历史著作而著名。

② 爱德华·施泰兴（Edward Steichen，1879—1973），美国著名摄影师，同时也是画家、美术画廊主人、博物馆馆长。

西塞尔夫人（Cécile Noufflard Sartoris，1879—1968），法国歌词作家。丈夫阿尔杰农是格兰特将军的外孙。

伊薇特·吉尔贝（Yvette Guilbert，1865—1944），法国歌手、演员。

伊娃·勒·高丽安（Eva Le Gallienne，1899—1991），美籍英裔舞台剧演员、导演、制片人、翻译和作家。

艾米丽·戴隆松（Emilienne D'Alencon，1869—1946），法国舞蹈家、演员。

安妮塔·露丝（Anita Loos，1889—1981），美国演员、剧作家、小说家和编剧。

玛丽·迈尔斯·明特（Mary Miles Minter，1902—1984），美国演员，默片时代著名影星。

对她讲述如何走过西伯利亚和革命爆发后的中国。

艾尔玛希望过来看看演出,这次演出是**西塞尔夫人**为伊萨多拉准备的,原定 6 月末在**莫加多尔剧院**上演。可是演出推迟到 7 月 8 日。虽然此时的巴黎哪怕在夏季也有一个干涸期,到场的观众却络绎不绝,来了不少法国和美国的上流人士。**伊薇特·吉尔贝**的包厢与**伊娃·勒·高丽安**的分左右并列在一起。瑟希·索雷尔和**艾米丽·戴隆松**都在包厢里请了客人。约翰·爱默生①、**安妮塔·露丝、玛丽·迈尔斯·明特**、威廉·A.布拉德利②、伊迪斯·泰勒③和瓦兰姆布洛萨伯爵夫人④是其中几位上流的美国观众。

帕斯德洛普管弦乐团⑤在一流的领队阿尔伯特·沃尔夫⑥的指挥下,以高超的技巧奏响了塞扎尔·弗兰克⑦《交响曲》的小快板,演出拉开序幕。之后是伊萨多拉有力的《赎罪》,伴奏的音乐是弗兰克的《交响小曲》。然后是舒伯特历久弥新的《圣母颂》,舞蹈跳得如此动人,台下的不少观众竟大声抽泣起来——母亲张开双臂,却抱不到自己的孩子,这个不可磨灭的动作,谁又能忘记?还有其中可怜的温柔和叫人心碎的美——管弦乐队演奏舒伯特《未完成的交响曲》的第一乐章,之后伊萨多拉走上台来,跳起第二乐章,其动作的悲剧性比此前更为

---

① 约翰·爱默生(John Emerson,1874—1956),美国舞台剧演员、剧作家、导演和制片人。
② 威廉·A.布拉德利(William A. Bradley,1906—1994),美国政治家。
③ 伊迪斯·泰勒(Edith Taylor,1874—1959),美国神学家。
④ 瓦兰姆布洛萨伯爵夫人,即 Countess of Vallambrosa。
⑤ 帕斯德洛普管弦乐团(Pasdeloup Orchestra),法国巴黎最古老的交响乐团,1861 年由法国指挥家朱尔斯·帕斯德洛普创立。
⑥ 阿尔伯特·沃尔夫(Albert Wolff,1884—1970),法国作曲家、指挥。
⑦ 塞扎尔·弗兰克(César Franck,1822—1890),比利时裔法国作曲家、管风琴演奏家和音乐教育家。

莫加多尔剧院(Mogador Theatre),位于法国首都巴黎的一座剧院,成立于1913年,共有三层座位,1800个座席。2005年,莫加多尔剧院是莫里哀戏剧奖的颁奖地点。

深刻。

间奏曲结束后,台上传来瓦格纳的音乐。伊萨多拉在音乐的伴奏下跳出《唐豪瑟前奏曲》[1]和《伊索尔德的爱之死》[2]。这两支曲子烘托出伊萨多拉崇高的艺术理想,在两个曲子之间,乐队演奏的是《齐格弗里德》[3]。伊萨多拉跳完最后一支舞蹈,在观众的欢呼声中,把乐队所有成员请上台来,与她一起分享台下传来的掌声和欢呼声。之后,她又把乐队的指挥请出来,和她站在一起,在满是鲜花的舞台上鞠躬,微笑。没有演说。没对欢呼的人群说一句话。太多的老朋友对这种收场多少有些伤感。

法国作家亨丽特·索雷在演出结束后写下自己的印象:

可怜的伟大的伊莎多拉!演出结束,掌声和返场之后,我再次看到她站在蓝色的帷幕前面。一束束抖动的鲜花朝她扔去。她对乐队指挥和音乐师们做出甜蜜的动作,把他们与她的胜利连在一起。

我们到更衣室祝贺她。她斜倚在那里。她的赤脚从没完全解开的衣服下露了出来。她可爱的双臂环在疲惫的脑后。她神色凝重。她涂了口红的嘴唇没有张开。红色的发结把头发变成古代雕像上的一个个发卷,自然地垂落在双肩上,又宛如沉甸甸的稻谷。她倚在那里,没

---

[1]《唐豪瑟前奏曲》(*Tannhauser Overture*),全名为《唐怀瑟与瓦特堡歌唱大赛》(*Tannhäuser und der Sängerkrieg auf Wartburg*),德国作曲家理查·瓦格纳的一部歌剧,属于拜鲁依特音乐节上演剧目。本剧经瓦格纳本人多次修改。

[2]《伊索尔德的爱之死》(*Love-death of Isolde*),理查·瓦格纳1859年创作的一部歌剧。

[3]《齐格弗里德》(*Siegfried*),是《尼伯龙根的指环》(*Der Ring des Nibelungen*)的第三部歌剧,由瓦格纳作曲及编剧。《齐格弗里德》于1876年8月16日在拜罗伊特节日歌剧院(Bayreuth Festspielhaus)首演。

邓肯与罗恩格林乘船从纽约去南非途中,1916 年

太在意身下轻飘飘的服装,那是她在演出过程中一次次披在身上的,此时被她顺手丢在矮沙发上。彩虹色的纱巾露出了褶皱,胡乱扔在那里,她好像跌落在纱巾上,变成一个战败的女神……

那一刻,不知为什么,我的心脏猛地收缩了一下,虽然她才送给我们欢乐。我想起了英格兰的伊丽莎白即将死在毯子上的那张画,她的四周都是靠垫,周围站满了近臣和侍女……

莫加多尔剧院的演出结束后,伊萨多拉他们开始等待出售回忆录连载版权的消息,现在要等英国和美国编辑们的态度。8月中旬,第一批果实送了进来:英语连载版权 300 英镑。若是变成法郎的话,此款可以支付欠工作室酒店的账单。此时,朋友爱丽丝·斯宾塞正要驱车南下去伊萨多拉在尼斯的住处。她便建议伊萨多拉和玛丽·邓普斯一起去。同车,她还要邀请一位电影摄影师,一个俄罗斯小伙子,他恨不能马上为伊萨多拉拍几张"快照"。

8月8日,一行人出发了。途中摄影师设法把坐在汽车后面的伊萨多拉拍进了影像。途中,他们由于个人原因要各奔东西。伊萨多拉和她的伙伴被迫在里昂换乘上另一辆汽车,继续赶路,而爱丽丝和摄影师一车去了另一个方向。

第 40 章

在尼斯,伊萨多拉和她的伙伴又迎来了前文提到伴奏者。他们都住在廉价的旅店里,在朱安雷宾的海边度过不知多少幸福时光,日子也平淡无奇。伊萨多拉还在等待从美国传来连载版权的消息,但此刻音讯皆无。上次众人捐赠的那几个法郎在海边很快就花光了。凡是在海边生活,稍不留神钱就能从指缝间流出去。伴奏者借了几个钱,返回巴黎,希望到那里找找机会。所以在9月初,两个女人的身边又清静下来。

9月11日,礼拜天,伊萨多拉一改往日的习惯,坐下来一连写了四封长信。她突如其来的热情,也使朋友们感到意外。最后一封信写给了她"精神上的孩子",她以此来称呼那个俄罗斯的伴奏者。

1927 年 9 月 11 日

亲爱的:

怎么不写信?不发电报?你一点消息也没有。我为你着急。后来伊万说他在巴黎碰到你了。说你好好的。我太想你了,可惜我们在这种环境的旅店里。玛丽坚持离开那家我们可以赊账的宾馆,非要过这边来,现在我们可没法赊账。现在好了,我们连一口饭也吃不上。要是不把家具卖掉的话，我们怕是走不出去。在这种糟糕的环境下，我反倒不希望你回来。

你看到西塞尔了吗？也不知道胡萨德[①]是不是把房子押出去了。施尼德先生找不到出版社，动身去意大利了。我们唯一的希望是美国的连载——但还是没有消息。

要是再没转机的话，我就把这边的物品都卖了，然后返回巴黎。这里看起来是不走运的地方。

你在忙什么？你有什么计划？一定写信告诉我。希望你还能吃上饭，不要像我们。

伊万的计划似乎太模糊。他显然也没钱。我没看到爱丽丝，她好像什么也没做，不过是在车上转来转去，好像是漂泊的荷兰女人。

你住在自己的工作室吗？你在演奏漂亮的音乐吗？想想我，演奏斯克里亚宾吧。或许身上那些没用的东西不在的话，你可能更接近我的精神。人生中灵感迸发的时刻并不多，绝大部分时间都是垃圾。

我用全部的爱轻吻你。

伊萨多拉

手上没钱，马上又看不到钱，玛丽·邓普斯情急之下大胆地找到罗恩格林，后者正在圣让卡普费拉[②]的别墅里消夏。虽然他已经不是当年的百万富翁——佛罗里达土地热潮陡然冷却，他损失了一大笔现金和不少股票——但他还是同意，因过去的美好时光，在经济上支持他

[①] 胡萨德，即 Houssard。
[②] 圣让卡普费拉（Saint-Jean-Cap-Ferrat），法国滨海阿尔卑斯省的一个市镇，属于尼斯区。它位于一个半岛上，毗邻滨海博略和滨海自由城。它的宁静而温暖的气候使它成为欧洲贵族和国际百万富翁喜爱的度假胜地。

依然崇拜的艺术家。此时的伊萨多拉正在安排新节目,其中将诠释李斯特的《但丁交响曲》。

情况似乎正在好转。12日,伊萨多拉和玛丽兴致勃勃地赶去参加美国艺术家**罗伯特·钱勒**和克莱门斯·兰道尔夫小姐安排的午餐聚会。众人开了不少玩笑,也引起了不少笑声。等午饭接近尾声,有人提出,桌上两位伟大的美国人应该结婚。还没等那天过去,这则笑话就传到美国,报纸上当即发出他们订婚的消息!

罗伯特·钱勒（Robert Chanler，1872—1930），美国艺术家、雕塑家。

还有一则趣闻是说伊萨多拉对一辆布加迪小轿车及其英俊的意大利车手表现出多情的兴趣。不几天之前,她在圣让卡普费拉和胡安海湾之间的"圣母酒店"外看到这辆小型汽车。她又在餐厅内的一张桌子旁看到一个长相英俊的年轻人。显然他是汽车的车主。从那一刻起,汽车和驾驶员一同进入她的视线。她甚至还想和朋友一起把这辆布加迪买进来。后来经过安排,那个意大利小伙子在9月14日晚上亲自开车过来，接上伊萨多拉在外面转了一圈，还给她演示如何开赛车。

9月13日，伊萨多拉应邀到她的朋友和经纪人霍托伊斯①的家里吃饭。他们要讨论在里维埃拉和法国的其他地方，来一次冬季巡演的可能性。饭后霍托伊斯和夫人把他们大眼睛的孩子领了进来，想让孩子见见这位著名的客人。孩子脸上露出天真的笑容，却触碰了伊萨多拉内心的伤痛。她大叫一声跑出房间，仿佛受到了伤害。东道主赶紧追了出去，发现她正沿小路朝下走去，一边走一边抽泣。

次日黎明时分，伊萨多拉来到朋友的房间。她哭了一夜，眼睛又红又肿，说："玛丽，我不能这么下去了。14年来，伤痛始终在我心上。我不能继续下去了。你要想办法让我结束这种痛苦的状态。长相漂亮的、生了蓝眼睛和金头发的孩子，凡是有他们的地方，我都没法生活下去。我不能。我不能……"

当天晚上，她们在盘格鲁街工作室附近的一个小饭店内一同静静地吃饭。她的想法集中在年轻的希波吕托斯②身上，这个希腊神话里的人物即将驾着他的战车过来。与此同时，她的伙伴却有一种难以言传的预感。她把自己的想法说了出来："伊萨多拉，可能要发生意外。今天晚上不要出去了。求你了。"

"我今天晚上要坐那辆汽车，哪怕是最后一次。玛丽，你是中产阶级。出去转一圈，你能好起来的。"

二人离开饭店，返回工作室。在她们等那辆布加迪时，伊萨多拉打开留声机，自己跳起舞来。留声机里传出了歌声：

---

① 霍托伊斯，即 M. Hottois。
② 希波吕托斯（Hippolytus），希腊神话中雅典国王忒修斯的儿子，追逐狩猎女神阿尔忒弥斯，为能够与女神有非凡交往而自豪。

再见，再见，黑鸟，
似乎没人爱我或理解我——
你该听听他们给我讲的故事。
为我铺床；为我熄灯，
因为我要和你一起度过今夜——
黑鸟，再见，再见……

外面传来敲门声。伊萨多拉披上红色的披巾，又一把抓过厚厚的印花丝巾，然后在脖子上绕了两圈。她跳着来到门口迎接布加迪的驾驶员**法尔奇托**。在伊萨多拉走到门口之前，玛丽看她身上衣服太少，于是建议说："亲爱的，你最好披上我的风衣。"

"玛丽，没必要，没必要。我的红围巾就够暖和了。"

"我的车不太干净。或许夫人可以穿上我的皮外衣。"法尔奇托说。

伊萨多拉摇摇头。驾驶员朝汽车走去。伊萨多拉在他身后边走边跳。在她抬脚上车那一瞬间，她朝玛丽·邓普斯和一个站在工作室过

法尔奇托（Benoît Falchetto，1885—1983），法国赛车手。

道里的朋友大声说道:"再见,朋友们,我要去追寻荣耀!"

汽车发动起来。伊萨多拉把长围巾有流苏的一头扔过左肩。汽车全速驶了出去,围巾似乎拖在车轮旁边。玛丽大喊:"伊萨多拉,小心围巾!捡起你的围巾!"

汽车停了下来。车外的人还以为这是为了让伊萨多拉收起围巾。车外的人朝汽车走去,看见伊萨多拉的脑袋垂落下来。司机也从车上下来,用力比画起来。他用意大利语喊道:"我杀了圣母!我杀了圣母!"

真丝围巾的流苏和部分围巾紧紧地缠在钢丝车轮的车轴上。汽车从工作室驶出20英尺,汽车加速的拉力把伊萨多拉的脑袋朝下猛地拽了一下。自从1913年4月,伊萨多拉多次与死神碰面,这次死神着实履行了使命。死神一下子勒住喉咙,拉断脖子,扯裂颈动脉。

抽泣的朋友们从车轮上扯开厚厚的真丝围巾,把她送到**圣洛奇医院**。医生当场宣布她死亡。医院提出把尸体送到太平间进一步检查,但气愤、伤心的朋友们把遗体送回了盎格鲁街的工作室,庄重地停放在里面。

罗恩格林来了,罗伯特·钱勒来了,法国当地所有的艺术家、诗人和朋友,有钱的也好,没钱的也好,先后来到安静的、洒满烛光的、摆放鲜花的工作室。他们安排火车把遗体送到巴黎,然后火化,骨灰与迪尔德丽和帕特里克的安放在一起。凡是该办的,悲痛的罗恩格林都办了。9月16日,礼拜五,棺材被雷蒙德·邓肯、玛丽·邓普斯和那个俄罗斯伴奏员送上前往巴黎的火车。棺材上盖了紫色天鹅绒斗篷,那是伊萨多拉演出肖邦的《葬礼进行曲》和李斯特的《葬礼》时披在身上的。

礼拜六下午火车到达里昂车站。在站上等候的有伊丽莎白·邓肯、费尔南多·提华尔、达里斯勋爵、莉莎·邓肯、道吉、赫兰德和阿尔弗雷多·塞兹①。车厢内撒满了花瓣,棺材被人抬了下来,迎接伊萨多拉的是朋友的泪水和抽泣。

棺材从火车站被运到雷蒙德·邓肯的小工作室。此时伊萨多拉过去用的蓝色帷幔已经挂了起来,营造出与她生前相和谐的氛围,同时把室内的油彩罐等物品也遮掩起来。礼拜六一整夜或礼拜天全天,过来吊唁的朋友络绎不绝。我们发现,此时在巴黎参加军团节日庆典的美国人有好几千,其中仅有三个身着军装的士兵过来吊唁,他们把没吸完的雪茄放在工作室外面,在鲜花装饰的棺材前跪了下来。

圣洛奇医院

---

① 阿尔弗雷多·塞兹,即 Alfredo Sides。

第41章

9月19日上午10：30，伊萨多拉的朋友们来到工作室，护送她的遗体到拉雪兹神父公墓火化场。他们手持秋日的鲜花聚在那里，拉尔夫·劳顿①在隔壁的工作室里弹起钢琴，贝多芬和肖邦的乐曲通过不厚的墙壁和蓝色的帷布，如同天籁传到了吊唁者的耳边。

11时，殡仪馆的人员把棺材和鲜花抬上等在外面的灵车。他们在棺材上覆盖了蓝色的披风，披风上是一束束鲜花。雷蒙德·邓肯好像从他的希腊长袍下取出一面美国国旗，然后把旗帜盖在了棺材的后面。鲜花又重新摆放了一遍。这时有人想起伊萨多拉是苏联公民，她的手袋里还有一本苏维埃的护照，于是有人把一束大红色的剑兰和红丝带安放在鲜花丛中，让所有经过的人都能看到金色的铭文：

俄罗斯的心为伊萨多拉哭泣。

重要的来宾全部上了马车，各个程序也安排完毕，此时严肃的司仪发出指令，灵车启动。与灵车相距最近的是雷蒙德、维嘉、道吉；

---

① 拉尔夫·劳顿，即 Ralph Lawton。

她的兄长、恋人、朋友。他们身后是达里斯勋爵、费尔南多·提华尔、雕塑家约瑟夫·克拉拉①、梅赛德斯·德·阿科斯塔、珍娜·福兰纳②、阿尔弗雷多·塞兹、赫兰德、塔利娅·罗萨莱斯③、乐队指挥阿尔伯特·沃尔夫、娅斯卡夫人、莉莎·邓肯和一大队知名与不知名的来宾。

送葬的队伍经过格勒纳勒桥④和复制的自由女神像，与原版的不同，复制品手里并没有点燃的火炬。队伍从桥上转下来，顺着塞纳河左岸缓缓走去。因为美国军团将在香榭丽舍大道上游行，城内哪怕几小时之前也可能发生拥堵，送葬的队伍在来到皇家桥之前，始终走在塞纳河左岸。

当队伍走过战神广场⑤时，军团的士兵匆匆走过大桥，来到特罗卡迪罗广场的双塔下，把好奇的目光投向鲜花与灵车及其后面的队伍：一个长发、薄嘴唇的男人身披白色的毯子，脚上是一双拖鞋，其他人衣服杂乱，脸上没有凄然的神情。雷蒙德·邓肯的弟子不戴帽子，不穿袜子，身上披着白色的毛毯。士兵们看了片刻之后，仍然不明就里，于是他们经过大桥来到特罗卡迪罗广场，此时广场上已经来了不少军团的官兵和乐队，他们的服装更是滑稽，仿佛是来参加狂欢节的。

25年前，也是在同一个大厅里，伊萨多拉第一次感知到希腊悲剧的魅力，一个个动人的动作可以被天才变成自由的、崇高的舞姿。她

---

① 约瑟夫·克拉拉（Josep Clarà，1878—1958），西班牙雕塑家。
② 珍娜·福兰纳（Janet Flanner，1892—1978），美国作家和记者，从1925年担任巴黎《纽约客》杂志的记者，直到她于1975年退休。她还在纽约市出版了一本小说《立方体城市》。
③ 塔利娅·罗萨莱斯，即Thalia Rosales。
④ 格勒纳勒桥（Pont de Grenelle），一条位于法国巴黎的钢制梁桥，建于1827年，连接巴黎第十五区和巴黎第十六区，横跨塞纳河以及河道中央的天鹅岛。
⑤ 战神广场（Champ-de-Mars），坐落于法国巴黎第七区的广大带状公园，介于位在其西北方的埃菲尔铁塔以及在其东南方的巴黎军校之间。

在最上面的祭坛上看到过穆尼耶-苏利①上演《俄狄浦斯王》。10年之后,还是在同一个大厅,伊萨多拉演出了格鲁克的《俄狄浦斯王》。还是那位穆尼耶-苏利,此时的她更像奥林匹亚的女神,专门为伊萨多拉朗读了合唱的歌词。萨尔·佩拉当②在演出开始之前以"伊萨多拉的艺术"为题发表演讲。还是在这座大厅里,伊萨多拉和她的学生们跳起了格鲁克、舒伯特、瓦格纳、柴可夫斯基和斯克里亚宾的音乐,她张开双臂用爱来拥抱数千名观众,他们像中了魔的孩子似的坐在台下。

此时她又最后一次经过这里,神庙里站满了士兵。如伊薇特·吉

皇家桥(Pont Royal),位于法国巴黎,是一条横跨塞纳河的桥梁。它是巴黎第三古老的桥梁,仅次于新桥和玛丽桥。桥梁连接左岸的巴克街和博纳街以及左岸的花神宫。

---

① 穆尼耶-苏利(Mounet-Sully,1841—1916),法国舞台剧演员。
② 萨尔·佩拉当(Sar Peledan),法国小说家、评论家。

尔贝所言："当士兵到来时，你就离开，悲剧性和逻辑性如同真理！"

那位亲爱的歌唱家写给伊萨多拉的临别感言刊登在法语版的《乐评》上。

送予你，伊萨多拉

1927年9月19日，巴黎，这一天为你欢呼，为你美国的兄弟们欢呼。你最伟大的美国人在几个小时之后即将作为祭品变成烟尘，你发出的火光将把巴黎的空气变得甜蜜。当战士进来时，你就离开，悲剧性和逻辑性如同真理！

火焰的形象，独一无二的女神，来到未必圣洁之国，复活了一个伟大的梦想，一种伟大的艺术，无论是过去、现在，还是将来，我们都要为你的启蒙，为你能满足我们的渴望，对艺术的渴望，而感激你！人间天才，世间超人，祈祷奥林匹斯欢迎你！那些已故的伟大诗人将敞开大门迎接你！迟早你还会回到人间，自如、纯洁、安慰，如鲜花一般，因为你的天才或许要生根发芽，最终在生活的花园里长出人性的玫瑰。你必得永生，谁能与你比肩？！

伊薇特·吉尔贝

从美国军团和特罗卡迪罗大厦的影子下，走到奥赛码头的林荫大道，送葬的人们站在阿尔玛桥[①]上看到的是香榭丽舍剧院的大理石建筑，那里布德尔的浅浮雕，也是来自伊萨多拉的灵感。在管弦乐队或"天使长"的钢琴伴奏下，她在那个大舞台上跳过的舞不知有多少次。战争才结束之后，她不顾在法兰西弥漫的大国沙文主义烈焰，全部演

[①] 阿尔玛桥（Pont de l'Alma），法国巴黎塞纳河上的一座拱桥，得名于克里米亚战争期间的阿尔玛战役。

出的节目都是瓦格纳,菲利普·高伯特①指挥管弦乐队,伴唱的是演唱布伦希尔德②曲目的布雷瓦夫人③。数千名渴望倾听"敌国"作曲家音乐的观众挤在剧场内,几乎到了窒息的程度。还是在这个剧场里,因为俄罗斯革命政府拒绝支付法国战争赔款,法兰西为之愤怒,但她依然上演了《斯拉夫进行曲》,还在演出结束时高呼"俄罗斯万岁"。

在左岸的码头附近,行进的队伍走过外交部,走过国会大厦,走过她1918年和"天使长"入住的奥赛宫酒店。队伍在皇家桥改变方向,从桥上走过,路过杜乐丽花园④,来到里沃利大街。大街对面走来两个营的阿尔卑斯轻骑兵,他们要过去为美国军团维持秩序,预防共产主义者和萨科与范泽蒂⑤的支持者捣乱。骑在马上、佩戴勋章的军官

---

① 菲利普·高伯特(Philippe Gaubert,1879—1941),法国音乐家、作曲家和指挥。
② 布伦希尔德(Brunhilde),是一名女武神(Valkyries)。她是北欧英雄传说《沃尔松格传》和冰岛史诗《埃达》中的主要角色。她以同样的名字出现在日耳曼史诗故事《尼伯龙根之歌》和理查德·瓦格纳的歌剧《尼伯龙根的指环》中。布伦希尔德的形象可能来源于西哥特人公主奥斯特拉西亚的布伦希尔德,她在567年嫁给了墨洛温王朝的希尔德里克一世。
③ 布雷瓦夫人(Lucienne Bréval,1869—1935),瑞士歌剧演员、女高音歌唱家。
④ 杜乐丽花园(Jardin des Tuileries),法国巴黎一座对外开放的庭园,位于卢浮宫与协和广场之间。杜乐丽花园是由王后凯瑟琳·德·美第奇于1564年时为了兴建杜乐丽宫所设计的。杜乐丽花园于1667年首次对外开放,并在法国大革命后成为公园。从19世纪开始,杜乐丽花园成为巴黎人民休闲、散步及放松心情的场所。
⑤ 萨科与范泽蒂(Sacco and Vanzetti),美国历史上著名的萨科与范泽蒂案件的两位当事人。1920年4月15日,马萨诸塞州一家鞋厂的出纳及警卫被两名男子抢劫谋杀,三个星期后,两位意大利移民萨科和范泽蒂被指控杀人,长达七周的审判后,即使罪证不足仍被宣判谋杀罪以及死刑。1927年4月9日,在向麻省所有的法院申诉失败之后,萨科与范泽蒂最终被判处死刑。1927年8月23日被处以电刑。

沙特雷剧院（Théâtre du Châtelet），位于法国首都巴黎中心区的一个剧院，有2500个座位。沙特雷剧院开始建设于1860年，在1862年竣工。

在经过灵车时，抽出闪亮的马刀向灵车致敬，然后他转过身去对其他负责的军官大声喊道："立正！向左看！"所有步行的军官都抽出军刀向灵车致敬，士兵经过灵车时向左行注目礼。骑手们压低了三色旗和团旗。他们不知道的是，他们致敬的死者也是萨科与范泽蒂热烈的支持者，其激进的程度与可能在忏悔星期二阅兵式上捣乱的人相比也毫不逊色。送葬的队伍以缓慢的速度走过里沃利大街。头上缠了围巾的妇女和当地的劳动者知道棺材里躺的人是谁。"不幸的伊萨多拉！"他们喃喃地说，不由得想起她一生遭遇的悲剧和14年前两口小棺材后面送葬的人们。那边就是沙特雷剧院，不知多少次，伊萨多拉与爱德华·科洛纳①指挥的管弦乐队为观众送上成功的演出；再往前是斯特拉

---

① 爱德华·科洛纳（Edouard Colonne, 1838—1910），法国指挥家、小提琴家。

斯堡大道，在快乐剧院①里，伊萨多拉和幸福的德国小姑娘们用《奥菲露》《伊菲格尼》和勃拉姆斯与舒伯特欢乐的华尔兹感染过多少观众。

队伍走过巴士底广场，顺着罗盖特大街继续走，经过那座为不幸、痛苦的年轻人准备的凄冷的、反文明的监狱，通过大门来到拉雪兹神父公墓。外面下起了小雨。但数以千计的人们不为所动，依然等在门外，目送队伍经过蜿蜒的小路走向火化场。此时室内已经没有地方。教堂前面站的全是人，黑压压的一大片，足有1万多，他们来自

巴士底广场（Place de la Bastille），法国首都巴黎的一个广场，是法国大革命的重要纪念地。过去是巴士底狱所在地，直到攻占巴士底狱，随后在法国革命期间的1789年7月14日到1790年7月14日之间，被彻底破坏，没有留下任何痕迹。

---

① 快乐剧院（Gaite Lyrique），1862年创建的一家法国巴黎剧院。

社会各个阶层。

他们从灵车上抬下棺材,然后送入火炉,此时音乐响起。拉尔夫·劳顿演奏了李斯特的《葬礼》,他曾经和伊萨多拉在巴黎和布鲁塞尔巡演。卡尔维四重奏乐队[①]演奏了贝多芬的行板音乐,之后加西亚·马赛拉克夫人[②]唱起舒伯特的《圣母颂》。还没等四重奏乐队继续演奏,众人发现伊萨多拉的哥哥在前排的座位上站起身来,向大门走去,长袍在身后飘动起来,他仿佛被看不见的力量驱使一般。门卫推开大门,在室内、室外众人的低语中,传出来一个坚定的、没有感情的声音,他大声用法语说道:"多年之前我们从旧金山出来,当时是四个人,现在我们只剩下三个人……"

教堂内伊萨多拉的朋友玛丽·邓普斯一边抽泣一边说:"当初是一个,现在一个也没了!"在秋日的空气里,外面传来的声音忽高忽低,仿佛在做一场政治演讲。外面的演说结束之后,演讲者回到座位。教堂里的人的目光都落在了他的身上。这时四重奏乐队才奏起巴赫的《G弦上的咏叹调》。乐曲感人至深,不免勾起伊萨多拉的挚友们的种种记忆,此时他们已经无法控制悲痛的心情,不少人像孩子似的抽泣起来。

咏叹调过后,费尔南多·提华尔走上台来。他的声音仿佛是经过最大的努力之后才平稳下来。他为爱慕的女神朗读悼词,而此时她的遗体正在烈焰中升腾。他读到最后几乎泣不成声,等他的声音在安静的观众中消失后,又传来一个男中音的声音,唱的是艾丽奥诺拉·杜

[①] 卡尔维四重奏乐队(Calvet Quartette),由法国著名小提琴家约瑟夫·卡尔维于1919年创办的乐队。
[②] 加西亚·马赛拉克夫人,即 Garcia Marsellac。

拉雪兹神父公墓(Cimetière du Père-Lachaise,官方名称:cimetière de l'Est,意指"东公墓"),法国巴黎市区内最大的墓地,位于巴黎第二十区,面积超过43万平方米。它是巴黎第一个园林公墓。也是巴黎第一个市政公墓。拉雪兹神父公墓是世界上最著名的墓地之一。

邓肯墓

斯最爱的歌曲,当初在维亚雷焦①,她也为伊萨多拉唱过贝多芬的《在幽暗的坟墓里》:

> 在幽暗的坟墓里,
> 让我安息。
> 我在世时,
> 你才应该想念我,
> 哦,负心的你!

拉尔夫·劳顿又用钢琴演奏一支肖邦的夜曲,与此同时,家人被请到帷幕后面,亲眼注视骨灰倒入一个骨灰匣并封存起来。然后,他们又用紫色的斗篷盖上骨灰匣。殡仪馆的司仪这才把骨灰匣送到安放骨灰的大墙上,永久封存起来。她的亲人和朋友走在司仪的身后来到墙边,那里此前已经安放了其他两个人神圣的骨灰,洁白的大理石上简单地刻了几行字:

> 迪尔德丽,帕特里克
> 童男童女都必须,
> 变成灰,如同烟囱的清扫工。

朋友们一个接一个从安放骨灰的大墙下走过,之后与邓肯的亲人告别……

谁又能想到一年之后,才过了一年,在这数千崇拜者、朋友和亲

---

① 维亚雷焦(Viareggio),位于意大利托斯卡纳大区北部的一个城市,卢卡省内第二大城市。维亚雷焦既是一个海滨度假胜地,也是一个制造业中心。

人里，只有两个人还没有忘记。只有两个朋友拿着洒了泪水的玫瑰花站在大墙下低语：伊萨多拉！伊萨多拉！

费尔南多·提华尔为伊萨多拉写的悼词

她的一个朋友、一个有时胆怯的朋友，谦卑地站在这里，用朋友的口吻讲话，今天，没有一个朋友，没有一个亲人，不从心底感到谦卑。那是在天才之前善良人的谦卑，是贫乏的灵魂在丰富的灵魂面前的谦卑。所以我们才要讲述从天才那里飘落到我们身上的雨露，讲述她如何通过努力把干瘪的种子变成了渴望光线——渴望她的光线的鲜花。

此刻我的声音要压过另一种声音，一种我说话时唯一发出的声音——火焰的声音。火焰是最后的颤动，最后的音乐，当我们坐在这里时，那也是伊萨多拉的遗体服从的声音。

那为灵魂服务的身体是美。这火焰，若不是从无名的恐怖或与大地斗争的恐怖中施以救赎的深渊又是什么？或许我们中的少数人，但我们不在其中，要在烈焰中选择被光环覆盖深渊，而拒绝被深灰色的泪水玷污的平庸。

伊萨多拉在这里。伊萨多拉完成了自己的使命。她的使命是挑战，是升华的挑战，暴烈的挑战，这种挑战无时无刻不指向注定的命运。

一如普罗米多斯的使命注定了他的命运。

没有止境的命运好似人类不可通融的法官击倒了她。现在命运以近乎怜悯的狠毒终于画上了复仇的句号，那是人类所有事业的句号。在她又一次跳舞之后勒死了她。

我不伟大，还不足以知道在1927年9月14日那天，命运是不是如我们所说的履行了自己的承诺。

伊萨多拉想要什么，才激怒了众神？我说众神时，你们每个人，都能从心底理解一个不同的东西,那才是真理。

她要快乐。她要美。她要快乐和美,因为她就是快乐和美。

在死神面前——在那个把自己伪装成终极现实、我们不予理睬、我们想要逾越的死神面前——什么又是快乐和美?

14年来,自从把我们带到此地的那一天起,没有一个形象在我们心灵的眼睛里褪色,伊萨多拉,一旦她收拾起自己破裂的身躯、心脏和灵魂,伊萨多拉跳出了复活的伟大舞蹈——磨难、斗争、胜利。

此刻胜利在哪里?我们相互发问,希望从对方那里得到答复。只有在我们自己的希望里,在我们自己的信念里,我们才能找到答复。

今天,伟大的竖琴为世界的舞蹈伴奏,为众声伴奏,那些声音知道如何重复我们所知的最崇高的声音——一种伟大的声音戛然而止,如同把竖琴丢在火里。

胜利在哪里?伊萨多拉希望用生的快乐来教育人类。她希望人类能知道如何才能把生命之光吸引到深处。我们每个人都汲取了光,变成了她面前的学者——孩子。我们蔑视她所蔑视的:物质、虚荣、恶意和悲痛。

悲痛。

对她来说,对她一生反复出现的悲剧来说,如果周围传来的仅仅是你们此刻听到的无名的声音,那将是可悲的独唱。

但我以为,此时此刻,成千上万的声音在重复一个名字:伊萨多拉。

在热烈的时刻,在那扇把我们挡在欢乐之外的大门开启之前,我们流出感激的泪水,重复那几个字:伊萨多拉。

她蔑视悲痛吗?

在场的没有人,没有一个人,无论你是谁,或在生活里经历了怎样的磨难,谁也不如她理解悲痛的含义,或张开双臂却拥抱不到东西的感受。

然而她蔑视悲痛。

我请你们听我说,因为是她要说了。

听我读。是一封信。

一个青年生前在14—18日两个日子之间过去听她说话,所以他才能在存续了仅仅一天的信上重复她的话。后来,伊萨多拉给他写了信:

那天,你在我相当虚弱的时候找到我。

但是当我读到我给你留下的印象时,我为一个想法感到后怕:我的话可能在世上种下失望,而这个世界太需要勇气和希望了。

在目光犀利和充满力量的时刻,我们知道,即使最严重的伤害、灾难、恐怖,也不过是遮掩其他真相的神秘面纱。

我通过工作总是设法说服众人,欢乐要比悲伤更强大,死亡不过是指引我们通向宇宙永恒和谐的大门,身心磨难和物质的可怕表象,不过是幻觉,产生幻觉的人知道如何解释(原谅我,我用语言难以说清自己的想法,但是我经常用舞蹈来说明自己的信条,贝多芬《第九交响曲》结尾的欢乐颂即为胜利的证明),因为我说的话经过你的重复后,如我一样悲伤的几个灵魂若是变得灰心起来,那我将永远不能宽恕自己。

我马上要工作了,指向前方,永远拥抱隐身天使的声音,拥抱美、神圣的音乐,走向欢乐和光明,那才是我们最终的目标。

啊,提到隐身天使声音的,不是我而是她。这些声音我以前也发出过,是她招了招手,但是听到天使声音的是她,是她在夜里听到了声音,她甚至还看到发出的光。

在与她相遇的人面前，如果她的演说里没有总是出现"天使"二字，那可能是因为她没必要用语言说出来，因为她说出的话不是普通的话，而是天才的演说，她说出的不是普通的祈祷，而是天才的祷告。

那么就拥抱隐形天使的声音吧，拥抱神圣的音乐，走向欢乐和光明。

不要流泪了，她的姐姐伊丽莎白，不要流泪了，她的哥哥雷蒙德。她曾以母亲般的、如此甜蜜温柔的声音说过"我的哥哥雷蒙德"。我的声音不是轻浮男子想要诱发眼泪的声音。

走向欢乐和光明，你们听到了吗？

所以我们必须忘却，必须牢记。我们必须牢记欢乐和光明。我们必须牢记欢乐和光明的她。

就在昨天，在你的工作室，离她那么近，周围是蓝色的帷布，在帷布之前她的一生都是美和光，我听到一支无限安静的颂歌。那是不可企及的安静。

那些挑战时间法则的人，那些在仍然流泪的时刻却希望拥抱欢乐的人，哪怕是那些最后拥有光明的人，为得到相应的回报也付出了代价。

在深渊之下，今天，我们互相依傍，拒绝绝望，用一种声音，用我可怜的卑微的软弱的声音，我们一同喊出一个名字。发自深渊之下，超越绝望，走向因为一个女人的天才即将降临的明天，我们充满自信地喊出一个名字：伊萨多拉！

附录

邓肯

艺术随想[1]

伊萨多拉·邓肯

今天下午,作为一个经常反思的人,我得跟你们谈谈我的想法,长久以来,我一直珍视这个想法,并践行、思考。因此我可以大致说说它的宗旨与它的美。

去年夏天,我在纽波特的时候,曾经向昌西·迪普[2]先生询问过,当今社会所追求的到底是什么?他的回答是:"欢乐。"于是,我便开始观察自己身边的事物。我见到容貌美丽的女人,活泼可爱的少年,身材魁梧的男人。我告诉自己,如果当今社会所追求的是欢乐,那么这种欢乐应当尽量是高尚的、文雅的。如果有一种欢乐,它同时能够让人们随着时间的推移而在不知不觉间渐渐变化发展。比如,在欣赏优美动听音乐的时候,你的身体随着旋律节奏的推进而渐渐感到舒展,同时你的心灵也跟随着大师的思想而不断地有所长进。我相信自己已经为当今社会摸索出一种新的方法,能够让这种轻松愉快的长进呈现出全新的表现形式。如同音乐家通过提琴展现自己那崇高的思

---

[1] 本文选自伊萨多拉·邓肯散落在各大报纸杂志等的采访和随笔内容,包括《纽约时报》《洛杉矶时报》《名利场》《艺术月刊》《舞蹈新闻》《时代周刊》《戏剧评论》《舞蹈与舞者》《芭蕾评论》《摄影杂志》《国际舞蹈》《舞蹈纪事报》等。
[2] 昌西·迪普(Chauncey Depew,1834—1928),美国律师、参议员。

波提切利的《春》

想，歌唱家通过歌声，而我，所使用的媒介是最高级的工具，那便是人的身体，动作就是它的语言。

这个思想在我心中出现的时候，我还是个小女孩。那个时候，我总是一动不动地注视着摆在家中书架上的那幅波提切利①《春》的复制画。我注意到画上呈现出的动作都是那么地引人入胜，每个人物都在通过自己的动作展现出春天的新生命。后来，每当我听到妈妈所弹奏的门德尔松的《春颂》时，都感觉如同一阵微风轻轻拂过，草地上的雏菊随着微风轻轻地摇动着，画面上的人物仿佛也动了起来，那三位美惠女神，手牵着手……

. . .

如果舞蹈还没有再一次恢复成为生活中的一门艺术，那么，最好就让它的名字在那古代的尘埃里埋没起来吧……归根结底，我对于标新立异毫无兴趣，让我深深为之着迷的是这样一个问题：舞蹈到底是不是与其他艺术紧密相关的一门艺术？如果答案是肯定的，那么又该怎么将它作为一门艺术带入到人们的生活中？我能够提出如此问题，完全不是根据自己本身以及本身的舞蹈来说。我自己是无所谓的，或者说，我自己是无足轻重的。但是我认为，当今社会的绝大多数人都应该关心、关注这一问题。

我的舞蹈是与生俱来的，是发自天然的。我从很小的时候便开始接触舞蹈了，我非常喜欢舞蹈，并对其感情至深，因此，从小我就喜欢在大家面前翩翩起舞。人们都称我为"赤脚舞蹈家"，当然，我觉得，你们也可以称呼我是"赤头的"或者"赤手的"舞蹈家。我之所以脱掉衣服跳舞，是因为我觉得脱去这些外在的束缚能够更好地展现

---

① 波提切利（Sandro Botticelli，1445—1510），原名亚历桑德罗·菲利佩皮（Alessandro Filipepi），欧洲文艺复兴早期的佛罗伦萨画派艺术家。

邓肯舞蹈照片，阿诺德·金赛摄

自己身体自由的节奏。不管在什么时代,只要舞蹈被视为一门艺术,那么,舞者的双脚以及身体的其余部分,都应当是自由自在的、不受约束的。此外,舞蹈在各个时代都对其他的艺术产生了深远的影响。比如,古希腊那些精美绝伦的浮雕就呈现过古希腊美好的舞姿,意大利人也展现过美好的、可爱的舞蹈动作。直到现在,不管是画家,还是雕塑家,他们在勾勒或者雕刻舞蹈形象的时候,也总是将那些形象描绘成衣袂飘飘、赤裸双足的。

只要你稍微思考一下,不难发现,那些衣袂飘飘、赤裸双足的舞蹈形象并非我的独创和发明,而是每个时代全部的艺术家一致认可的、理想的形象。这样的话,你自然就不会再使用"赤脚舞蹈家"这个称呼了。说实在的,我并不喜欢别人那样称呼我。你会发现,如果努力创办一所学校让舞蹈再次焕发出容光。那么显而易见,学生们应通过古希腊大师的舞蹈、绘画获得启发,要像那些绘画上的人物穿一样的衣服。因为舞蹈的根本原则便是能够充分展现出身体有节奏的运动。

当我还是个可爱的小女孩时,我就已经开始面对自己的观众去舞蹈了,然后到现在也从未间断过。在从事这个行业的这么多年里,受到议论、指责、批评在所难免。但总体而言,我所得到的观众反馈,都是热情的欢呼与真诚的鼓励。正是因为有你们这种热情的鼓励,才能够让我越发坚定地走自己的舞蹈之路。因为在我看来,这种来自广大观众的、热情的呼声表明,我所带给大家的舞蹈是观众需要的,甚至可能是必不可少的。我觉得这些观众自己也十分渴求参与到这样有节奏的运动中。我在从事舞蹈艺术的整个过程中,曾经无数次地收到很多年轻的女孩子给我写的信,足有数千封。我收到的信件里面都有这样的说法:"我们认为,舞蹈是生活中必不可少的元素,每个人都渴

邓肯舞蹈照片,阿诺德·金赛摄

望跳舞，我们看到您的表演，认为您已经找到了正确的途径，那么请问您是否愿意教教我们呢？"

我看到这些信件，当时心里想的是，虽然我没有办法将自己所有的生活结晶，将那渐渐累积而形成的舞蹈一下子教授给他人，但是我必须要对于这些渴望学习舞蹈的需求给出某些回应。在这种想法的驱使下，我渐渐地找到一个解决方案，那就是想办法创办一所学校，而这所学校的创办宗旨即讨论、探索真真正正的舞蹈艺术。这个想法在我脑海中酝酿了很久，最终成熟大约是在十年前。我想，只是简单地让人模仿我的舞蹈动作是毫无意义的，最重要、最核心的是要将舞蹈真正看成一门艺术来进行研究。我曾经简明扼要地对我的观众们提到过此想法，他们给我的反馈也都觉得这个想法不错。因为每次我提到这个想法的时候，不管是美国的、德国的、奥地利的、匈牙利的以及法国的各个大城市的观众都回答说："哦，这真是个非常棒的想法！"我常常会在演出结束后，对我的观众们宣布这个想法，每一次，他们都异口同声地告诉我："我们真的是非常需要这样的学校。"他们对我想法的认同，给了我很大力量和鼓舞。于是，我就将自己每一次演出所得的报酬积攒起来。到了1904年，这样一所众望所归的学校终于建成了。

· · ·

如果希望了解古希腊人对于人体以及人体比例所具备的精准的知识与敏锐的感受，最好的办法就是亲自前往雅典卫城南岸的狄俄尼索斯剧场，到那环形座位中间去，安静地站立片刻，去感受。你将自己置身于演员的位置，在你眼前的是3万个沿山坡倾斜而下的座位。那个时候，你就能清晰地感受到，自己的心灵是那么有力，是那么轻而易举地就能驾驭那些坐在这样的座位上的观众们……

这个方案是目前我能够举出的所有例子中最好的、最合适的，它所展现是你的身体完完全全被一种激情所占领。你的头部会向后倾斜，但是你可能根本没有意识到，头的动作是不由自主发出来的。它是酒神狂喜的时候通过你的整个身体所呈现出来的带有强烈感情的自然结果，你身体的各个部分仿佛都在不间断地应和着七弦琴奏出美妙的乐声。如果一位舞蹈家带着如此热烈的情感在你面前起舞，毫无疑问，那会极具感染力。你甚至会将那位舞蹈家本身忽视掉，而是与他一同沉浸在酒神狂喜的乐章里。

・・・

　　我注意到一点，不管是什么时候，只要我在自己的艺术中带有一点创新时，那些音乐评论家总会对我发起攻击。他们就这样，反反复复地，不断地重复着同样的批评，长达十年之久。而这，对于那些模仿我的人而言，反倒成为一种荣誉。

・・・

　　最近的这十年里，我一直坚定不移地将所有的力量投入于创办一所学校。这所学校要在可能的范围内尽快恢复舞蹈应有的地位，即舞蹈是一门艺术的崇高地位。大量的事实让我清晰地明白，舞蹈艺术正在快速地爬坡，重新崛起中。能够参与到有节奏的运动中，这对于人类而言，不管是过去或者在现在，甚至于永恒的未来，都是最高尚的欢乐之泉（它一直都是各个时代宗教仪式里最为重要的组成部分之一）。在当今时代，新一代的艺术家以及他们的学生们也纷纷表示，他们最为迫切的需要，就是能够在运动中对人体有更加完善的了解。在这方面，我的努力已经获得了公众认可，这也充分说明我所坚持的是一条正确的路。因此，我坚信，现在最为要紧的是，有人带着明确的目的、坚定的立场站出来，指引大家满怀热情地一起去开创一个有着伟大、光明前途的事业。带着这样的目的，我在 1904 年 12 月创办了这所新型的舞蹈学校。

再一次发现美，发现人体所蕴藏的和谐动作，再一次将人体美、与人体美相应的符合理想的运动，赋予生活，再一次唤醒一门已经沉寂了两千年的伟大艺术，这便是本学校首要完成的任务。

· · ·

与古典舞蹈这个称呼相比，我更愿意将自己的舞蹈称为美式舞蹈。为什么我会愿意称它为美式舞蹈，我想表述的意思是，这个舞蹈本质上是属于美国的。正如沃尔特·惠特曼的诗歌以及乔治·巴纳德[①]的雕塑是在美国的文化中孕育出来的一样，我的舞蹈同样是属于美国的舞蹈，原因就是它深深根植于这个国家的文化土壤中、生活里。我坚信，我的舞蹈必将会成为一种伟大的舞蹈流派的基础，而这种流派又必将与新的音乐流派共同给这个国家带来欢乐。芭蕾舞派由于它是路易十三时期的产物，因此不管是它的动作抑或是它的服饰，所能体现的都只是当时那个时代独有的、矫揉造作的文化特点。它与美国人民的生活没有一丝一毫的相同点，只能被视为一种稀奇古怪的、令人觉得好奇的肢体活动罢了。从本质上来看，这种舞蹈没有任何意义。在美国，永远也不应当存在什么芭蕾舞派。

· · ·

美利坚，你什么时候才能够对我为你所做的一切有所回应呢？你在 1898 年开始，就能够在纽约的报纸上看到，我从最初就竭尽全力将自己的艺术全部奉献给你。你能够看到当时我的一些照片，一个瘦弱

---

① 乔治·巴纳德（George Gray Barnard，1863—1938），美国雕塑家，曾就学巴黎。代表作为大都会艺术博物馆前的《人类的两种本性的斗争》和美国辛辛那提市的林肯雕像。

的、矮小的女孩，在不断地探索着最基本的动作与节奏，只是为了拯救舞蹈，只是为了教会那些孩子以及青年们，让他们能够通过舞蹈这样一种形式来表达自由的灵魂。但是，我得到的，你所给予我的回报却是：让我居无定所、风餐露宿，差一点儿就横尸街头；后来又被迫背井离乡，搭乘运牛船，漂洋过海，到欧洲谋一条生路。

　　只不过，到了后来，当欧洲的观众以及很多伟大的艺术家都对我的艺术给予了高度一致的赞赏时，我才得以在1909年被你允许返回国内，才把我在美国期间所做的一切努力称为"巨大的成功"。但是，既然你没有真心，也没有实意去了解我所奉献的艺术，只能将这伟大的艺术看成是昙花一现的、短暂的偶然成功，结果就出现了数千人想跟随我走我走过的路，以此来碰碰运气。这些拙劣模仿者现在正如瘟疫一样在整个美洲大陆上肆意蔓延。

　　经过很多年的努力，我在1915年，由于躲避战争带来的隐患而将学校移到美国。但是你又将我倾注了全部心血、精力与财产所培养出来的、年幼的学生视为难民。对于她们匮乏资金的情况，你不仅不闻不问，甚至最后还要下令将她们从剧院全部赶出去。

　　最后，当我迫不得已，只能通过借船费回到法国去投靠朋友的时候，我将自己花费了十六年，倾注了全部心血的结晶、六个年龄最大的学生给你留下了。我充满期待，希望这几个从六七岁便跟随我学习舞蹈的女孩子能够成为惠特曼真正的女儿，成为年轻、奋发有为的、伟大的舞蹈女神，能够在将来的岁月里教导出千百个儿童。

　　你也将她们称为"巨大的成就"。也就是说，你能够让她们被剧团老板所雇佣，让她们成为一株株摇钱树，去参加你所谓的那些巡回演出，奔波在纽约与旧金山两地之间。每天晚上都要换个地方，每个白天都在铁路上奔波，直到今年，她们才再次回到我的身边，但是她们的身心已经遭到摧残,已经变成了你的老板,你的那些沉溺于感官享受的观众,逐渐在自私自利主义淫威下成为可怜的牺牲品。你要知道,这些充满朝气的女孩子原本是应该成为千百万美国儿童的好朋友、好老师的,是应该给美国儿童带去美和光明的。

如果我感到厌倦了,感到绝望了,你会很惊讶吗?我知道,在我死后50年后,你能够为我竖起纪念碑,但是,到那时这一切还有什么用呢?彼时,我已经化作一抔黄土,长眠于冰冷的地下,再也没有痛苦,更不会挣扎。既不能给你创建伟大的学校,也不能再为你带去那些至少现在你还没有办法理解或者不太欣赏的伟大的理想了。

但是,我还是将我真诚的爱以及美好的希望奉献给你。

我在伦敦跳舞的时候,人们看后都说我的舞蹈源于希腊。这是不对的。我的舞蹈是属于美国的。我是美国人,在加利福尼亚出生。我的祖祖辈辈200年来从来没有离开美国。我的舞蹈是来自我故乡的每一处森林湖泊、每一处河流草原,难道不是这样的吗?有些评论家说我的原始艺术十分单调、枯燥、乏味。但是,只要我的艺术能够为广大观众带来一些小小的欢乐,我也就别无所求了。

. . .

在舞蹈还只是舞蹈的时候,我就觉得十分乏味,没法对它提起兴趣。在我看来,舞蹈毫无疑问体现的是生活,而非只是一套漂亮优雅的动作或者是一种体操技巧。源于此,我对于那些刻板的、呆滞的芭蕾舞始终喜欢不起来,因为芭蕾舞总是勉强人们去做一些很不自然的动作,而不是让人们自由自在地表达自己的情感。

对于英国人来说,由于他们的身材健美,动作潇洒,性格安静,因此选择芭蕾舞是非常不合适的。可能也正是由于这个原因吧,英国从来都没有出现过芭蕾舞明星。

在我看来，英国人对于什么是美存在一种错误的认知。他们中的很多人会觉得，美就是一种柔和、华美的东西。但是在艺术家看来，美还存在着更为精准的含义。对艺术家来说，美即表现。罗丹的巴尔扎克塑像的头部，如果按照一般人的通常标准来衡量，那可以说是很丑的。但是在艺术家眼中，它却是完美无瑕的，因为它充分展现出了巴尔扎克的性格特征。同样，我最近所编创的斯拉夫舞，很多人看完可能会觉得它很丑，但是在我的眼中，它是截至目前我所演绎的舞蹈中最美的。

我要将音乐、舞蹈和戏剧三者融合到一起。当然，语言是常见的、最基本的表现方式。同时，它也是舞台表演的核心，或者说是灵魂。至于音乐与舞蹈，则是对戏剧内容抒情性的升华。这三者，再加上建筑与绘画，将会让我们的剧院化作艺术殿堂。除此之外，任何戏剧都要将宗教当作创作的基础，因为一旦脱离了宗教，那么戏剧则会变得俗不可耐。

我是如何看待舞厅内的舞蹈的？基本上，我惊讶于那些舞者表现出的机械化——他们用手拥抱着对方，竟然以一种近乎正统的方式，伴着淫荡的音乐扭动身体。

· · ·

戏剧发展到达顶峰之时，就诞生了舞蹈。因此，从这个意义上说，舞蹈本身就是戏剧性的。我们要将舞蹈再一次带给世人，就是为了这个目的。为了追求这样美好的、伟大的理想，我曾经不止一次地牺牲掉自己的前程。比如在1905年，我就招收了40名儿童，让她们跟随我学习这种艺术。如果我只是走自己的路，那么事情就会变得很简单，自然也会很容易。但是我知道，将来总会有那么一天，舞蹈必定恢复它在古希腊时期的崇高地位，再一次与戏剧紧密地结合在一起。甚至,可能会从舞蹈本身延伸、发展出一种全新的戏剧,这也并非不可能。但是现实存在的问题是,世界到了现代,每个人都好像失去了耐心,没有人愿意等待,大家所追求的、所讲究的皆为"实效"。人们不会在一个新事物上花费过多的耐心,等待它自然地、逐渐地、美满地成长壮大。他们所追求的就是现实利益。就这样,舞蹈家们纷纷跑到市场上去追逐个人成功、追寻个人利益,而我所创办的舞蹈学校自然也就一个个被彻底摧毁。

但是,我敢断言,舞蹈是一定会得到复兴的。人不会总是希冀那些一蹴而就的东西,就像在地里刚播下种子就期待其一夜之间开花结果。我还是想要重建我一直以来珍视的舞蹈学校。在莫斯科,我已经开办了这样一所学校,而且有极大的希望能够将我的理想变成现实,当然,在一两年之内是无法实现的。一切都要等待孩子们成长起来之后,等她们能够自然而然地、美满地成长起来,并且能够充分认识到舞蹈对于音乐与悲剧的重要性之后才会有可能实现。

· · ·

我焚膏继晷地在工作室里认真地探索、研究,希望能够得到一种舞蹈,这种舞蹈能够神圣地体现出人类精神是以人体动作为媒介的。我连续数个小时一动不动地在原地站着,双臂在胸前交叉,按住太阳神经丛……我不断地探索,最终发现了所有舞蹈动作的内在动力、这能源动力的触发点、产生种种动作变化的单一体以及编创舞蹈所必不可少的幻觉映象。从这样的发现中所诞生的理论,正是我创立新舞派的基础。芭蕾学校这样告诉学生们,原动力位于后背中心脊椎的下端。芭蕾舞大师说,手臂、腿以及躯干一定要服从这一轴心,这样就能够随意摆动,产生出一种类似活动木偶一样的效果。这样的方法所带来的只是人为的、机械的动作,根本不可能表现出人的灵魂。

邓肯舞蹈照片,阿诺德·金赛摄

与此相反，我所找到的是能够表现人精神的原动力。只要这种原动力能够进入到身体的各部分，那么身体就会呈现出晶莹透彻的状态，成为反映精神形象的对应力。数个月的时间过去了，当我能够熟练地将自己的全部力量全都集中到这一中心点上时，我就发现，从那时起只要我的耳朵一听见音乐，那音乐的旋律与节奏就会全部集中在我身上的这个焦点，并且在那儿反映出精神形象。这并不是通过大脑反映的，而是通过灵魂反映的。获得了这样的精神形象，我就能够让音乐在舞蹈中得以表现……

由于我在童年以及青年时代所经历的特殊环境，因此这种力量在我身上得到了充分的发展。所以，我在生活的每个阶段，一直都能够抵挡住外来的影响而只是依靠着这种力量生活……

此外，我还希望探索出一种原始的基础动作。从这样的动作出发，无须我努力，就能够作为一种下意识的连锁反应，进而产生一系列其他的动作。我曾经依据不同主题的需要，从这种原始动作中开发出不同的动作。比如，表达恐惧的原始动作，依据自然的连锁反应接下来就产生出某一种基本的情绪，比如说"忧愁"，再由此继续衍生，就出现了一种伤感的舞蹈或者一种体现爱的动作，继续由此展开，舞蹈者如同一朵刚刚绽放的鲜花，不停地散发出扑鼻的清香……

. . .

我与沃尔特·达姆罗施①一直都心有灵犀，每当我站在舞台正中准备跳舞之时，感觉自己的每一根神经仿佛都跟着乐队，跟着这位卓越的、了不起的乐队指挥息息相通，合而为一了。

我怎么样才能够描绘出自己在这样的乐队伴奏下舞蹈时的欢欣喜

---

① 沃尔特·达姆罗施（Walter Damrosch，1862—1950），德裔美籍指挥家、作曲家，长期担任纽约交响乐团的指挥。

悦呢？它，就在我的面前。达姆罗施举起指挥棒，我注视着它，它刚刚舞动起来，在我的内心深处就能够立即涌现出由各种各样乐器同时演奏所发出的交响和弦。那巨大的回响猛烈地冲击着我，我变成了一种中介，它们全部在我身上汇聚起来，和谐地展现出布伦希尔德被齐格弗里特所唤醒时的巨大的欢乐，表现出在死亡中寻求完美的伊索尔德的灵魂。我猛烈地舞动着，将动作尽量夸张，如同一张张满的风帆，不停地鼓动、向前、向上。我能够感受到一股巨大的力量在我的身体内来回激荡，仿佛它在寻找出口去聆听那澎湃的音乐，它在我身体里的各部位不断地奔流，仿佛在寻找能够迸发的出口。这股力量时而澎湃汹涌，气势浩荡，给我造成巨大的冲击，仿佛连心脏都要炸裂了，甚至让我感到自己的末日即将到来；但时而它又温顺可爱，低回呜咽，又一下子让我感到悲伤不已。我高举双臂，对天呼喊，但是苍穹并不回应，任凭我茕茕孑立。我常常暗自思考，我被人们称为舞蹈家是多么荒谬的一件事啊！我并不是一个舞蹈家，我只不过就是传播乐队那动人心扉、扣人心弦的音乐表演的引力中心而已。从我心灵深处所发散出来的炙热的光线，依靠着它，我与那发出一阵阵令人颤抖的音乐的乐队融合在了一起。

乐队中有一位长笛手，他演奏《俄耳甫斯与欧律狄刻》里快乐精灵的那段独奏曲是如此出神入化、引人入胜。我在舞台上总是忍不住热泪盈眶，常常心驰神往，正是由于听到他的笛声，且受到那位杰出指挥激发所有乐队成员奏出的、让人振奋不已的音乐所导致的。

我与达姆罗施之间存在一种仿佛神助般的默契，每当他做出一个手势，我就立即能够感受到一阵与之相呼应的颤动。只要他在渐强乐章上增加音量，我内在的生命力便顺应着不断变化的音乐而增长、洋溢并外化为一个个优美的舞蹈动作。每一个乐章能够转变成有节奏的、和谐的、优美的动作,正是因为我的身心已经彻彻底底地与他指挥的手势融合到了一起。

・・・

只要是人,就需要说话,也需要唱歌,更需要跳舞。说话所表现的是理智,是开动大脑思考着的人的表现;唱歌所表现出来的,则是感情;至于舞蹈,它是超越了一切酒神式的狂喜的表现。

・・・

拜读你11月27日所发表的文章。文章中说,我"不久即将表演一些古希腊舞蹈",还说"要身着华丽的盛装"。但是,如果要用这些字眼儿来宣传、介绍我的舞蹈,实在是错得离谱。

诚然,我和同时代的所有艺术家都一样,都一直备受古希腊艺术的影响。因为不可否认的是,古希腊艺术是整个西方文化的根基。事实上,十六年来,我曾经先后八次到访过希腊,并且每一次我都会在经济条件允许的情况下,尽量地多在当地逗留几天。因为能够沉浸在希腊的生活氛围中,就能够了解美的真正源头,能够获得艺术灵感。但是这并不能够证明,我希望复活古希腊舞蹈。

复活古代舞蹈是没有任何意义的,也是无法实现的。舞蹈,作为一门服务于我们的艺术,那么就一定要来自于我们自身,务必需要来自现代生活并且能够体现现代人的情感,就像古代舞蹈都来源于古希腊人的生活并且能够表现出他们的感情一样。的确,我年轻的时候,曾经花了不少时间去瞻仰帕特农神庙,去欣赏那里的廊柱、壁画、陶器以及塔纳格拉雕像。

可是,我从来没有一丝一毫想要模仿这些杰作,不管是内在的内容或者只是外在的形式,我都一点儿也不想模仿。与之相反的是,我之所以能够长时间地去研究它们,而是为了让自己能够领悟它们所蕴含的精神，正是为能够发现它们中那些让人着迷的奥妙，进而让自己能够更深切地体会到它们的外在形象以及所象征的深刻内涵。唯有这样，才能让灵魂沉浸到它们那深邃迷人的本源之中，我才能够发现那蕴藏在万圣之圣中的美的秘密。尽管我的舞蹈源于此，但是它既不是希腊的，也并非古代的，而是我自己的灵魂在听到了美的感召后所自由体现的结果。

在我看来，狄俄尼索斯是不会死去的。他是永恒的、万能的神。他通过五花八门的名义以及花样百出的形式赋予每一位具备创造才能的艺术家以丰富的灵感：人们有的时候叫他克里希纳，有的时候叫他欧赛利斯，有的时候叫他狄俄尼索斯——但是我们不会忘记的是，尼采临终时留下的最后遗言便是"狄俄尼索斯被钉十字架了"。

至于你文章的第二部分，提到我要穿上奢华的服装。我既没有穿过古代的服装，也没有穿过昂贵的服装。所以我觉得，舞蹈所要展现的是人体本身，然后通过人体所反映出的灵魂中的激情。因此，既不依靠矫揉造作的姿势，也不依靠华美富丽的服饰。所依靠的，只有人体本身那巨大的表现力，这样，舞蹈才能够将来自阿波罗神与狄俄尼索斯神的信息带给全人类，将我们时代伟大的神秘预言家巴赫、贝多芬、舒伯特和瓦格纳的音乐带给全人类。

・・・

跳舞可以参考以下两种方式：

舞蹈者将自己融进舞蹈，他所展现的是舞蹈本身所包含的精神实质。这是一种跳法，称之为"狄俄尼索斯式舞蹈"。

舞蹈者不把自己融进舞蹈，而是"观照"舞蹈的精神实质，这样舞蹈者所表现的便是舞蹈的情节。这是另一种跳法，称之为"阿波罗式舞蹈"。

・・・

  我知道，如果有这样一所学校，未来必定会充满希望：在学校里学习的孩子们也将会为了让世界变得越发聪明、越发美好而去学习唱歌跳舞，学会生活。

  罗丹曾经写道："理解自然就意味着进步的开始。"

  应当让孩子理解自然，那么就一定要让他遵从自然的节奏去跳舞。当今社会的一个重大事件就是，舞蹈即将作为一门高贵的艺术而觉醒，即将与音乐齐头并进、交相辉映。两千年来，舞蹈一直遭受了太多的禁锢。我毕生的目标就是要打破那些紧紧套在舞蹈身上的沉重枷锁，为它打开大门，让它重获自由。一旦舞蹈得以解放，那么，它就能够赋予各门艺术以巨大的鼓舞力量。为雕塑、绘画以及建筑等行业插上全新的翅膀，悲剧将获得新的生机。

  如果舞蹈惨然无息，那么悲剧必然也会死气沉沉，那是因为舞蹈是悲剧里的狄俄尼索斯精神。一旦失去了舞蹈，悲剧也就没有了存在的理由。

  在我之前的那些舞蹈家，全部被牢牢地约束在紧身衣里，年复一年地不断重复着简单、单调的机械动作；自我开始，世界各地成千上万的人都开始舞动了起来，他们只穿轻薄柔软的长裙，破天荒地掌握了人体的自由节奏，以及人体与大自然和谐运动的关系；成千上万的人不断地探索自发的动作，以及这些动作与伟大音乐之间的关系。从芬兰到南美，每个国家都按照我的思想创立了舞蹈学校。但是十分不幸的是，这些学校所采纳的只是我的教学方法，但是并没有真正领会到我的精神。

  他们只是模仿着动作，但是对于内心冲动的秘密毫不知情。

・・・

舞蹈即生活。我所需要的，正是一所"生活学校"。因为人的最宝贵的财富正是蕴藏在人的灵魂之中，就在人们对于未来的想象和期待里。也许，此外还有其他的生活，但是我不清楚在那种生活中我们又拥有什么。我能够知道的就是：我们在现在世界里的财富，全部蕴藏在我们的意志之中，在我们的内心生活之中。

· · ·

艺术的根本规律是什么？对于这个问题，一位伟大的雕塑家或一位伟大的画家会给出什么样的答案呢？我想，答案其实很简单，那就是："观察自然，研究自然，理解自然，最后去努力表现自然。"

舞蹈与其他的艺术并无二致，都是一门艺术，因此它也必须在这伟大的根本性原则里寻找自己的起源，也就是研究自然。

你可能会说："舞蹈有数百种步法，这些步法全部记录在讨论舞蹈艺术的书籍中。再说，芭蕾舞大师也规定了很多的规则和戒律。一个人想要学习舞蹈，怎么能够从最初就研究自然领域呢？要想成为一名舞蹈家，首先得有一名舞蹈教师。"

对此，我的回答是："舞蹈并没有那么复杂。舞蹈只不过就是与自然运动保持和谐一致的人体运动而已。如果它背离了自然运动，那么，它必定是虚假的。"

学习舞蹈的根本法则就是：去研究自然运动。

· · ·

舞蹈并非一种消遣，而是一种宗教，更是生活的一种体现。我正是将这种观点始终贯穿于我的教学生涯，并去教导我学校里的那些年幼的学生。对于那些只是将舞蹈看成是一种娱乐活动的人，我十分地不理解。生活是根，艺术是花。

但是，对于那些人，我又能有什么办法呢？人们并不会强求罗丹去看那些将雕塑作品视为玩赏物的村妇。我又凭什么去看这些人跳舞呢？

· · · ·

如果说我的艺术还有什么东西是能够传授的话，我想，它就是能够从孩子的玩耍中，能从孩子们张开双手这种天真烂漫的姿势中寻找到的东西。

现在，你已经见到了，他们正围绕成一个圈，就站在舞台正中，真的，他们比世界上任何项链或者珠宝都更加美丽！这些全部是我的珍宝，其余的我什么都不再需要了。

将美、自由、健康全部留给孩子们吧，将艺术传递到那些渴望接触艺术的人吧。伟大的音乐不应当只是提供给那些享有特权的人去享受，应该将它自由地交给人类。对于人类而言，音乐与舞蹈如同空气与面包一样，是必不可少的。因为，艺术是人类的精神食粮。

· · · ·

我相信，每个人的生活中都存在着一根精神绳索，那是一根向上盘旋的曲线。现实生活的目的就是要让这根绳索不断持续，不断加强。除此之外，任何东西只不过就是生活过程中所跑出去的垃圾。对我个人而言，这根精神绳索就是我的艺术。

· · · ·

我在生活里只有两个动机，那就是爱与艺术。但是，爱总是破坏艺术，而对于艺术的迫切需要又总会让爱落得一个悲剧的下场。这是因为，这二者之间彼此不肯通融，总是存在着矛盾。

· · · ·

回忆、回忆，回忆到底是什么呢？

一只破碎的酒杯，杯中的残旧从裂缝中不断地渗出来，直到酒杯中彻底干涸，再也无法使人解渴。

当我试着去回忆的时候，从前我所经历的一切是如此丰富多彩，仿佛置身于一个硕果累累的果园。可是，当我把这一切通过语音表述出来的时候，不知怎么了，它们变成了一大堆干枯的树叶，干巴巴的，一碰就碎，索然无味。那是因为，我并非作家。如果我能够通过舞蹈去将这些经历表现出来，那么，情形可就会大不一样了。

在那神殿的顶尖，
天光渐明，开启崭新的一天；
晨光如喷薄的潮涌倾注而下，
万物仿佛瞬间涨溢的海湾！
看哪，笼罩了千百年的雾霾已然消散，
啊，眼前就是自由的希腊海岸！
马拉松、普拉提亚在对我们说：
活的希腊再次出现，一如从前！

伊萨多拉·邓肯年表

1869 年 6 月 26 日　邓肯父母结婚。

1871 年 11 月 8 日　邓肯的姐姐伊丽莎白·邓肯在美国加州旧金山出生（1948 年伊丽莎白死于德国斯图加特附近的图宾根）。

1873 年 4 月 17 日　邓肯的大哥奥古斯丁（卒于 1954 年）出生。

1874 年 11 月 1 日　邓肯的二哥雷蒙德（卒于 1966 年）出生。

1877 年 5 月 26 日　安吉拉·伊萨多拉（伊萨多拉·邓肯）出生。10 月 13 日，伊萨多拉在旧金山的老圣玛丽教堂洗礼（在《论舞蹈艺术》的"教育与舞蹈"一章里，伊萨多拉写道："1905 年我发现了自己的第一所学校，当时我才 22 岁。"奥古斯丁证实，伊萨多拉是 1878 年 5 月 27 日出生的。不过，据雷蒙德和伊萨多拉的洗礼记录，她的生

日是 1877 年 5 月 28 日）。伊萨多拉的父母因父亲的银行破产而离婚，其时她还是婴儿。

2—3 岁　邓肯家失火，这场大火成了她最初的记忆。

1882 年 5 岁　此时邓肯家艰难度日，反复搬迁（据伊萨多拉说，两年之内搬迁 15 次）。伊萨多拉入读公办的科勒小学。

1883 年 6 岁　伊萨多拉为威廉·海恩斯·莱特尔[①]的《安东尼致克里奥佩特拉》伴舞，观众为之震动。伊萨多拉找来 6 个孩子，教她们跳舞。孩子家长付费。

1884 年 7 岁　伊萨多拉与父亲初次见面。

1887 年 10 岁　伊萨多拉的舞蹈课大受欢迎。

1888 年 11 岁　伊萨多拉退学赚钱。伊丽莎白教稍大的学生跳"交际舞"。伊萨多拉为读化学的维农擎火炬，后者是伊丽莎白的学生。

1889 年 12 岁　伊萨多拉决定为反对婚姻和女性解放而战斗。奥古斯丁开设一家剧院，伊萨多拉在其中跳舞。13 岁左右，伊萨多拉在加州奥克兰的一教会初次独舞演出，其时家人在场。

1892 年 15 岁　伊萨多拉在奥克兰的电话簿上把自己注册为舞蹈教师。她 16 岁前后，姐姐伊丽莎白和她一起教学生。她们在旧金山的众多家庭教过课。

1894 年 17 岁　伊萨多拉在兰勒的旧金山城电话簿上注册为舞蹈教师。

1895 年 18 岁　伊萨多拉与母亲为出国离开旧金山，前往芝加哥加入一个大公司。伊萨多拉在共济会寺庙屋顶花园和波希米亚俱乐部跳舞。她与波兰诗人、画家伊万·米洛斯基约会。她放弃在芝加哥找

[①] 威廉·海恩斯·莱特尔（William Haines Lytle，1826—1863），美国政治家、诗人、军官。

到好工作的希望,决定前往纽约。10月,伊萨多拉加入约翰·奥古斯丁·戴利①设在纽约的剧院公司。伊萨多拉与巨星简·梅上演哑剧。她的家人全部来到纽约,唯独雷蒙德没来。

1896年19岁 伊萨多拉在《仲夏夜之梦》里出演仙女,在《歌伎》里出演歌手,在《暴风雨》里出演精灵,在《无事生非》和《梅格·梅瑞丽丝》里出演舞者。

1897年20岁 伊萨多拉以戴利公司演员的身份前往英国。在伦敦期间,她师从帝国剧院女芭蕾舞演员凯蒂·兰纳②,学习芭蕾舞,同时演出独舞。

1898年21岁 伊萨多拉参加《歌伎》的四重唱,之后离开戴利公司。2月20日,《纽约先驱报》刊登对伊萨多拉的专访。美国一家舞蹈杂志《导演》予以转发,4月号的标题是"情感的表现",10—11月号的标题是"舞蹈哲学讲座"。3月24日,她与作曲家艾塞尔伯特·伍德布里奇·尼文③合作,在卡内基音乐厅举办音乐会。尼文演奏《那喀索斯》《欧菲利亚》《水仙》等乐曲,伊萨多拉为其伴舞。10月14日,伊萨多拉的父亲约瑟夫·邓肯在"莫希干号"轮船发生的事故中罹难。

1899年22岁 伊丽莎白的学校从卡内基音乐厅工作室迁往温莎酒店。伊萨多拉为奥马尔·海亚姆④的一首诗歌编舞,朗读者是贾斯

---

① 约翰·奥古斯丁·戴利(John Augustin Daly,1838—1899),美国剧作家和剧院经理。他创作并改编了大量的剧作,代表作有《地平线》《离婚》等。后在纽约和伦敦开设戴利剧院,名噪一时。
② 凯蒂·兰纳(Katti Lanner,1829—1908),奥地利芭蕾舞演员、编舞家。
③ 艾塞尔伯特·伍德布里奇·尼文(Ethelbert Woodbridge Nevin,1862—1901),美国钢琴家、作曲家。
④ 奥马尔·海亚姆(Omar Khayyam,1048—1131),波斯诗人、天文学家、数学家。海亚姆意为"天幕制造者",他一生研究各门学问,尤精天文学。代表作:《鲁拜集》。

丁·麦卡西，3月他们在纽约演出。3月17日，酒店起火之后，邓肯一家决定离开纽约，前往英国伦敦，奥古斯丁没有同行。4月18日，邓肯一家在莱塞姆剧院上演了《幸福的黄金年代》，作为告别演出。5月，邓肯一家抵达伦敦。伊萨多拉为上流家庭跳舞，还经常光顾大英博物馆，欣赏古希腊和罗马雕像。她从来信里得知米洛斯基先生已故的消息。伊萨多拉去伦敦的哈默史密斯①看望了米洛斯基夫人。7月，邓肯一家搬到伦敦的肯辛顿。9月，伊丽莎白决定返回纽约为家里赚钱。

1900年23岁 邓肯一家在伦敦沃里克广场②租来一个大工作室。2月，伊萨多拉加盟班森公司。她与新画廊的经理、音乐家查尔斯·哈利③晤面，之后于3月16日、7月4日、7月6日在画廊举行三场演出。5月29日，威尔士亲王，即日后的国王爱德华④在宫廷剧院⑤观看伊萨多拉的演出。伊萨多拉在伦敦期间，观看了亨利·欧文⑥公司的演出：她看过欧文、埃伦·特里的演出及其儿子爱德华·哈利和戈登·克

---

① 哈默史密斯（Hammersmith），英国英格兰大伦敦哈默史密斯－富勒姆区的自治市，位于泰晤士河的北岸，通过哈默史密斯桥通往巴恩斯。哈默史密斯是伦敦的波兰人聚居地。
② 沃里克广场，即 Warwick Square。
③ 查尔斯·哈利（Charles Edward Hallé, 1846—1914），英国画家、音乐家、画廊经理。擅长历史画、风俗画和肖像画。
④ 国王爱德华（Edward VIII, 1894—1972），联合王国及其自治领国王、英属印度皇帝，1936年1月20日即位，同年12月11日退位。
⑤ 宫廷剧院（The Court Theatre），1870年创建于伦敦的一家剧院。
⑥ 亨利·欧文（Sir Henry Irving, 1838—1905），英国维多利亚时代著名的舞台剧演员。

雷格参演的《辛白林》[1]。与此同时,雷蒙德离开伦敦前往巴黎。之后,伊萨多拉和母亲也赶往巴黎。伊萨多拉经常在卢森堡演出,还与雷蒙德一同观看卢浮宫收藏的希腊艺术品、剧院的舞蹈塑像和凯旋门的浮雕等。伊萨多拉参观巴黎大博览会(世界博览会),观看日本伟大的悲剧舞蹈家川上贞奴[2]的演出并参观"罗丹馆"。雷蒙德为巡回演出返回美国。

1901年24岁 伊萨多拉在法兰西见到众多艺术家,如奥古斯特·罗丹、尤金·卡里埃[3]、洛伊·富勒[4]和玛丽·德斯蒂[5]。她加入洛伊·富勒公司的旅行团,走访德国的柏林、莱比锡和奥地利的维也纳。12月12日,伊萨多拉在自己的工作室演出。

1902年25岁 2月,伊萨多拉离开富勒公司,与母亲前往匈牙利的布达佩斯。她签订第一份独舞正式合同,在乌拉尼亚剧院[6]为观众演出,时间是4月19日和20日。为其演出朗诵古典田园诗和颂歌的

---

[1]《辛白林》(*Cymbeline*),英国剧作家威廉·莎士比亚的一部戏剧作品,大约创作于1609年,在《雅典的泰门》之后、《冬天的故事》之前。它在莎士比亚逝世后首次刊于其同事海明与康德合编的1623年对开本戏剧全集中。《辛白林》的故事主要基于古代凯尔特族不列颠国王辛白林的传说,虽然在最初刊行时该剧被归为喜剧,现代批评家倾向于归其于传奇剧之列。和《奥赛罗》《冬天的故事》一样,《辛白林》的主题也是清白与嫉妒。

[2] 川上贞奴(Sada Yacco,1871—1946),本名川上贞"小山贞",日本明治至昭和年间著名艺妓、女演员。

[3] 尤金·卡里埃(Eugène Carrière,1849—1906),法国象征主义画派画家。

[4] 洛伊·富勒(Loie Fuller,1862—1968),美国女演员,现代舞演员。被誉为现代舞先锋人物和舞台灯光技术的推广人。

[5] 玛丽·德斯蒂(Mary Desti),即玛丽·邓普斯。

[6] 乌拉尼亚剧院(Urania Theatre),匈牙利布达佩斯一家剧院。

匈牙利男演员奥斯卡·贝里奇①成为她的初恋（她在《伊萨多拉·邓肯自传》里称其为"我的罗密欧"）。但为了日后的事业，她决定与贝里奇分手。因为生病，伊萨多拉取消了7月的演出。她8月1日、6日、7日在玛利亚市的市政剧院演出，8月3日在话剧院演出，8月13日在玛利亚疗养院演出。伊丽莎白从纽约返回。12月她在维也纳演出和慕尼黑的艺术之家演出。之后她在意大利的佛罗伦萨度过几周。

1903年 26岁 1月，伊萨多拉在柏林的科罗尔歌剧院②与交响乐团上演音乐会。观众称其为"神圣的圣伊萨多拉"。因其舞蹈的非传统风格，她的舞也引起争议。3月，柏林新闻协会邀请她演讲（1903年年底演讲发表时取名《未来的舞蹈》）。5月30日至6月13日，她在巴黎城市剧院③举办音乐会。西班牙艺术家约瑟夫·克拉拉观看她的演出。伊萨多拉与法国艺术家朱尔斯·菲利克斯·格朗茹④相遇。次年，伊萨多拉接到理查德·瓦格纳遗孀瓦格纳夫人⑤的邀请，参加8月3日举办的拜律特音乐节。伊萨多拉开始研究瓦格纳的音乐。她与法国艺术家瓦伦丁·勒孔特⑥相遇，后者为其舞蹈作画。雷蒙德从美国返欧。邓肯一家来到希腊，在科潘诺斯⑦购入土地。11月29日，伊萨多拉在

---

① 奥斯卡·贝里奇（Oscar Beregi，1876—1965），匈牙利演员。
② 科罗尔歌剧院（Kroll Opera House），1844年建于德国柏林的一家歌剧院。
③ 城市剧院（Théâtre de la Ville），奥斯曼男爵在巴黎改造期间，于1860—1862年间在巴黎夏特雷广场所建的两个剧院之一；另一个是夏特雷剧院，位于巴黎第四区夏特雷广场2号。
④ 朱尔斯·菲利克斯·格朗茹（Jules Felix Grandjouan，1875—1968），法国画家、艺术家、作家。
⑤ 瓦格纳夫人（Cosima Wagner），德国作曲家。德国作曲家理查德·瓦格纳的妻子，也是匈牙利作曲家、钢琴家李斯特的女儿。
⑥ 瓦伦丁·勒孔特（Valentine Lecomte，1872—?），法国画家、艺术家。
⑦ 科潘诺斯（Kopanos），希腊一地。

雅典皇家剧院演出。乔治国王[①]等希腊王室成员前来观看。邓肯一家与希腊的男童唱诗班一起离开希腊赶往维也纳,同行的还有拜占庭神父教授。

1904年 27岁 希腊男童唱诗班在维也纳、慕尼黑和柏林与伊萨多拉同台演出,之后,他们与神父一同返回。伊萨多拉与玛丽·德斯蒂一同前往拜律特与瓦格纳夫人见面。5月的音乐节上伊萨多拉出演了瓦格纳的歌剧《唐怀瑟》。其间,贝里奇过来看望伊萨多拉,停留数日。伊萨多拉与瓦格纳夫人的女婿亨利·索德[②]、德国生物学家和哲学家厄恩斯特·海克尔及保加利亚国王费迪南[③]来往频繁。12月1日,伊萨多拉在德国的格鲁纳瓦尔德开办其第一所舞蹈学校。伊丽莎白任学校校长。学生的食宿和学费全免。她们的学校被称为"森林舞校"。12月,伊萨多拉与英国场景设计师爱德华·戈登·克雷格在柏林相遇,二人相爱(据《伊萨多拉·邓肯自传》,他们最初相遇在1905年,但是据克雷格的日记,他们1904年12月相遇)。她叫他"泰德",他叫她"托普西"。12月25日(俄历12月12日),伊萨多拉初访俄国。12月26日和29日,她在圣彼得堡的贵族音乐厅[④]初次登台演出(她在俄国因发音拼写错误被称为艾希多拉)。米哈伊大公[⑤]、科钦斯基、安

[①] 乔治国王(George II of Greece,1890—1947),希腊国王,1922—1924年间、1935—1947年间在位。
[②] 亨利·索德(Henry Thode,1857—1920),德国艺术史学家。
[③] 费迪南(King Ferdinand of Bulgaria,1861—1948),保加利亚王国的首任沙皇。
[④] 贵族音乐厅(Hall of Nobles),1830年建的皇家音乐厅,现为圣彼得堡交响乐剧院。
[⑤] 米哈伊大公(Grand Duke Michael,1878—1918),俄国大公、俄国沙皇亚历山大三世最小的儿子、尼古拉二世的弟弟。

娜·巴普洛娃、谢尔盖·达基列夫①、米歇尔·福金②、莫里斯·珀蒂帕③和里昂·巴克斯等前来观看。

1905年 28岁 伊萨多拉与克雷格到达俄国之后,2月在圣彼得堡、莫斯科和基辅演出。莫斯科艺术剧院导演康斯坦丁·谢尔盖耶维奇·斯坦尼斯拉夫斯基2月6日在莫斯科观看她的演出。她在交响乐剧院发表演说,提出舞蹈是一种解放人的艺术,无论结婚与否,妇女都有生育孩子的权利。20名学生入读伊萨多拉的学校,其中有来自苏黎世的安娜·丹泽勒、来自德累斯顿的玛利亚·特丽莎·克鲁格、来自汉堡附近石勒苏益格-荷尔斯泰因的艾尔玛·多罗蒂·埃里希·格雷姆、来自德累斯顿的伊丽莎白(丽莎)·米尔科、来自柏林的玛戈特(格里特尔)·耶勒和来自汉堡的艾瑞卡·劳曼。这批学生被称为"邓肯舞者"或"小邓肯"。7月20日,她们与伊萨多拉一起在德国皇家歌剧院初次公演。伊萨多拉在布鲁塞尔、荷兰、斯德哥尔摩等地演出。莫里斯·马格努斯④成为伊萨多拉和克雷格的助手,至1907年为止。

1906年 29岁 从1月到5月,伊萨多拉在比利时、丹麦、德国、荷兰和瑞典演出。从5月1日到5月15日,她在瑞典斯德哥尔摩的艾斯特毛姆剧院⑤演出,5月18日在古腾堡音乐厅演出。在法兰西罗丹

---

① 谢尔盖·达基列夫(Sergei Diaghilev, 1872—1929),俄罗斯艺术评论家、赞助人、芭蕾舞承办人和俄派芭蕾之创始人。
② 米歇尔·福金(Michel Fokine, 1880—1942),俄罗斯编舞家、舞蹈家。
③ 莫里斯·珀蒂帕(Marius Petipa, 1818—1910)法裔俄罗斯芭蕾舞演员、教师和编舞者。珀蒂帕被认为是芭蕾舞历史上最具有影响力的大师和编舞者之一。
④ 莫里斯·马格努斯(Maurice Magnus, 1876—1920),美国作家、旅行家。
⑤ 艾斯特毛姆剧院,即Ostermalms Theatre。

工作室，伊萨多拉遇到俄国出生的美籍画家亚伯拉罕·沃克维茨[①]。克雷格出版《六种运动研究》，其中收入伊萨多拉的石版画。8月，伊萨多拉雇用护士玛利亚·基斯特。9月24日，伊萨多拉和克雷格的女儿迪尔德丽出生。同年秋，伊萨多拉遇到伟大的意大利女演员艾莉奥诺拉·杜斯。11月中旬，伊萨多拉与克雷格同赴意大利的佛罗伦萨，为杜斯制作一组易卜生的《罗斯默斯霍尔姆》[②]的作品。从11月18日到1907年1月10日，伊萨多拉在波兰华沙演出。

1907年30岁　1月，伊萨多拉在荷兰阿姆斯特丹因生病被迫取消演出。2月，她赶往尼斯协助为杜斯工作的克雷格。伊萨多拉推出一系列演出。4月3日在阿姆斯特丹，4月4日和8日在海牙，4月6日在乌得勒支，4月10日在莱顿，4月12日在哈勒姆。5月4日至15日在瑞典。6月4日、6月7日和8月24日在巴登-巴登，6月13日在卢塞恩，6月15日在苏黎世，6月28日在柏林。7月12日在曼海姆，7月24日在汉堡。8月20日和22日，9月1日和3日，11月20日在慕尼黑。同年秋，她结束与克雷格的关系，但他们之间还有书信往来。12月，伊萨多拉在布鲁塞尔皇家铸币局剧院[③]演出。比利时画家、雕塑家里克·沃特斯[④]前来观看，其重要作品《狂女》（1912）的灵感，即来自伊萨多拉的舞蹈。12月末，伊萨多拉和伊丽莎白与她们的学生来到圣彼得堡。

1908年31岁　1月，伊萨多拉在莫斯科与斯坦尼斯拉夫斯基见

[①] 亚伯拉罕·沃克维茨（Abraham Walkowitz，1878—1965），俄裔美籍画家。
[②]《罗斯默斯霍尔姆》（*Rosmersholm*），挪威剧作家亨里克·易卜生用丹麦语创作的剧本。
[③] 皇家铸币局剧院（Royal Theatre of La Monnaie），比利时布鲁塞尔的一座剧院。
[④] 里克·沃特斯（Rik Wouters，1882—1916），比利时画家、雕塑家。

面(据兰涅耶·乌特鲁尔1月9日说,斯坦尼斯拉夫斯基透露了希望伊萨多拉办学的设想)。伊萨多拉与学生到芬兰巡演,3月在赫尔辛基演出。4月初,她在俄国巡演。4月,伊萨多拉关闭了在格鲁尼沃尔德的学校。5月,她的学生来到法国的拉维里耶酒店。7月,她们在伦敦的约克公爵剧院演出。亚历山德拉王后[①]和美国舞蹈家露丝·圣丹尼斯[②]前来观看。8月,伊萨多拉第一次返回美国,在纽约、波士顿、华盛顿特区演出。她与众多美国艺术家见面,如乔治·格雷·巴纳德、大卫·贝拉斯科[③]、罗伯特·亨利、乔治·威斯利·贝洛斯[④]、珀西·麦凯[⑤]、马克斯·伊士曼等。美国总统西奥多·罗斯福在华盛顿特区观看了她的演出。11月6日,她与沃尔特·达姆罗施的管弦乐队合作,在大都会歌剧院演出。12月30日,她离美赴法。伊萨多拉在法国的纳伊购入一栋房子和一间大工作室,并在此地与音乐家汉尼尔·斯金尼一同工作(据她的秘书艾伦·罗斯·麦克道格尔记载,工作室是1909年买下的)。

1909年32岁 1月至2月,5月至6月,伊萨多拉在法国巴黎城市剧院演出。法国雕塑家埃米尔·安托万·布德尔观看她跳舞。她与百万富翁帕里斯·尤金·辛格相遇,后者的父亲是艾萨克·梅里特·辛

[①] 亚历山德拉王后(Alexandra of Denmark, 1844—1925),英王爱德华七世妻子。婚前她是丹麦公主,丹麦国王克里斯蒂安九世长女。

[②] 露丝·圣丹尼斯(Ruth St. Denis, 1879—1968),现代舞蹈早期的发起人、美国舞蹈家。她与其丈夫泰德·萧恩(Ted Shawn)曾被舞蹈界誉为美国舞蹈的源头。

[③] 大卫·贝拉斯科(David Belasco, 1853—1931),美国戏剧制作人、乐团经理、导演、剧作家。

[④] 乔治·威斯利·贝洛斯(George Wesley Bellows, 1882—1925),美国现实主义画家。

[⑤] 珀西·麦凯(Percy MacKaye, 1875—1956),美国剧作家、诗人。

格①，即缝纫机公司的创始人（伊萨多拉称其为圣杯骑士之子"罗恩格林"，在《伊萨多拉·邓肯自传》里，二人1908年相遇）。帕里斯·辛格为伊萨多拉的学校提供资助，此后二人相爱。他们到意大利旅行。伊萨多拉在俄国演出。她在俄国又遇到斯坦尼斯拉夫斯基和克雷格（他们一同工作）。伊萨多拉9月发现自己怀孕，但她仍然于10月赶往美国，与沃尔特·达姆罗施同台演出。12月2日，她在卡内基音乐厅结束告别演出后赶回欧洲。

1910年33岁　伊萨多拉和辛格到埃及和英国等地旅行。他们的儿子帕特里克·奥古斯都·邓肯于5月1日在法国的滨海博略②出生。

1911年34岁　伊萨多拉安排了多场演出，1月18日在巴黎沙特雷剧院，2月15日和20日、3月4日在纽约的卡内基音乐厅，2月23日在波士顿，3月28日在圣路易，3月30日在纽约。她在美国遇到美国歌剧男中音歌唱家大卫·斯卡尔·比斯海姆③。2月17日，伊丽莎白在德国的达姆斯塔特创办舞蹈学校——伊丽莎白·邓肯舞蹈学校。

1912年35岁　伊萨多拉在罗马等地演出。

1913年36岁　伊萨多拉在俄国、德国、法国演出。3月，伊萨多拉在特罗卡迪罗与罗丹、卡里埃、佩拉当等人多次讨论"舞蹈到底是什么"。1月，她与伴奏演员斯肯尼在俄国，其间她给圣彼得堡的

---

① 艾萨克·梅里特·辛格（Isaac Merritt Singer，1811—1875），美国的发明家、演员、商人。他对缝纫机进行了重大改良，是胜家衣车的创始人。纵然许多人在他之前都取得过缝纫机的专利，但是辛格的成功之处在于将缝纫机变得更加便于使用，使得缝纫机终于走入了千家万户。
② 滨海博略（Beaulieu），法国滨海阿尔卑斯省的一个市镇，位于该省中南部，地中海海滨，属于尼斯区。
③ 大卫·斯卡尔·比斯海姆（David Scull Bispham，1857—1921），美国歌剧男中音演唱家。

报纸写了一封公开信,设想在莫斯科建立一所希腊舞蹈剧院并产生幻觉。4月19日,她的孩子迪尔德丽和帕特里克与保姆安妮·希姆在塞纳河因交通事故溺水身亡(驾驶员保罗·莫沃尔安德被警察拘留)。伊萨多拉马上给克雷格写信,告知孩子们遇难。她在工作室举行追悼会,之后的4月29日,她的感谢信在《纽约时报》上发表。她在信中写道:"我的朋友们帮助我找到唯一的慰藉:所有的男子都是我的兄弟,所有的女子都是我的姐妹,世上所有的孩子都是我的孩子。"伊萨多拉决定与家人一起为阿尔巴尼亚的难民服务。

《舞者邓肯》,罗丹绘

1914 年 37 岁　辛格为伊萨多拉的新学校在法国的贝尔维买下一个旅店。50 名学生入学。1 月 28 日，伊萨多拉给学生上课。她 1905 年教过的第一批学生给她当助教。学校研究和推广"酒神"的舞蹈。罗丹经常过来为孩子们画速写。8 月，伊萨多拉又生下一子，但几小时内夭折（孩子的父亲是意大利的雕塑家，但他对此一无所知）。第一次世界大战爆发后，她把贝尔维的学校送予法兰西，学校临时改成部队医院。9 月，奥古斯丁把学生带到纽约。伊丽莎白也和安妮塔·蔡恩[1]等 9 名学生来到纽约。在法国期间，伊萨多拉与部队医院的医生安德烈关系密切。11 月 24 日，她赶到纽约与家人和学生团聚。12 月 2 日，伊萨多拉过去的学生安娜、玛利亚·特里莎、艾尔玛、伊丽莎白、玛戈特和艾丽卡与她一同在纽约的卡内基音乐厅初次登台演出。她的学生被称为"小伊萨多拉"或"伊萨多拉·邓肯舞者"。

1915 年 38 岁　伊萨多拉在大都会歌剧院[2]和世纪剧院演出。她在纽约期间，与德国出生的美籍摄影师阿诺德·金赛[3]和美国钢琴家乔治·科普兰[4]晤面。他们一同工作。5 月 8 日，她和学生们离开美国后，她解雇了经理弗雷德里克·托耶。伊萨多拉和她的学生们在苏黎世歌

---

[1] 安妮塔·蔡恩（Anita Zahn，1904—1994），邓肯舞者，一生致力于推广伊萨多拉·邓肯的舞蹈理念、技术和教育。

[2] 大都会歌剧院（Metropolitan Opera House），位于美国纽约的林肯中心内的世界知名的歌剧院，由"大都会歌剧院协会"（Metropolitan Opera Association）负责营运。大都会歌剧院协会于 1880 年 4 月成立，是纽约主要的歌剧公司，也是美国最大的古典音乐组织，每年上演约 240 部歌剧。大都会歌剧院是林肯中心的 12 个常驻组织之一。

[3] 阿诺德·金赛（Arnold Genthe，1869—1942），德裔美籍摄影师。曾经拍过多位时代人物。

[4] 乔治·科普兰（George Copeland，1882—1971），美国古典音乐钢琴家，德彪西的朋友。

剧院①演出,也在自己宾馆的草坪上演出。她前往希腊办学,但后来又改变主意。她的学校最后迁往瑞士日内瓦。

1916年39岁 4月9日和29日,伊萨多拉在巴黎演出,之后又和学生在日内瓦演出。伊萨多拉决定与法国钢琴家莫里斯·杜梅斯尼尔②到南美旅行,与此同时,奥古斯丁设法筹钱维持她在瑞士的学校。从7月到9月,她的舞姿出现在阿根廷布宜诺斯艾利斯艺术剧院③、乌拉圭蒙得维的亚、巴西里约热内卢和圣保罗等地。然而,伊萨多拉在南美期间,她在瑞士的学生却因学校入不敷出,不得不各自回家。9月27日,伊萨多拉从南美来到纽约,之后她指派奥古斯丁赶往瑞士接回她的学生。仅有6名年纪稍大的学生(小伊萨多拉),来纽约与她团聚。11月21日,在辛格的支持下,她在纽约大都会歌剧院演出。玛丽·范东·罗伯茨、安娜·巴普洛娃、奥拓·坎恩④、波尔戈奈克侯爵⑤、米歇尔市长⑥等前来观看演出。伊萨多拉与艾伦·罗斯·麦克道格尔(即道吉)到古巴度假数周,后者是其私人秘书。伊萨多拉结束与辛格的关系(不过,辛格在伊萨多拉临终前仍然在帮助她)。

1917年40岁 4月24日、26日、28日,伊萨多拉在大都会歌剧院演出。她到加州旅行。她到旧金山看望母亲。她一度热恋的弗农

---

① 苏黎世歌剧院(Zürich Opera House),位于瑞士城市苏黎世的一座歌剧院。创建于1891年。
② 莫里斯·杜梅斯尼尔(Maurice Dumesnil,1886—1974),法国古典音乐钢琴家。
③ 布宜诺斯艾利斯艺术剧院(Colisseo Theatre),1905年创建于阿根廷布宜诺斯艾利斯的一家剧院。
④ 奥拓·坎恩(Otto Kahn,1867—1934),德裔美籍投资银行家、收藏家和慈善家。曾任大都会歌剧院董事会主席。
⑤ 波尔戈奈克侯爵(Melchior de Polignac,1880—1950),法国实业家。
⑥ 米歇尔市长(John Purroy Mitchel,1879—1918),美国纽约第95任市长。

过来观看她的演出。她与美国音乐家哈罗德·鲍尔①相遇后一起工作。伊萨多拉正式接受那些小伊萨多拉为自己的女儿。12月24日、26日、28日,伊萨多拉在洛杉矶的共济会歌剧院演出。

1918年41岁 1月3日,伊萨多拉和鲍尔在旧金山的哥伦比亚剧院演出。她返回法兰西。她的秘书克里斯丁·戴利斯把一个迷人的美国钢琴家沃尔特·摩斯·拉梅尔引荐给伊萨多拉(她在《伊萨多拉·邓肯自传》里经常把他称为"我的大天使")。他们一起工作,坠入爱河。

1919年42岁 伊萨多拉卖掉在贝尔维的校舍,在帕西买了一栋房子。她在北美旅行一个月,希望开设一所学校,但又放弃了这一想法。

1920年43岁 3月和4月,伊萨多拉与乐队指挥乔治斯·拉巴尼在特罗卡迪罗演出,6月与拉巴尼和拉梅尔同台演出,5月在荷兰和布鲁塞尔演出。那几位小伊萨多拉也一同登台。伊萨多拉、小伊萨多拉、拉梅尔以及一个卢森堡出生的美国摄影师爱德华·施泰兴一同来到希腊,她希望在雅典办一所学校,拟建在科帕诺斯的一栋建筑中,但她又放弃了这个想法。施泰兴在雅典拍摄不少照片。伊丽莎白·邓肯的学校迁到瑞士。

1921年44岁 艾瑞卡离开伊萨多拉,改学绘画。伊萨多拉与拉梅尔同台演出,1月在荷兰,3月、5月在伦敦,5月2日在布鲁塞尔。她与拉梅尔分手,原因是后者与伊萨多拉的学生安娜传出恋情。安娜离开后,拉梅尔不再与伊萨多拉合作。4月,伊萨多拉在伦敦演出,此时布尔什维克一领导人列昂尼德·克拉辛送来一份合同,请伊萨多拉到苏维埃俄国办学。她提出学生、校舍、大厅和为大众舞蹈等方面的要求。苏维埃俄国负责教育的人民委员安纳托尔·瓦西里耶夫·卢

---

① 哈罗德·鲍尔(Harold Bauer,1873—1951),英裔美籍钢琴家、小提琴家、教育家、编辑和作者。

那察尔斯基发来电报后,伊萨多拉决定前往。7月中旬,伊萨多拉和艾尔玛搭乘"波坦尼克号"前往苏维埃俄国(玛戈特生病,玛利亚-特里莎和伊丽莎白与伊萨多拉她们就此分手)。7月19日,伊萨多拉与艾尔玛抵达列巴尔(即塔林),7月24日,抵达莫斯科。伊利亚·伊里奇·施耐德成为伊萨多拉的经理,他是外交人民委员会委员、芭蕾舞学校的历史和舞蹈美学教员。8月,伊萨多拉遇到负责体育的人民委员波德沃伊斯基。伊萨多拉和艾尔玛入住普雷奇斯坦卡大街的一栋建筑,此地过去是莫斯科歌剧女芭蕾舞演员芭拉朱娃的寓所。她们得到"脑力劳动者"的待遇。

10月,伊萨多拉从数百名孩子里挑出50名学生,之后教她们跳舞(据娜塔莉亚·罗斯拉夫丽娃[①]记载,伊萨多拉9月开始教学)。11月,她在晚会上遇到诗人谢尔盖·亚历山大洛维奇·叶赛宁,晚会的主办者是著名的未来主义艺术家、室内剧场舞台设计乔治·贾科洛夫。伊萨多拉与叶赛宁相爱。他叫她"苹果酒(Sidora)"。11月7日,她和150个学生在莫斯科大剧院演出。布尔什维克创始人和俄国革命领袖弗拉基米尔·伊里奇·列宁、剧作家和批评家里托夫斯基[②],以及室内剧院的演员和舞蹈家亚历山大·鲁姆涅夫[③]前来观看演出(鲁姆涅夫成为伊萨多拉的挚友)。12月3日,"伊萨多拉·邓肯国立学校"在她的寓所正式成立(因资金和宿舍有限,150名学生仅有40名得以入学)。

[①] 娜塔莉亚·罗斯拉夫丽娃(Natalia Roslavleva,1907—1977),乌克兰舞蹈评论家、作家。著有《俄罗斯舞蹈年代》。
[②] 里托夫斯基(Osaf Seménovich Litovsky,1892—1971),俄罗斯编辑、戏剧评论家。
[③] 亚历山大·鲁姆涅夫(Alexander Rumnev,1899—1965),俄罗斯舞蹈家。

12月,钢琴师彼得·鲁布希茨①和马克·米奇克及护工弗洛西娅②入住寓所工作。伊萨多拉在志明剧院为劳动人民演出。12月末,学校进行试演。学校原有11名男生,他们先后离开。

伊丽莎白·邓肯舞蹈学校迁入卡尔·恩斯特·奥斯塔乌斯③的霍亨霍夫别墅④,之后又搬到波茨坦的奇兵大厦。

1922年45岁　伊萨多拉在彼得格勒演出。4月12日,她的母亲多拉·格雷·邓肯在雷蒙德位于巴黎的家中逝世。

5月2日,伊萨多拉与叶赛宁结婚。5月9日,他们离开苏维埃俄国到德国、法国、美国度蜜月(伊萨多拉带叶赛宁出国,希望借此为他体检、治疗,同时游览欧洲、美国)。

艾尔玛继续在俄教学。

在德国期间,伊萨多拉和叶赛宁在柏林拜访了作家马克西姆·高尔基。雇用洛拉·基涅利⑤为他们在威斯巴登的秘书。

她和叶赛宁在法国期间,雇用俄罗斯人弗拉基米尔·维特鲁格恩为秘书。10月1日,伊萨多拉、叶赛宁和维特鲁格恩到达纽约,原定要在波士顿、芝加哥、印第安纳波利斯、路易斯维尔、堪萨斯城、圣路易、孟菲斯、底特律、克利夫兰、巴尔的摩、费城和布鲁克林等地演出。然而,他们因公民资格问题在海关被扣留(次日获释)。10月7日,伊萨多拉在卡内基音乐厅演出。10月11日,伊萨多拉在波士顿交响乐厅演出,其态度和演出后的讲话引发争议。她在讲话中说:"这

---

① 彼得·鲁布希茨,即 Pyotr Luboshitz。
② 弗洛西娅,即 Frosia。
③ 卡尔·恩斯特·奥斯塔乌斯(Karl Ernst Osthaus,1874—1921),德国艺术史学家、先锋艺术和建筑资助者。
④ 霍亨霍夫别墅(Hohenhof),1908年建于德国哈根市的新艺术运动建筑。
⑤ 洛拉·基涅利,即 Lola Kinel。

是红色！我也是红色！红色是生命和活力的颜色。你们当初在这里也是不驯服的。不要让他们驯服你们！"（摘自《伊萨多拉·邓肯的最后岁月》）因这场争议，她的不少演出被取消（如圣诞夜在波维利尔圣马可教堂的演出）。

11月11日，卢那察尔斯基通知施耐德，舞校没得到国家预算。11月22日，伊萨多拉与钢琴家麦克斯·拉宾诺维奇①巡演。他们前往路易斯维尔、堪萨斯城、圣路易、孟菲斯、底特律、克利夫兰、巴尔的摩和费城演出。

在美期间，伊萨多拉和叶赛宁的关系越来越糟。

1923年46岁 1月13日和15日，伊萨多拉在卡内基音乐厅举行告别演出。月末，伊萨多拉、叶赛宁和他们的女佣珍妮搭乘"乔治·华盛顿号"离美赴法。临行前，伊萨多拉说："再见了，美国。我再也不想看到你。"（摘自《伊萨多拉·邓肯的最后岁月》）此时他们身上没钱，连船票钱都是从辛格那里借来的。

5月27日和6月3日，伊萨多拉在法国的特罗卡德罗宫演出。她的秘书乔·米尔瓦德和雷蒙德协助她在法国演出。5月27日，一位巴黎的编年史家米歇尔·乔治斯-米歇尔过来看她的演出。第一场演出之后，她招待朋友。叶赛宁引起麻烦，被警察带走。次日，伊萨多拉把叶赛宁送入精神病院，他在里面住了几天。第二次演出后，她和叶赛宁离开法国，前往德国。

8月5日，他们回到莫斯科。8月，她在俄罗斯的基斯洛沃茨克、巴库、第比利斯、巴统等地演出。她在第比利斯与高加索共和国主席伊利亚瓦同志晤面。10月，她与叶赛宁分手，但并未正式离婚。11月，

---

① 麦克斯·拉宾诺维奇，即 Max Rabinovitch。

在第一次10月洗礼仪式上,她采用舒伯特的乐曲《圣母颂》伴舞。12月14日,伊萨多拉发现设在俄罗斯的学校资金不足,她在给《华盛顿邮报》的信中,也提到了自己的处境(1924年1月24日,该信在《华盛顿邮报》刊发)。

1924年47岁 1月21日列宁逝世。伊萨多拉前往联盟宫[①]吊唁,看到成千上万的俄罗斯人悲痛欲绝。她因此为列宁创作出两部葬礼进行曲:《革命圣歌》和《革命英雄葬礼歌》。

2月,她与音乐家季诺维也夫到乌克兰巡演。5月,她在列宁格勒与列宁格勒管弦乐团同台演出。她在维捷布斯克演出后发生车祸,说:"起初我的脑袋被震得一片空白,唯一的想法是,这次必然死了!此前我总有预感,必然死在车祸上。"(摘自《伊萨多拉·邓肯的最后岁月》)她因车祸被迫取消在列宁格勒的演出。从6月到8月,她与音乐家马克·米奇克合作,到基辅、萨马拉、奥伦堡、撒马尔罕、塔什干、叶卡捷琳堡、维亚特卡等地巡演。伊萨多拉编排了7支舞蹈:《勇敢的同志们齐步走》《一,二,三,我们是先锋》《年轻的卫兵》《铁匠(铸就自由的钥匙)》《杜比努什卡(写劳动的歌曲)》《华沙曲(纪念1905年)》以及《少先队员》(以上是伊萨多拉最后创作的舞蹈,在缅怀列宁的舞蹈之外,莫斯科邓肯舞校的学生在俄罗斯各地演出上述舞蹈)。

9月27日和28日,伊萨多拉在室内剧院演出;29日在莫斯科大剧院举行告别演出,卢那察尔斯基发表演说。

9月底,为解决学校的财政困难,伊萨多拉离开苏联前往德国(此时在校生已达500人)。她在布兰斯勒剧院演出。

1925年48岁 1月,伊萨多拉来到法国巴黎。她在马文太太的

[①] 联盟宫(Union House),一座莫斯科的历史建筑。坐落于大季米诺夫卡街和猎人商行街的交叉口。

蒙马特工作室遇到维嘉·瑟洛夫并雇用他。

2月,伊萨多拉的学生玛戈特逝世。

伊萨多拉在雷蒙德位于尼斯的房子里住下(雷蒙德在法国经营手工地毯和服装与窗帘面料,生意兴隆)。她决定出版其回忆录,目的是解决经济问题,同时也想把莫斯科的学生接到法国(她想先发表有关舞蹈的文章,但没人感兴趣)。

入秋之后,伊萨多拉来巴黎办学,小说家、故友安德烈·阿尼维尔德支持其计划(她想把苏联的学生接到法国)。不过,她又改变主意,返回尼斯。伊丽莎白的学校搬到萨尔斯堡附近的勒塞姆城堡[①]。

12月27日,叶赛宁在列宁格勒的酒店内自杀,他与伊萨多拉曾入住该酒店。叶赛宁死后,伊萨多拉给巴黎的新闻界发了一封电报。

1926年49岁 伊萨多拉计划在尼斯办一所收费学校,以此来支持她在苏联的免费学校。在耶稣受难日那天,她在尼斯的"伊萨多拉·邓肯工作室"演出舞蹈,工作室的地址是法国尼斯盎格鲁街343号[②]。

5月2日,安娜在纽约的同业协会剧院[③]演出。

伊萨多拉9月10日和14日在自己的工作室演出。9月14日,伊萨多拉跳舞时,法国诗人让·谷克多与马赛尔·赫兰德朗读《埃菲尔铁塔上的新娘们》和《俄耳甫斯》。

伊萨多拉接到莫斯科法院的通知,指定她为叶赛宁诗歌版税的继承人(当时的数额是30万法郎)。11月24日,她决定放弃继承权,即使她自己没钱(她提议把叶赛宁的遗产送予其母亲和妹妹)。11月25

---

① 勒塞姆城堡,即 Lessheim Castle。
② 法国尼斯盎格鲁街343号,即 343 Prom. Des Anglais, Nice France。
③ 同业协会剧院,即 Theatre Guild。

日，伊萨多拉在纳伊的财产被税务部门扣押。

1927 年 50 岁　1 月，经过 W. A. 布雷德利的安排，伊萨多拉同意出版其回忆录《伊萨多拉·邓肯自传》。回忆录完成后，着手计划写第二部《我在布尔什维克俄国的岁月》(她的秘书露丝·尼克松记录其口述的故事)。

7 月 8 日，伊萨多拉在巴黎的莫加多尔剧院送上她最后的演出。为她伴舞的乐曲是凯撒·弗兰克的《救赎》、舒伯特的《圣母颂》、瓦格纳的《唐豪瑟前奏曲》与《伊索尔德的爱之死》等。

9 月 12 日，辛格过来看望伊萨多拉，提出在经济上帮助她。

9 月 14 日，晚上 9:40，在伊萨多拉尼斯工作室之外 10—20 米的地方，她因车祸意外身亡 (她坐在一辆布加迪轿车里，司机是伯努伊特·法尔奇托。上车前，她对朋友玛丽·邓普斯说："再见，我的朋友们，我要去寻找光环！"(摘自《伊萨多拉·邓肯的最后岁月》)

9 月 19 日，400 多位知名人士参加了伊萨多拉的葬礼，她的骨灰被安放在拉雪兹神父公墓的壁龛里。

拓展阅读

扫描二维码,阅读各界名人对伊萨多拉·邓肯的追思

一、伊萨多拉的最后之舞 / 雷蒙德·邓肯

二、伊萨多拉 / 玛格丽塔·邓肯

三、伊萨多拉——我的朋友 / 玛丽·范东·罗伯茨

四、艺术家伊萨多拉·邓肯 / 谢莫斯·欧-谢尔

五、伊萨多拉·邓肯离世后 / 马克斯·伊士曼

六、回忆伊萨多拉 / 伊娃·莱·加利纳

七、上天赐予我们的天才——伊萨多拉·邓肯 / 玛丽·邓普斯

八、伊萨多拉·邓肯 / 罗伯特·埃德蒙·琼斯

名人传记系列

《查理·卓别林自传》
《赫伯特·胡佛传》
《亨利·福特传》
《尤利西斯·辛普森·格兰特传》
《安德鲁·卡内基自传》
《托马斯·爱迪生传》
《沃尔特·惠特曼传》
《伊萨多拉·邓肯自传》

欢迎关注，与编辑互动